대한민국 의료정책,
국민에게 길을 묻다

임주현

박영사

헌법적 의료

인간의 생명은 그것이 호흡을 의미하든 심장박동을 의미하든 명료한 실체가 있고, 구체적으로 실재(sein)한다. 반면 인간의 존엄성이란 추상적이고 관념적인 당위(sollen)의 이념(ideology)이다. 인간생명에서 인간존엄성이 나오는 것이지 인간존엄성에서 인간생명이 나오는 것이 아니므로 인간생명은 인간존엄성의 전제이고 근원이라 할 것이다. 그러므로 존엄사와 같이 인간생명을 인간존엄성보다 하위 가치로 인식하는 태도는 경계하여야 한다. 인간생명이 보호받지 못하는 곳에 인간존엄성은 존재할 수 없다. 우리 헌법 제10조는 '모든 국민은 인간으로서의 존엄과 가치를 가지고 행복을 추구할 권리를 가지며, 국가는 개인이 가지는 불가침의 기본적 인권을 확인하고 이를 보장할 의무를 진다'고 규정하고 있다. 인간의 존엄성을 헌법 최고의 이념으로 선언함으로써 헌법상 모든 개별적 기본권의 근원이자 국가 통치체제 및 통치기구의 목적이며 존재 이유로 규정한 것이다. 그러면서 독일기본법이 인간존엄과 함께 생명권을 규정한 것과는 달리 '인간의 생명'을 명시적으로 규정하지 않았다. 아마도 인간생명을 문자로 표현함으로써 그 절대성을 훼손할까 우려되기 때문일 것이며 가장 소중한 것은 눈에 보이지 않는다고 생각하였기 때문일 것이다. 질병을 치료하고 예방함으로써 사람의 생명을 보호하고 건강을 증진시키는 일인 의료는 그 자체가 인간생명의 보호와 인간존엄의 보장이라는 헌법가치와 이념을 직접 실천하는 일이다. 그러므로 의료의 시행은 그 목적과 내용 및 방법이 이러한 헌법가치와 이념에 부합하여야 한다. 이를 헌법적 의료라 할 수 있겠다.

헌법적 의료가 가능하기 위하여는 의료정책 또한 목적과 방법 절차 결과가 헌법가치와 이념에 부합하도록 수행되어야 하며 의료정책의 궁극적 목적은 헌법적 의료의 실현이어야 한다.

서문

정부조직법이 보건의료복지부라 하지 않고 보건복지부라 칭하여 보건에 의료를 종속시키고 있지만, 의료법이 의료를 보건과 구분하여 규정하고 있고(법 제2조), 보건(health care)은 사람의 건강을 유지하고 증진시키는 것으로 일반 국민(public)을 염두에 둔 관념인 반면 의료(medical treatment)는 사람의 질병을 진단하고 치료하는 것으로 개별 환자(patient)를 염두에 둔 관념으로 양자의 실질적 내용에 차이가 있으며, 의료가 국민의 생명과 건강을 직접 다루는 분야이므로 보건과 구분되는 의료의 중요성을 결코 과소평가하여서는 안 된다. 이러한 의료에 관한 정책인 의료정책은 의료가 국민의 생명을 보호하고 건강을 증진시킴으로써 의료의 본래적 기능을 다 할 수 있도록 하기 위한 정부의 행동방침을 말한다. 정부는 의료인이 높은 수준의 진료능력을 습득하도록 하고, 습득한 진료능력을 환자에 대하여 최고로 발휘하게 하며, 그 과정에 의료의 부작용을 최소화하도록 정책을 수행하여야 한다. 의료정책은 국민 생명과 건강이라는 중대한 법익과 관련되어 있고(법익 중대성), 관련된 문제의 해결에 고도의 전문성을 요하며(고도 전문성), 다양한 이해관계자들의 이해관계가 복잡하게 얽히는 분야로(이해 복잡성) 효과적인 정책 개발과 수립, 실행이 어렵고 그 과정에서 야기되는 이해당사자 간 갈등, 대립으로 정책적 효과를 얻기도 쉽지 않다(수행의 곤란성)는 등의 특성을 가진다. 그런 이유로 정부는 의료정책에 적극성을 띠기가 어렵다(정책의 소극성). 의료정책의 이들 특성을 감안하면 지금의 의료대란을 정부와 의료계의 책임만으로 돌릴 수 없다. 이는 헌법의 수범자 모두가 각자에게 주어진 책무를 다하지 못하였기 때문이다. 어떻게 하면 이 갈등과 혼란을 해소하고 재발을 방지할 수 있을 것인가. 모두가 각자에게 주어진 헌법적 책무를 성실히 수행하면 될 것이다. 의료인은 헌법적 의료를 성실히 시행하고, 정부는 헌법적 의료정책을 충실히 수행하면 된다. 그리고 국민은 단순한 의료행위의 대상, 의료정책의 수혜자가 아니라 적극적 당사자로서 의료시행과 의료정책에 관심을 가지고 참여하며 협조하고 이들을 감시하여야 한다. 왜냐하면 의료는 국민의 생명과 건강에 관한 일이며 잘못된 의료와 정책으로 인한 피해는 오롯이 국민의 몫이기 때문이고 무엇보다 대한민국은 민주공화국이고 국민은 대한민국의 주권자이기 때문이다. 그러한 국민으로 하여금 의료의 현실과 의료정책에 관한 관심을 갖게 하고 관련 지식과 정보, 이해당사자들의 입장을 알게 하여 의료정책의 직접 당사자로서 정책 결정과 집행과정에서 적극적인 역할을 하기를 기대하며 이 책을 쓴다. 갈 길을 찾지 못하고 방황하는 대한민국의 의료정책, 국민은 이에 대한 지혜를 가지고 있다고 생각한다.

본 책에서 다룬 내용은 의대정원 증원을 포함한 정부의 주요 의료정책현안들이며 이들 현안들은 의대정원 증원만큼이나 이해관계자의 대립 갈등을 초래할 위험성이 있는 문제들이다. 정책담당자이든, 의료인이든, 의료나 정책에 문외한인 일반 국민이든, 이 책을 보신 분들에게 실질적인 도움이 되기를 바라기에 학술적이고 관념적이며 추상적이기보다는 실용적이고 현실적이며 구체적인 내용으로 구성하였다. 이들 문제들을 목적과 내용을 기준으로 의료 질 향상(quality improvement), 의료분쟁 해결(dispute resolution), 의료사고 예방(patient safety) 분야로 분류하였고, 의료의 질 향상과 관련하여서는 의대정원 증원, 공공의대설립 및 지역의사제, 비대면진료(원격진료), 한의사 의료기기 사용, 간호법제정, 보건복지부의 보건의료 부분 분리 독립문제를 다루었고, 의료분쟁 해결과 관련하여서는, 의료분쟁조정법상의 제도들 특히, 의료분쟁조정절차 자동개시, 의료사고배상책임보험제도, 불가항력 의료사고피해보상제도, 손해배상금 대불보상제도, 의료사고 형사특례제도를 다루었으며, 의료사고 예방과 관련하여서는, 환자안전법상의 의료사고 보고제도(reporting system), 수술실 텔레비전 설치운영문제 등을 다루었다. 각각의 주제에 대하여 관련된 법률규정, 국회의 입법과정, 법원 판결과 헌법재판소의 결정 그리고 관련단체를 비롯한 이해관계자들의 입장을 소개하였고 나름 객관적이고자 노력하였으나 언제라도 이견에 의하여 수정될 수 있는 저자의 소견을 덧붙였다. 그리고 마지막엔 국민의 지혜를 구하는 '국민의 생각'란을 두었다. 본 책의 내용은 인간생명이라는 헌법가치와 인간존엄이라는 헌법이념을 의료분야에서 어떻게 실현할 것인가에 관한 것이다. 이에 대한 국민의 지혜가 모아져서 대한민국 의료정책이 갈 길을 찾게 되기를 바란다.

목차

Part Ⅱ 의료분쟁 해결(dispute resolution)

Part Ⅲ 의료사고 예방(patient safety)

I

의료 질 향상
(quality improvement)

의료의 목적은 환자의 질병치료, 질병예방을 통한 생명의 보호와 건강의 증진이다. 이 목적을 제대로 수행하기 위하여 의사의 지식과 경험, 기술을 향상시키고, 의약품, 의료기기를 연구 개발하여 의료 질을 향상시켜야 한다. 의료의 질이란 좁게는 의료인이 보유하고 있는 진료능력을 의미할 것이고 넓게는 그 진료능력이 발휘될 수 있는 의료환경 및 진료환경을 포함할 것이다. 환자에게는 자신을 진료하는 의사가 얼마나 높은 수준의 진료능력을 가지고 있느냐보다 그 의사가 보유하고 있는 진료능력을 자신에게 얼마나 잘 발휘하는가가 더 중요하다. 때로는 그 범위를 더 확대하여 의료의 질의 개념요소로써 진료능력 및 진료환경뿐 아니라 진료에의 접근성(access), 진료의 비용(cost), 고객만족(satisfaction), 형평성(equality) 등을 포함하기도 하고, 포괄성(comprehensiveness), 지속성(continuity), 수용성(acceptability) 등을 고려하기도 한다. 미국의 IOM(the institute of medicine)은 의료의 질을 구성하는 요소로 안전성(safety), 환자중심진료(patient centeredness), 효율성(efficiency), 효과성

(effectiveness), 형평성(equality), 적시성(timeliness)의 6가지를 제시하기도 한다.

의료의 질을 어떤 내용으로 이해하든 국가와 의료인은 물론 환자를 비롯한 국민 모두가 의료의 질을 높이기 위한 노력을 하여야 한다. 국가로부터 의료독점권을 부여받아 의업에 종사하는 의사는 마땅히 의료지식과 의료경험을 배우고 익혀 높은 진료능력, 최소한 현재 임상에서 실천되고 있는 수준의 진료 능력을 갖추어야 하고, 국가는 의과대학 교육제도, 면허제도, 재교육 등을 통하여 높은 진료능력을 갖춘 의사를 양성할 뿐 아니라 이들을 분야별 지역별로 적절하게 배치하고 의사가 자신의 진료능력을 충분히 발휘할 수 있도록 의료환경 및 진료환경을 안정적으로 조성하여야 하며, 환자를 비롯한 국민은 정부와 의료인들의 노력을 촉구하고 그들의 노력에 참여하고 협조하여야 하는 것이다. 높은 진료수준을 가지고 있으면서도 어이없는 의료사고가 발생하는 우리나라의 경우 의사의 진료능력이 충분히 발휘될 수 있도록 의료환경 및 진료환경을 안정적으로 조성하여야 하는 정부의 역할이 매우 중요하다. 최고의 진료능력도 잘못된 정책, 심각한 정책 갈등 환경에서는 제대로 발휘되기 어렵고, 환자에게 발휘되지 않는 진료능력은 무의미하며, 때로는 유해하기까지 하기 때문이다.

어떤 의료정책도 의료의 질과 직간접적으로 관련되지 않은 것이 없을 것이나 그중 상대적으로 관련성이 많은 정책문제인 필수의료, 지역의료의 위기극복을 위한 의대정원 증원, 같은 목적의 공공의대설립 및 지역의사제 도입, 의료사각지대 해소를 위한 비대면진료(원격진료), 진단의 정확성을 위한 한의사의 진단의료기기 사용, 열악한 간호환경의 개선과 의료환경 변화에 대응하기 위한 간호법제정, 정부조직의 전문성 강화를 위한 보건의료부 독립 문제를 살펴보았다.

1. 의과대학 입학정원 증원

1 문제의 소재

의사의 부족 및 편중으로 치료를 받지 못하고 사망하는 환자가 발생하는 등 그로 인한 부작용이 발생하자 정부는 그 해결을 위하여 의과대학 입학정원(이하 의대정원)을 증원시키는 정책을 추진하고 있으나 의료계와의 갈등으로 어려움을 겪고 있다. 의정갈등의 격화로 의사들이 환자를 떠나고 환자는 생명과 건강을 보호받지 못하며, 국민은 불안과 불편을 겪고 있다. 지나온 과정을 뒤돌아보면서 이러한 갈등상황의 근본원인이 무엇인지 생각해 보고 어떻게 하면 이 상황을 해소하고 지혜로운 해결책과 예방책을 찾을 수 있을지를 살펴본다.

2 그간의 경과

(1) 정부는 2023. 10. 15. 필수의료 인력 및 인프라 강화라는 보건의료 국정과제를 수행하기 위하여 2025. 입시부터 의대정원을 대폭 증원한다는 계획을 발표하였다. 의대정원은 2006. 당시 정부가 의약분업을 시행하면서 의료계 반발을 무마하기 위하여 3,500명이던 것을 3,058명으로

감소 동결시켰었다. 그 후 2020. 전정부가 매년 400명씩 10년간 4,000명을 증원하여 이 중 3,000명을 특정지역에 의무근무하게 하는 지역의사제를 시행하려 하였으나 의료계의 격한 반대로 실패하였고 현 정부가 3년 만에 다시 증원을 시도하게 된 것이다. 정부는 2023. 10. 19. 대통령이 참석한 필수의료혁신전략회의에서 '지역완결적 필수의료혁신전략'을 발표하였는데 이에는 필수의료 인력 확보를 위한 의대정원 증원 외에, 국립대 병원 중심의 필수의료 전달체계 강화, 의료사고로 인한 의사의 법적 위험 완화, 의사의 필수의료 유입을 위한 필수의료 보험수가 인상, 고난도, 고강도, 고위험 의료행위와 소아 입원에 대한 보상 강화 등 그동안 현장 의사들이 요구해 온 내용이 담겨 있었다.

(2) 2023. 12. 이후부터 의대정원 증원과 관련한 정부와 의료계 간의 협의가 있었으나 합의에 이르지 못하고 오히려 갈등이 심화되어 전공의 휴진, 사직, 의대생 휴학 사태가 벌어지고 이에 정부는 전공의에 대한 업무개시명령 등의 강경한 법적 대응을 하였다. 그러던 중 보건복지부 장관은 보건의료정책심의위원회의 심의, 의결을 거쳐 "2025학년도부터 의과대학 정원을 2,000명 증원하여 현제 3,058명에서 5,058명으로 확대한다'는 발표를 하였고, 교육부장관은 의과대학으로부터 의대정원 증원 신청을 받은 후 2024. 3. 20. 전체 의대정원을 2,000명 증원하여 2025학년도 의대정원을 대학별로 배정하는 조치를 하였다. 이에 대하여 부산대학교 대학생 등 18인(의과대학 교수, 대학병원의 전공의, 의과대학 재학생, 의과대학 입학을 희망하는 사람)이 정부 결정의 효력정지를 구하는 가처분신청을 서울행정법원에 제기하는 등 의대정원 증원을 반대하는 측은 정부의 결정을 멈춰달라며 법원에 다수의 집행정지가처분신청을 하였으나 법원은 이들을 모두 각하하였다. 신청인들은 이들 모두에 대하여 항고하였고 법원에 의하여 이들 중 일부는 각하되고 일부는 기각되자 그중 일부에 대하여 대법원에 재항고하였다. 이에 대하여 대법원은 2024. 6. 19. 재항고를 각하 또는 기각하면서 원심 판단을 그대로 유지하였다. 먼

저, 의대 교수와 전공의, 의대입학 준비생들의 신청에 대하여는 신청인들이 의대정원 증원 처분의 직접 당사자가 아니라 소송 요건을 갖추지 못하여 각하한다는 원심 판단이 정당하다고 보았고, 의과대학 재학생들에 대하여는 이들이 신청인 자격은 있지만 당장 증원되는 정원은 한 개 학년에 불과하므로 교육의 질이 크게 떨어질 거라고 보기는 부족한 점, 증원배정 집행이 정지되면 국민 보건에 핵심적 역할을 하는 의대정원 증원에 막대한 지장을 초래할 우려가 있고 대학교 입학시험을 준비하고 있는 수험생들과 교육현장에 상당한 혼란을 일으킬 수 있는 점 등을 함께 고려하여 기각결정을 한 원심 판단을 유지하였다. 이로써 의대정원 증원 정책은 적어도 법적으로는 확정되었다.

(3) 정부는 의대정원을 2,000명 늘려 전국 40개 의대 중 서울권을 제외한 경인권과 비수도권 32개 의과대학에 이를 배분하면서 각 대학이 2025년에 한하여 증원분의 50~100%를 자율모집할 수 있도록 허용하였고 이에 대학들은 1,509명을 증원하여 모집하기로 하였으며, 한국대학교육협의회는 2024. 5. 24.에 2025년 대입전형위원회를 열고 전년 3,058명 모집정원에서 1,509명이 증가한 40개 대학 4,567명을 모집정원으로 하는 전국 의과대학 입학전형 시행계획을 승인하였다. 의대정원 증원은 교육법에 의하여 학칙으로 정하도록 되어 있으므로 각 대학에서 학칙개정절차를 거쳐 확정하게 되며 대학학칙이 개정되면 대학은 이를 일반에 공고하여 학생을 모집한다.

3 찬성과 반대

필수의료, 지역의료 위기의 원인이 의사 수의 부족이라고 판단하고, 의사 수 부족을 해결하기 위하여 의대정원을 증원하는 정부의 정책에 대하여 찬성과 반대의 입장이 강하게 대립된다.

(1) 찬성

OECD 평균에 현저히 미치지 못하는 의사 수 관련 수치가 아니더라도 작금 우리 사회에 나타나는 사건과 제현상들을 미루어 보면 현재 우리 사회는 필수의료, 지역의료 의사뿐 아니라 일차의료 의사, 비임상 의사를 포함한 전체 의사 수가 크게 부족하고 따라서 의대정원 증원이 필요하다.

① OECD 평균에 미달하는 인구 대비 임상 의사 수와 의대 졸업생 수

OECD 통계자료에 의하면 2020. 기준 의대 졸업생 수는 우리나라가 인구 10만 명당 7. 22명(한의대 포함)으로 OECD 평균 12.4명보다 현저히 적어 OECD 38개국 중 최하위이며, 2022. 임상의사 수는 우리나라가 인구 1,000명당 2.22명이고 한의사를 포함하더라도 2.67명으로 OECD 평균 3.7명에 미치지 못하고 오스트리아(5.4명), 노르웨이(5.2명)의 절반에 그친다.

② 의사 치료를 받지 못하여 사망하는 환자 발생

2022. 7. 종합병원 근무 중 뇌출혈로 쓰러진 간호사가 수술 의사가 없어 적절한 치료를 받지 못하여 숨지고, 2023. 3. 지방의 17세 외상환자가 치료가능한 응급실을 찾아 헤매다가 사망하는 등의 작금의 사건들은 의사 부족으로 인하여 발생하였다.

③ 무의촌, 응급실 뺑뺑이, 응급실 투어, 오픈 런 현상

응급환자가 응급실을 찾았으나 치료할 의사가 없는 병원을 무의촌이라 하고, 환자가 무의촌을 돌면서 치료할 의사가 있는 응급실을 찾아 가는 현상을 응급실 뺑뺑이, 응급실 투어라 하고, 소아환자와 보호자가 날이 새자마자 진료를 받기 위하여 병원으로 달려가 줄을 서는 현상을 오픈 런이라 한다. 이들 현상과 신조어의 유행은 의사 부족으로 나타난 것이다.

④ 장기복무 군의관 감소

군의관은 의무복무기간이 3년인 단기, 10년인 장기로 나뉘는데, 장기복무 지원자는 최근 10년간 감소하였으며 2023.에는 0명이었고, 2023. 기준 장기복무 군의관은 전체 군 의료기관에 근무하는 군의관 중 10%에도 미치지 못한다. 장기복무 군의관의 안정적 수급을 위해 국방의과대학의 설립을 논의해야 할 이러한 상황은 의사 공급의 부족으로 인한 것이다.

⑤ 지방 보건소 공중보건의 감소

공중보건의사는 의사·치과의사·한의사 자격이 있는 자 중 사회복무요원 소집대상자로 주로 군 보건소나 읍·면 보건지소 등 의료취약지역에 배치돼 공중보건 업무를 수행한다. 의과 공중보건의사 및 의과 신규편입 공중보건의사의 수는 점차 감소하며 공중보건의사의 감소는 의료취약지 보건소와 지소의 공백으로 이어진다. 이 또한 의사 공급이 부족하여 나타나는 현상이다.

⑥ 지방병원의 필수 의료 인력난

지역 보건의료원이 5차례의 채용공고 끝에 연봉 3억 6,000만 원에 내과전문의를 겨우 채용하였고, 9차례 채용공고 끝에 연봉 3억 원에 내과전문의를 채용하였으며, 4억 원의 연봉을 제시하여도 의사를 구하지 못하였다는 등의 사례들이 보도되곤 한다. 지방병원의 이러한 심각한 의사구인란은 의사 수 부족이 근본 원인이다.

⑦ 서울의 절반에도 못 미치는 지방의 의사 수

2023. 국회에 제출된 '지역별 의사, 한의사 현황자료'에 의하면 2022. 기준으로 인구 1,000명당 지역별 의사 수는 전국평균 2.22명(한의사 포함 시 2.67명), 서울 3.54명(4.9명), 경북 1.78명(1.37명), 세종시가 1.34명(1.68명)으로 서울과 지방의 차이가 현저하다. 이러한 격차는 의사 부족이 주된 원인이다.

⑧ PA(진료보조인력, Physician assistant)에 의한 의료행위의 만연

PA는 의사 면허 없이 외래·병동·중환자실·수술실 등에서 의사를 대신해 처방·수술 지원·검사 등의 의료행위를 수행하는 의료보조인력으로 주로 간호사이다. 의사 면허가 없는 무면허 인력이라는 점에서 'UA(Unlicensed Assistant)'라고 불리기도 하는 PA는 2000. 초부터 개별 병원 차원에서 활용되어 왔으며 2024. 상급종합병원과 종합병원에서 활동 중인 PA 간호사는 9,000명에 이르고 정부는 이 수를 증원할 계획이라 한다. PA가 의사 대신 행하는 의료행위는 현행 의료법상 근거가 없기 때문에 적어도 현재로서는 위법임에도 임상현장에서 불가피하게 PA가 의사를 대신하여 의료행위를 하는 것은 의사가 부족하기 때문이다.

⑨ 산부인과·소아청소년과의 부족으로 인한 출산의 기피경향

출산율의 감소가 산부인과 소아청소년과 감소의 원인이기도 하지만 반대로 산부인과 소아청소년과의 부족이 출산율 저하에 영향을 미치기도 한다. 안전한 출산과 분만을 도와주는 산과 의사가 부족하고, 출산 후 출생아를 보호해 줄 소아과 의사가 부족하면 분만과정과 분만전후의 산모 위험이 높아지므로 가임여성은 출산을 기피한다는 것이다. 증가하는 출산기피 경향은 의사 부족의 한 현상인 것이다.

⑩ 공공의료기관의 의사 부족

전국 35개 지방의료원 상당수가 의사정원의 70% 안팎의 인력으로 운영되고 있고, 의사 부족으로 인하여 문을 닫거나 그 기능이 축소되고 있다. 의사 면허에는 정년이 없지만, 공공의료기관은 소속 의사들의 정년을 두고 있고 병원은 의사를 구하기가 어려워 부득이 정년을 마친 고령의 의사들을 채용한다. 그럼에도 불구하고 2023. 국회에 제출된 '공공의료기관별 정원대비 현원' 자료에 의하면 보건복지부 소관 12개 공공의료기관, 국가유공자를 대상으로 하는 국가보훈부 소관 8개 병원, 산업재해를 담당하는 고용노동부 소관 14개 산재병원, 무엇보다 공공의료의 중추역할을 담당하는 35개 지방의료원과 17개 국립대병원 모두가 의사 부족으로 진료의 어려움을 겪는 것으로 나타났다.

⑪ 진료예약대기 기간과 진료대기 시간의 증가, 그러나 환자 진료시간의 감소

대학병원 진료는 예약신청 6개월 후에나 가능하고, 동네병원은 몇 시간을 기다려 3분 진료하고, 그 3분 동안도 의사는 시간에 쫓겨 환자 얼굴이 아닌 모니터만을 보고 환자의 말을 경청하지 못하며 심지어 환자의 질문을 저지하는 등의 잘못된 진료방식은 의사 수의 부족이 근본원인이다.

⑫ 의사들의 과로, 번 아웃

2023. OECD 통계자료에 의하면 우리나라 인구 1,000명당 의사 수가 2.6명으로 OECD 평균 3.7명보다 크게 적은 반면 병원 병상 수는 인구 1,000명당 12.8개로 OECD 평균인 4.3개보다 많고, 1인당 연간 진료횟수는 15.7회로 OECD 평균 5.9회보다 현저히 많은 한편 의사 진료를 보조하는 간호사는 인구 1,000명당 4.6명으로 OECD 평균인 8.4보다 크게 적다. 이러한 사실들은 의사들의 진료부담이 크다는 것을 그리고 의사수가 부족하다는 것을 말해 준다. 국회는 전공의의 진료부담을 줄이기 위하여 2024. 2. 전공의 주당 근무시간을 80시간에서 '80시간 이내'로, 연속 근무시간 역시 기존 36시간에서 '36시간 이내'로 하는 내용의 '전공의의 수련환경 개선 및 지위 향상을 위한 법(전공의법)'을 개정하였는데 이로 인하여 줄어든 진료시간을 충당할 의사 또한 필요하다.

⑬ 지역병원의 높은 치료가능 사망률

회피가능사망(avoidable mortality)은 시의적절한 치료로 인하여 막을 수 있는 사망(치료가능사망, treatable mortality)에 질병 예방활동으로 막을 수 있는 사망(예방가능사망, preventable mortality)을 더한 것을 의미한다. 2023. 국회 제출된 자료에 의하면 2021. 기준 인구 10만 명당 전국 17개 시·도의 치료가능사망(treatable mortality) 평균은 43.7명으로 서울 38.56명에 비하여 높으며 51.49명까지 높게 나타나는 지역도 있다. 이는 지역병원 의사가 부족하여 나타나는 의료격차이다.

⑭ 어이없는 의료사고 발생

2023. 3. 한 정형외과에서 수술을 해야 할 발이 아닌 멀쩡한 다른 발의 발목뼈를 자르고 철심을 박는 수술을 하였다는 사건이 보도되었다. 이러한 유형의 의료사고는 부적절한 진료시스템과 진료환경 등이 원인일 수도 있으나 근본원인(root cause)은 환자에 할애되는 짧은 진료시간이다. 의사 수가 부족하면 의사 개개인의 진료부담은 증가하고 개개 환자에 주어지는 진료시간은 줄어든다.

⑮ 높은 의사 소득

우리나라의 종합병원 봉직의의 평균 임금은 OECD 회원국 봉직의 평균 임금보다 크게 높으며 OECD 회원국 중 1인당 국민총소득(GNI)이 한국보다 높은 네덜란드, 독일의 봉직의 임금보다 높다. 우리나라 의사의 평균 소득은 변호사, 회계사보다 높으며 보건복지부의 '의사 인력 임금추이' 자료에 의하면 2022. 병의원에 근무하는 의사(전공의 제외) 9만 2,570명의 평균 연봉은 3억 100만 원이다. 최근 10년 사이 의사의 소득이 급격히 올랐지만, 변호사의 소득은 그렇지 못한 것은 의과대학의 정원은 고정된 반면 변호사 수는 2012. 로스쿨 도입 이후 700명대에서 1,700명대로 늘었기 때문이다. 의사 소득이 높은 것이 문제가 아니라 그로 미루어 볼 때 의사 수가 부족하다는 것을 알 수 있다는 것이다.

⑯ 환자의 진료만족도와 의사에 대한 신뢰도 감소

의사 수의 부족으로 의사들의 환자진료에 대한 부담이 증가하고, 환자당 진료시간이 짧아지며, 최선의 진료가 어려워지고, 따라서 환자들이 의사의 진단과 치료를 신뢰하지 못하여 의료쇼핑을 하게 되고, 의료사고와 의료분쟁이 증가하며, 의사협회 공제회의 분쟁해결이 불신으로 성과를 거두지 못한다. 이들 모든 문제의 근본 원인은 의사의 무능, 무책임, 부도덕, 불성실이 아닌 의사 수의 부족이다.

⑰ 대학입시에서의 과도한 의대 편중

과학기술분야에서 능력을 발휘할 유능한 인재들이 재수, 3수를 하면서까지 의대입학을 원하고, 2022. 명문대 정시 합격자 중 30%가량이 입학을 포기하고 의대입시를 준비하며 심지어 최근에는 초등학생 의대준비반이 만들어져 운영된다고 한다. 의대가 타 분야로 가야할 우수인재를 빨아들이는 망국적 의대편중 현상은 의사가 부족함을 의미한다.

⑱ 의사가 부족하다는 다수의 연구결과

국책연구기관인 서울대학교, 한국개발연구원(KDI), 한국보건사회연구원이 2020~2023. 발표한 3개의 연구보고서 등 신뢰할만한 기관의 연구결과는 우리나라가 10년 후인 2035.에는 1만~1만 5,000명의 의사가 부족할 것이라는 공통된 전망을 하고 있다.

⑲ 의사출신의 역학조사관, 의과학자의 필요성

'감염병의 예방 및 관리에 관한 법률'은, 감염병 역학조사에 관한 사무를 처리하기 위하여 시·도 소속 공무원으로 각각 2명 이상의 역학조사관을 두어야 하고 그중 1명 이상은 '의료법'에 따른 의료인 중 의사를 임명하도록 규정하고 있고, COVID-19 사태를 거치면서 감염병 역학조사를 총괄하는 의사 출신 역학조사관의 필요성이 확인되었으며, 감염병예방은 물론 세계 바이오 헬스산업을 주도하기 위하여 필요한 의과학자는 우리나라 의대·의전원 졸업생 중 1% 정도에 지나지 않는다. 이러한 비임상의사들의 양성을 위하여 의대정원 증원이 필요하다.

⑳ 법원의 판단

의대정원 증원을 반대하는 측의 의대정원 증원 결정집행정지 가처분 신청에 대하여 서울행정법원, 서울고등법원, 대법원이 각하 또는 기각한 것은 우리나라의 의사 수 부족을 인정한 것이다.

㉑ 국민여론

다수의 여론은 의사 수 증원으로 인한 의사 소득 감소가 의대정원 증원에 반대하는 주된 이유라 생각하고 그러한 이유로 증원을 반대하는 것은 옳지 않다.

(2) 반대

우리나라의 의사 수는 의료수요를 감당하기에 충분하며, 필수의료 및 지역의료의 붕괴위기는 의사 수의 부족이 아니라 부적절한 의사배치와 부적절한 병원운영 때문이고 따라서 의대정원 증원으로 해결할 수 없다. 필수의료과에 대한 수가를 개선하고, 의료사고와 관련된 법적 위험을 제거하며, 지방의 생활 문화 등의 거주여건을 개선하는 것이 필수의료 및 지역의료의 위기를 극복할 처방이다. 이런 것들을 소홀히 하고 안이하게 의대정원을 증원할 경우 오히려 역효과가 난다.

① 불필요한 의료공급의 발생

현재 상황에서 의사가 늘어나면 의료인력이 과잉되고 과잉된 의료인력에 의하여 불필요한 의료공급이 창출되며 그에 대한 과잉 의료수요가 발생한다. 당연히 환자의 의료비부담이 증가하며 과잉 의료행위와 관련된 의사와 환자 간의 분쟁이 발생한다.

② 의료비증가 및 의료재정붕괴

의료수요의 증가로 건강보험공단의 의료비 부담이 증가하여 건강보험 재정이 악화되고 붕괴되어 공공의료가 붕괴되며 의료민영화가 초래된다. 국민이 부담하는 의료비 또한 증가하며 한 연구에 의하면 인구 1,000명당 의사 1명 증가 시 의료비는 22% 늘어나고 의대정원이 2,000명 늘어날 경우 2040. 국민 1인당 의료비는 매월 6만 원씩 추가 발생한다.

③ 출산율 감소에 따른 의료수요 감소

우리나라는 저출산에 따라 인구가 감소하는 반면 OECD 국가 중 가장 빠른 의사 증가 속도를 보이고 있다. 현재의 의대정원을 동결해도 인구가 급격하게 감소하여 의료수요가 감소하기 때문에 멀지 않은 미래에 의료인력이 과잉된다.

④ 의학교육의 부실화, 그로 인한 의료 질 저하

의학 교육은 책상만 놓고 할 수 있는 것이 아니며 임상 교육이나 실습이 더 중요하고 이를 위한 인프라가 필요하다. 의대정원을 증원할 경우 의료 교육 현장의 인프라가 갑작스러운 증원을 감당하지 못하고 임상교육이나 실습교육이 제대로 이루어지지 않아 의학교육의 질이 저하되고 의료의 질이 저하된다.

⑤ 낮은 회피가능사망자 수

회피가능사망(avoidable mortality)은 효과적인 보건정책 및 의료서비스를 통하여 피할 수 있는 사망을 의미하는 것으로 의료 접근성, 의료공급, 의사 수의 영향을 받는다. 우리나라의 회피가능사망률이 OECD 평균보다 현저히 낮은 것은 현재의 의료공급이 의료수요를 충분히 감당하고 있다는 것을 의미한다.

⑥ 높은 의료접근성

OECD가 발표한 2020. 우리나라의 국민 1인당 연간 외래진료 수는 14.7회로 이는 OECD 평균 5.9회보다 현저히 많다. 입원환자 1인당 평균 재원일 수 또한 19.1일로 OECD평균 8.3일에 비하여 길다. 이는 국민에 대하여 의료공급, 즉 의사 수가 충분하다는 것을 의미한다.

⑦ 높은 기대수명

2021. 기준 OECD 발표한 우리나라의 평균수명은 83.6세로 OECD 평균 80.3세보다 길다. 우리나라의 경우 높은 수준의 의료가 평균수명 연

장에 크게 기여하며 이는 충분한 의료공급이 이루어진다는 의미이며 의사 수 또한 부족하지 않다는 것을 의미한다.

⑧ 필수의료 지역의료의 위기 원인은 부적절한 배치

전공의들이 내외산소(내과, 외과, 산부인과, 소아청소년과)를 기피하는 이유는 소득이 적거나 의료사고 위험이 크기 때문이고 피안성(피부과, 안과, 성형외과)을 선호하는 이유는 비급여진료로 돈을 벌기 쉽거나 근무 강도가 약하기 때문이며, 의사들이 지역을 떠나 수도권으로 쏠리는 이유는 주거환경, 문화생활, 발전기회 등 다양한 요인에 의한 것이므로 필수의료 지역의료 붕괴위기는 의사 수 부족이 아닌 의사 배치정책의 실패로 인한 것이다.

⑨ 상호 소통 없는 일방통행

의료정책분야는 고도의 전문영역이므로 그 성공을 위하여는 의료공급자인 의료인의 사정과 입장이 고려되어야 하고 따라서 정책결정자는 의료계와 충분한 상호 소통을 거친 후 정책결정을 하여야 한다. 그럼에도 의대정원 증원은 의사측의 강한 반대를 무릅쓰고 일방적으로 결정되었으니 정책결정 과정이 적절하지 않았다.

⑩ 증원효과 의문

의대정원 증원은 필수의료, 지역의료 위기의 원인을 잘못 진단한 정책이므로 현재의 필수의료 및 지역의료 위기에 대한 해결책으로 효과가 없다. 의대생이 많으면 필수과 지원도 많아질 수 있겠지만 그만큼 인기과 지원도 많아져 수급 분배의 문제는 해결되지 않으며 수도권 쏠림 현상 또한 해결되지 않는다.

⑪ 충분한 연구 조사의 부족

일단 의대정원 증원이 결정되어 시행되면 되돌리기 어려우므로 증원할 것인지, 얼마를 증원할 것인지, 어떻게 증원할 것인지를 충분히 연구, 조사하고 그 결과를 근거로 결정하여야 정책오류를 최소화할 수 있는데 그러지 못하였다.

- 소견 -

1. 의사 절대 수 부족한가

가. 반대입장에 대한 의견

(1) 반대입장에 대하여 다음의 반박이 가능하다

① 지금과 같은 출산율감소와 인구 감소가 지속된다면 그로 인하여 의료수요가 감소하겠지만 고령화, 의학과 의료기술의 발달, 신약의 개발, 건강에 대한 관심의 증가, 경제력의 향상, 의료접근성의 향상 등으로 인하여 그 이상의 의료수요가 발생한다.

② 의학교육현실이 학생 증원을 감당하지 못하여 의학교육의 부실화, 그로 인한 의료 질 저하가 초래될 수 있다 하더라도 이는 일시적인 현상으로 재정 확대와 교육 인력 증원으로 충분히 극복할 수 있으며, 시간이 지나면 양이 질로 변화하여 의료 질은 오히려 향상된다.

③ 의사 수의 증가로 인하여 의료수요가 늘어나고 의료비 부담이 증가한다 하더라도 늘어난 의료수요가 불필요한 것이라 단정할 수 없고, 사람의 생명과 건강의 가치는 금전적 가치보다 중하므로 의료비 부담, 재정적 부담을 이유로 국민의 생명과 건강을 소홀히 하여서는 안 된다.

④ 우리나라의 낮은 회피가능사망자 수, 높은 기대수명은 높은 의료수준과 다양한 사회, 경제적 원인들에 의한 것으로 이것이 반드시 충분한 의료공급을 의미하는 것은 아니며, 의료공급량과 의사 수가 반드시 동일한 의미도 아니다.

⑤ 의료접근성을 의미하는 1인당 연간 진료횟수가 OECD 평균을 훨씬 상회하는 것은 의사의 성실함 외에도 환자의 의료에 대한 불신과 진

료의 비효율성을 의미할 수도 있으므로 진료횟수를 근거로 의사 수가 충분하다고 단정할 수 없다.

(2) 그러나 아래 주장은 경청하여야 한다

① 필수의료, 지역의료의 위기가 수도권, 인기과로의 쏠림으로 인하여 초래되었고 이는 배치정책의 실패로 인한 것이다.

② 의료정책은 고도의 전문성을 띤 영역이므로 의료계의 참여와 협조 없이 성공하기 어려운데 의대정원 증원 정책결정 과정에 정부와 의료계 간의 소통과 설득의 노력이 충분하지 않았다.

나. 찬성입장에 대한 의견

(1) 대형병원근무 중 뇌출혈로 쓰러진 간호사가 수술 의사가 없어 숨지고, 지방의 외상환자가 응급실을 찾아 헤매다 사망하고, '응급실 뺑뺑이' '응급실 투어' '오픈 런'의 현상과 신조어가 나타나고, 공중보건의와 장기복무 군의관의 지원자가 줄고, 지역병원의 치료가능환자 사망률이 수도권 병원에 비하여 높게 나타나며, 지방병원이 고액의 연봉으로도 필요한 의료인력을 구하지 못하고, 지방의 인구대비 의사 수가 수도권의 절반에도 미치지 못하며, 지역 공공의료원이 법정 미달 의료인력으로 운영되고 문을 닫거나 그 기능이 축소되는 등 현상의 근본원인(root cause)은 의사의 절대 수 부족으로 인한 것이 아니라 응급의료체계, 의사에 대한 처우와 근무환경, 사회 문화적 환경, 의사로서의 성장기회, 의사 배치정책 등의 영향을 받은 수도권 쏠림과 인기과 쏠림으로 인한 것이라는 증원 반대의 주장을 소홀히 하여서는 안 될 것이다.

(2) 그러나 인구대비 의사 수, 특히 한의사를 제외한 의사 수는 OECD 국가의 평균보다 크게 낮고, 의사를 구하지 못하여 PA(진료보조인력,

Physician Assistant)를 활용하게 되고, 급기야 이를 제도화하게 되었으며, 진료예약 대기 기간과 진료대기 시간이 늘어나는 반면 개개 환자에게 할애되는 진료시간은 점차 줄어들며, 의사들이 과로로 번 아웃되고, 진료시간 단축과 과로로 인한 의료사고가 발생하고, 의사 소득이 다른 나라의 의사는 물론 우리나라의 타 전문직종에 비하여 크게 높으며, 높은 소득요인으로 인한 과도한 의대 편중 현상이 나타나고, 환자의 진료에 대한 만족도와 의사에 대한 신뢰도가 감소하고, 의사 출신 역학조사관과 바이오헬스 산업분야를 선도할 의과학자가 부족한 점 등을 미루어 보면 우리나라는 필수의료, 지역의료뿐 아니라 의료 전반에 걸쳐 의사 수가 부족하다고 보지 않을 수 없다.

2. 의사 수 부족의 원인

(1) 절대적 부족의 원인

고령화, 의학의 발전, 생명 및 건강에의 관심 증가, 소득의 증가 등의 이유로 의료수요가 증가하였음에도 2006. 이후 19년간 의대정원이 동결되고, 고령화된 의사들이 진료현장에서 은퇴하는 등의 원인으로 의료공급이 감소함으로써 의사의 절대 수가 부족하게 되었다.

(2) 상대적 부족의 원인

양성된 의사들이 필수의료과와 지역근무를 기피하고 인기과와 수도권에 쏠림으로써 상대적으로 필수의료와 지역의료에 의사가 부족하게 된 것이다. 이러한 쏠림의 원인으로는 의료사고의 위험, 열악한 근무환경, 불만족한 지역의 사회 문화적 환경, 의사로서의 부족한 성장기회 외에도 의사 개개인의 공공에 대한 책임감, 사명감 부족 등을 들 수 있다.

3. 얼마나 부족한가

지금의 정부와 의료계 간 갈등의 본질은 의대정원 증원 자체라기보다는 증원의 정도가 과다하다는 데 있다 할 것이다. 그동안 정부의 2,000명 증원 안을 뒷받침할 객관적이고 납득할 만한 근거자료가 제시되지 못하였고, 갈등의 과정에 수차 증원 수의 변동이 있었으며, 이 과정에서 의료계는 정부의 2,000명 증원의 근거를 신뢰하지 못하였고, 정부는 그러한 의료계를 설득시키지 못하였던 것이다. 그러므로 정부는 지금이라도 과학적이고 객관적인 방법으로 부족한 의사 수를 조사, 연구하여 증원 수를 산출하고 그에 대하여 의료계를 납득시키는 노력을 하여야 한다. 이를 위하여 정부가 의료공급자인 의료계와, 의료수요자인 환자, 그리고 통계학·인구학·경제학·보건학·의학·간호학 등 관련분야 전문가로 구성되는 수급 추계 전문위원회를 조직하여 운영하겠다고 계획한 것은 다행한 일이다. 정책의 성공을 위하여는 정책의 적정성 못지 않게 정책에 대한 이해당사자와 국민의 신뢰가 중요하다.

4. 대책

(1) 증원방법

① 의대정원 증원, 은퇴의사 재배치

의사 부족을 해소하기 위한 가장 직접적이고 효과적인 방법은 지금 정부의 정책처럼 기존 의과대학의 정원을 늘리는 것이며 그 외 은퇴한 의사들을 임상현장에 배치하는 방법 등이 있을 것이다.

② 공공의과대학 신설 등

공공의대와 특수의대의 신설, 국공립의대가 없는 지역의 의과대학 신설, 지역의사제 등이 의사 수 부족에 대한 효과적인 대책이 될 수 있다.

제22대 국회가 개원하자마자 공공의대설립법안과 지역의사제법안을 발의한 것은 이에 대한 절박한 입법의 필요성을 의미한다 할 것이다.

(2) 증원 규모, 속도

증원 규모와 증원 속도는 의료수요량, 의료공급량을 객관적 자료에 근거하여 과학적인 방법으로 정확히 조사, 측정하여 결정하여야 한다. 주먹구구식으로 대충 결정할 경우 증원을 반대하는 입장이 우려하는 부작용이 현실화될 수 있다.

(3) 증원된 의사의 배치

정책의 성공을 위하여 무엇보다 중요한 것은 증원되어 양성된 의사들이 필수의료, 지역의료에 사명감을 가지고 종사하도록 하는 것이다. 그들로 하여금 수도권이나 높은 소득을 올릴 수 있는 진료과로 가는 것을 막고 필수의료와 지역의료에 종사하도록 강제하는 것은 헌법에 보장된 직업의 자유와 거주이전의 자유를 침해하는 것으로 허용되지 않는다. 따라서 의사 각자의 가치관과 사명감에 의하여, 또는 제공되는 인센티브에 의하여 스스로 필수의료, 지역의료를 선택하도록 하여야 한다. 그러기 위하여 정부는 필수의료 및 지역의료에 종사하는 의사에게 급여인상을 비롯한 다양한 재정적 인센티브를 제공하는 외에도 의료인으로서의 발전 기회를 제공하며, 지역 환경 및 근무 조건을 개선하는 등 세밀하게 고려한 구체적이고 효과적인 유입책을 개발하여야 하며, 의과대학의 가치관 교육을 강화하여야 한다. 증원된 의사가 필수의료, 지역의료에 배치되지 않고 인기과, 수도권으로 쏠리게 되면 필수의료, 지역의료 위기는 오히려 악화될 것이다.

5. 정부와 의료계의 자세

(1) 정부는 증원된 의사 모두가 즉시 필수의료, 지역의료에 종사하지는 않는다 하더라도 인기과, 수도권에 충원된 후면 자연히 필수의료, 지역의료에 충원된다는 이른바 낙수효과를 기대하는 안이한 자세가 아니라 적극적이고 직접적인 효과를 목표로 정책을 추진하여야 한다. 또한 의료계가 의료현실에서의 문제점과 해법을 가장 잘 알기 때문에 의료정책은 의료계의 참여, 협조 없이는 성공하기 어렵다는 점을 인식하고 의료계의 협조와 참여를 구하는 노력을 소홀히 하여서는 안 된다.

(2) 의료계 또한 국민의 생명과 건강을 다루는 숭고한 업무를 수행한다는 책임감과 사명감을 가지고 이익단체가 아니라 공익단체로서의 자세를 가져야 한다. 그럼으로써 추락하고 있는 국민의 존경과 신뢰를 회복하여야 한다. 그리고 그동안 정부와 의료계 간의 갈등, 대립 과정에서 나타난 의료계의 권력기관화 현상은 의료가 국민의 생명보호와 건강증진이라는 본래의 책무를 수행하는 데 장애가 되므로 의료계 스스로 경계하여야 할 것이다.

국민의 생각 ??

당신의 생각은 어떻습니까?

---

2. 공공의대설립 및 지역의사제

1 문제의 소재

필수의료, 지역의료의 위기상황을 타개하기 위하여 정부가 의대정원 증원 정책을 추진하는 과정에 의료계와의 심각한 갈등이 초래되고, 의대정원이 늘어난다 하더라도 필수의료, 지역의료 위기를 효과적으로 해결할 수 있을지에 대한 의문이 제기되는 중 제22대 국회가 개시되자마자 필수의료, 지역의료 위기 극복을 위하여 공공의대설립과 지역의사제 법안이 발의되었다. 이 법률안들은 현재의 의료환경 특히 의료공급의 근본 구조를 변경하는 내용이므로 진지한 논의를 서쳐 신중하게 입법 여부를 결정하여야 할 것이다.

2 그간의 입법노력

가. 제19대 국회

2015. 5. 19. '국립보건의료대학 및 국립보건의료대학병원의 설치운영에 관한 법률' 의원제안안(임기만료폐기)

① 제안이유

의사인력의 수도권 집중, 의료취약지 근무기피 심화, 의과대학 여학생 비율 증가로 인하여 공공보건의료기관의 의사인력 공급이 부족하고, 단기 의무복무 인력을 주로 활용하는 현행 공공보건의료의 의료서비스의 질 저하가 우려되고, 군 의료분야에서도 단기 복무 군의관을 중심으로 제공되는 의료서비스의 품질에 관한 문제가 지속적으로 제기되고 있는바, 이에 국립보건의료대학을 설립하여 공공보건의료 및 군 의료 분야에서 장기간 근무할 공공보건의료인력을 양성하고, 교육·수련, 진료사업을 하는 국립보건의료대학병원을 부속병원으로 설치하여 공공보건의료서비스의 전문성 및 서비스 질 제고에 기여하려는 것이다.

② 주요내용

공공보건의료의 발전에 이바지함을 목적으로 국립보건의료대학 및 국립보건의료대학병원을 설치하며, 국립보건의료대학의 수업연한은 6년으로 하며, 공공보건의료 및 군 의료에 특화된 이론 및 실습 교육과정을 개발·운영하고, 시·도별 의료취약지의 규모, 필요공공의사인력 수 등을 고려하여 시·도별로 일정 비율의 학생을 선발하고, 보건복지부장관은 졸업 후 공공보건의료기관에서 10년 간 종사하는 것을 조건으로 입학금, 수업료 등 비용 전액을 학생에게 지원하며, 국립보건의료대학 학사 학위를 받고 의사 국가시험에 합격한 자에 대하여는 10년 간 보건복지부장관이 지정하는 공공보건의료기관에서 의무복무할 것을 조건으로 의사 면허를 부여하고, 의무복무를 이행하지 아니한 자는 이미 지급된 학비 등의 전부 또는 일부에 법정이자를 더한 금액을 반환하게 하고 의사면허가 취소될 수 있도록 한다.

나. 제20대 국회

2016. 7. 11. 의원제안안(임기만료폐기)은 2015. 5. 19. 의원제안안과 같은 명칭, 같은 내용이었다.

다. 제21대 국회

(1) 2020. 6. 5. '국립공공보건의료대학설립및운영에관한법률' 의원 제안안(임기만료폐기)

① 제안이유

2015. 메르스 사태와 신종 코로나바이러스 사태를 거치면서 감염 전문인력 부족을 경험하였고 실제로 2019. 말 현재 국내 전체 전문의 86,122명 중 감염내과 전문의는 277명에 그치고 있어 감염내과 전문의를 비롯한 응급, 외상, 분만 등 기피과목의 전문의료인력을 양성하는 것이 필요하다. 이에 국가로 하여금 공공보건의료대학을 설립 및 운영하도록 하여 지역과 국가의 공공보건의료를 이끌어갈 사명감과 전문성을 갖춘 인력을 양성하고자 한다.

② 주요내용

공공의료 및 지역의료에 관한 사명감과 전문성을 갖춘 인재를 양성하고 공공보건의료 교육과 연구를 촉진하는 국립공공보건의료대학을 설립하며, 이 대학은 대학원대학 및 법인으로 하고, 이 대학에 입학할 수 있는 사람은 학사학위 또는 그 수준 이상의 학력이 있다고 인정된 사람으로 하며, 학비의 전부 또는 일부를 대학이 부담하도록 하고 이 대학을 졸업하고 의사 면허를 부여받은 사람은 10년간 지정된 공공보건의료기관 등에서 공공보건의료업무에 복무하여야 하며, 이 대학의 임원 및 교직원은 뇌물관련죄인 「형법」 제129조부터 제132조까지의 규정을 적용할 때에는 공무원으로 보도록 한다.

이 법안은 의대정원 증원 정책과 함께 패키지 정책으로 추진되었으나 의료계의 반대와 코로나 사태로 입법에 이르지 못하였다.

(2) 2020. 7. 27. '지역의사양성을 위한 법률' 의원제안안(임기만료 폐기)

① 제안이유

의사인력의 절반 이상이 수도권과 광역대도시에 집중되어 있고, 코로나19 대응 과정에서 의료취약지역의 심각한 의료자원 불균형과 공공의료 인력의 공백이 지적되었으며 이에 지역보건의료 인력을 안정적으로 확보함으로써 지역간 의료서비스 격차를 해소하고자 한다.

② 주요내용

이 법은 수도권과 그 밖의 지역 간의 의료격차를 해소하고 수도권 이외 지역의 의료인력 부족 문제를 해결하기 위하여 지역의사의 선발·교육·의무복무 및 지원에 관한 사항을 정함으로써 지역보건의료의 향상에 이바지함을 목적으로 하고, '지역'이란 수도권을 제외한 지역을 말하며, '지역의사'란 특정 지역 내에서 의무복무를 하여야 하는 의사·치과의사 또는 한의사를 말하고, 의학·치의학·한의학에 해당하는 교육과정을 운영하는 대학의 장은 「고등교육법」에 따라 해당 교육과정에 입학할 학생을 선발하는 경우 일정 비율을 지역의사 선발전형으로 선발하여야 하고, 지역의사 선발전형은 광역시·특별자치시·도·특별자치도별 의료취약지의 분포, 의료기관의 수 및 부족한 의료인력 수 등을 고려하여 정하며, 지역의사로 선발된 학생에 대하여 입학금, 수업료, 교재비, 기숙사비 등 학업에 필요한 경비를 장학금으로 지원하고, 퇴학 또는 자퇴, 졸업 후 3년 이내에 의사·치과의사 또는 한의사 국가시험에 합격하지 아니한 사람과 의무복무 기간 중 의사·치과의사 또는 한의사 면허가 취소된 사람은 장학금을 반환하도록 하고, 장학금을 지원받은 사람이 의사 등 면허를 받은 경우에는 지정된 기관·시설에서 10년간 의무복무하도록 하며, 의무복무는 지역의사 선발전형에서 공고한 시·도 내에서 복무하는 것을 원칙으로 하며, 보건복지부장관은 지역보건의료에 대한 사명감을 부여하고 지속적인 근무를 촉진하기 위하여 지역의사에 대하여 직무교육 제공, 경력개발 지원 등의 지원을 할 수 있고, 지방자치단체의 장 또는 의무복무기관의 장은 의무복무기간이 종료된 지역의사를 해당 기관 또는 는 지역 내 다른 의료기관에 우선 채용할 수 있다.

라. 제22대 국회

(1) 2024. 6. 21. '지역의사양성을 위한 법률' 의원제안안(계류 중)

① 제안이유

최근 정부는 지난 2006. 이후 3,058명으로 동결되어 온 의대정원을 2025.부터 4,610명으로 대폭 확대하는 정책을 추진하나 의사 수를 늘린다고 해도 이들이 비수도권 및 의료취약지에 근무하지 않으면 지역 간 의료격차를 해소할 수 없고, 현재 인구 1천 명당 활동 의사 수는 지역별로는 서울 3.2명, 광주 2.6명, 부산 2.4명 등 특별시와 광역시는 평균치를 상회하지만 전남은 1.7명에 불과하는 등 지방의 의사인력 부족이 매우 심각하고, 실제로 전국 지방의료원 35곳의 의사 결원율은 지난 2018. 7.6%에서 2022. 14.5%로 2배 가까이 증가하였고, 의료취약지 공공병원은 높은 임금에도 불구하고 필수의료분야 의사채용이 어렵다. 이에 의사면허 취득 후 10년간 의료취약지 등 특정 지역에서 의무복무할 것을 전제로 의대 신입생을 선발하는 지역의사제를 도입하여 지역의 의료전문가를 양성하고, 지역의료의 질을 향상시키고자 한다.

② 주요내용

종전 2020. 7. 27. 제안안과 유사한 내용이며 법의 목적, '지역 및 지역의사'의 개념 정의, 지역의사 선발전형, 장학금제도, 의무복무기간 및 기관, 지역의사의 겸직금지, 지역의사에 대한 지원, 면허의 취소 등에 관한 규정을 두었다.

(2) 2024. 6. 21. '지역의료격차해소를 위한 특별법' 의원제안안(계류 중)

① 제안이유

의사 인력의 대도시 집중, 전문과목의 편중으로 인해 지역의 필수의료 제공을 위한 인력 확보가 어려워 지역 간 의료의 질 격차가 심각하므로 지역간 의료의 질 격차를 해소하고 양질의 의료서비스를 균형 있게 제공하기 위하여 지역의사 선발전형을 통하여 지역에서 활동할 사람을 선발하고 양성하여 지역의사로서 지역의료에 종사하도록 하고자 한다.

② 주요내용

지역의사를 '지역 내의 근무기관 또는 근무시설에서 근무기간 동안 의료서비스를 제공하는 의사'로 정의하며, 의과대학 등에서 입학자 중 일정 비율을 지역의사 선발전형으로 선발하도록 하고, 지역의사 선발전형으로 선발된 입학자에 대해 국가가 장학금을 지급하도록 하고, 의과대학 등을 졸업하고 지역의사에 편입된 사람에 대해 근무할 기관 또는 시설을 정하여 10년간 근무하도록 한다.

(3) 2024. 7. 2. '공공보건의료대학 설립 운영에 관한 법률' 의원제안안 (계류 중)

① 제안이유

우리나라는 경제협력개발기구(OECD) 평균 대비 상대적으로 낮은 의료비 지출로 높은 건강 수준을 유지하고는 있으나, 의료 공급이 민간 위주로 되어 있어 공공보건의료 제공 기반은 취약한 상황이며, 수도권과 대도시에 의료인이 집중되어 지역 간 의료서비스 공급 및 이용 격차가 심각하며, 의료 자원의 불균형으로 지역별 건강 수준의 격차도 커지고 있고, 내과·외과·소아과·응급의학과·산부인과·흉부외과 등 필수 전문과목의 인력 부족 현상이 발생하고 있으며, 특히 응급, 심뇌혈관질환, 고위험 분만 등 생명과 직결되는 필수의료 분야의 지역 내 자체 충족에 어려움을 겪고, 이로 인해 같은 질병임에도 사는 지역에 따라 치료 결과가 다르고, 심지어 생존 여부에도 영향을 미치는 등 사회적 불평등을 초래하고 있으며, 아울러 2003. 사스, 2009. 신종플루, 2015. 메르스, 2019. 코로나19 등 신종 감염병이 주기적으로 발생하면서 국가 경쟁력 자체를 중대하게 위협하고, 국가의 첫 번째 사명은 국민의 건강과 생명을 지키는 것으로 공공의료는 국민에게 베푸는 시혜가 아니라 국민이 누려야 할 당연한 권리이므로 국민 누구나 차별 없이 제대로 된 의료서비스를 제공받을 수 있어야 한다. 이들 문제를 해결하기 위하여 공공보건의료대학을 설립하여 필수의료, 지역의료 등에 근무할 공공의사를 양성함으로써 필수·공공의료 공백 방지, 지역별 의료격차 해소, 감염병 대응능력 강화를 위한 인력을 안정적으로 확보하고자 한다.

② 주요내용

국가와 지방자치단체가 공공보건의료인력의 양성을 위한 공공보건의료대학을 설립·운영함으로써 공공보건의료의 교육과 연구를 촉진하고 공공보건의료의 발전에 이바지함을 입법 목적으로 하며, 공공보건의료대학은 법인으로 하고, 공공보건의료대학에 의과대학 및 의학전문대학원, 보건대학원 등을 둘 수 있고, 공공보건의료대학은 학생의 입학금, 수업료, 교재비, 기숙사비 등 학업에 필요한 경비를 부담하며, 학업을 중단하거나 의무복무를 이행하지 아니한 사람은 이미 지원된 경비를 반환하도록 하고, 공공보건의료대학에서 학위를 수여받고 「의료법」에 따라 의사 면허를 부여받은 사람은 10년간 지정된 기관에서 의무복무하게 하며, 의무복무를 이행하지 아니한 경우에는 의사 면허를 취소하고, 국가와 지방자치단체는 공공보건의료대학의 설립비, 운영비, 학비 등을 지원하도록 하고, 임원 및 교직원은 「형법」 제129조부터 제132조까지의 뇌물관련죄를 적용 시에는 공무원으로 의제한다.

3 찬성과 반대

가. 찬성

(1) 필수의료와 지역의료의 공급 부족 해결

의대정원 증원 등으로 의사 수가 증가하더라도 증가된 의사들이 자발적으로 의료 취약분야, 취약계층, 취약지역의 의료에 종사하기를 기대하기 어려우므로 이들 분야의 의료공급 부족 현상을 해결할 수 없다. 따라서 의과대학과정에서 양성된 의사를 필수의료, 지역의료에 의무적으로 종사하도록 하는 공공의대의 신설 및 지역의사제도 도입이 필요하다.

(2) 감염병에 효과적 대응책

감염병 관리는 수익성을 중시하는 민간 병원이 담당하기는 어려우므로 공공의대에서 공공의료 인력을 양성하여 감염병 대응능력을 길러야 한다.

(3) 의과학자 등 비임상의사의 양성

공공의대는 역학조사관 등 특수 전문분야의 의사는 물론 기초의학, 제약, 바이오, 의료기기 등 다양한 분야에서 활동하는 의과학자를 양성, 육성할 수 있다.

(4) 여론

여론조사에 의하면 비수도권 지역 의사양성과 공공의료 확충을 위한 공공의대 신설에 대하여 국민 10명 중 8명이 동의한다.

나. 반대

(1) 실효성의 의문

공공의대를 졸업한 의사로 하여금 10년간 지역에 의무 복무하도록 하여도 10년이 지난 후에도 그가 지방에서 의료서비스를 제공할 것이라고 보장할 수 없다.

(2) 위기의 원인은 열악한 인프라

현재 필수의료 지역의료 위기의 원인은 의사 부족이 아니라 지역의 열악한 의료체계, 수련환경, 근무환경, 필수과의 사법리스크 등이므로 이들에 대한 개선과 지원이 필요하지 공공의료인력 양성이 해결책은 아니다.

(3) 불공정 특혜

특정 지역의 자치단체장이나 특정단체의 추천에 의하여 해당 지역 출신자를 선발하는 선정 방식, 선발된 학생들의 교육비를 국민의 세금으로 부담하는 것 등은 선발된 자에 대한 특혜로 헌법의 평등원칙에 반한다.

(4) 과중한 경제적 부담

국민세금으로 부담하게 될 의과대학 및 부속병원의 건설, 교수진 및 직원의 채용, 선발학생들의 교육 등의 소요될 비용이 적지 않다.

(5) 의료서비스의 질 저하

공공의대를 통하여 양성된 의료인이 제공하는 의료는 의무복무로 강제하는 것으로 강제된 의료가 양질이기를 기대하기 어렵다.

- 소견 -

의대정원 증원 정책의 목적은 필수의료 및 지역의료의 위기를 극복하기 위한 것이나 의대정원 증원으로 의사 수가 늘어 난다 하여 증원된 의사가 필수의료, 지역의료에 종사한다고 보장할 수는 없다. 그런 점에서 필수의료, 지역의료 위기를 극복하기 위하여는 의대정원 증원에 비하여 제22대 국회에 계류 중인 공공의대 설립과 지역의사제의 입법이 더 효과적인 해결책일 수 있다. 그러나 이들을 입법하기 전에 필수의료, 지역의료 위기의 원인이 의사 절대 수의 부족인가, 의료행위로 인한 사법리스크와 지역의 열악한 인프라인가, 아니면 그 외의 것인가를 확인하여야 하고, 공공의대신설과 지역의사제가 그 원인에 대한 적합한 대책인지를 신중하게 검토하여야 할 것이다. 그리고 입법과정에 이해관계자들 간의 갈등이 예상되므로 상호 충분한 소통과 참여, 협조가 있어야 함은 물론이다.

국민의 생각 ??

당신의 생각은 어떻습니까?

3. 비대면진료

●
●
◦

1 문제의 소재

(1) 원격진료 또는 비대면진료(이하 '비대면진료'라고만 한다)는 의사가 먼 거리의 환자에 대하여 직접 환자 신체를 접하지 않고 정보통신기기의 매체를 통하여 행하는 진료로 그 의미에 대하여 다양한 의견이 가능하겠으나 이격성, 간접성, 매체의 존재를 개념요소로 한 진료라 할 것이다. 의료법 제34조에 규정된 원격의료는 의사가 원격지의 다른 의료인에게 의료지식과 기술을 지원하는 의사–의료인 간 협진으로 의사와 환자간 진료를 의미하는 비대면진료와는 다른 개념이다. 비대면신료의 허용여부는 정부, 의료계는 물론 관련 산업계의 주요한 관심사이다.

(2) 비대면진료에 대한 직접적 법률규정이 없으므로 비대면진료가 현행법상 허용되는지, 허용된다면 어떠한 내용으로 허용되는지, 허용되지 않는다면 허용하는 입법을 하여야 하는지, 비대면진료를 허용할 경우 부수적 문제는 어떤 것들이 있는지 등의 문제이다.

2 현행법상 허용 여부

(1) 대법원 입장

대법원은, 비대면진료는 대면진료와 동일한 수준의 의료서비스를 기대하기 어려울 뿐만 아니라 부적절한 의료행위가 이루어질 가능성이 높고, 그 결과 국민의 보건위생에 심각한 위험을 초래할 수 있다는 점을 근거로 의료인이 전화 등을 통해 원격지에 있는 환자에게 행하는 의료행위는 특별한 사정이 없는 한 의료법 제33조 제1항에 위반되는 것으로 보았다(대법원 2020. 5. 14. 선고 2014도9607 판결). 즉 의료법 제33조 제1항이 대면진료의 원칙을 규정한 것으로 본 것이다.

> **제33조(개설 등)**
> ① 의료인은 이 법에 따른 의료기관을 개설하지 아니하고는 의료업을 할 수 없으며 다음 각호의 어느 하나에 해당하는 경우 외에는 그 의료기관 내에서 의료업을 하여야 한다.
> 1. 응급환자를 진료하는 경우
> 2. 환자나 환자 보호자의 요청이 있는 경우
> 3. 국가나 지방자치단체 장이 공익상 필요하다고 인정하여 요청한 경우
> 4. 보건복지부령이 정하는 바에 따라 가정간호를 하는 경우
> 5. 그 밖에 이 법 또는 다른 법령으로 특별히 정한 경우나 환자가 있는 현장에서 진료를 하여야 하는 부득이 한 사유가 있는 경우

(2) 헌법재판소 입장

헌법재판소는 의료법 제17조와 제17조의2의 '직접 진찰'을 '대면 진찰'로 해석하면서 이 규정들을 대면진료를 의무화한 규정으로 해석하였고 따라서 비대면진료는 위 조항에 의하여 금지된다고 보았다(헌법재판소 2012. 3. 29. 선고 2010헌바 83, 전원재판부 결정).

제17조(진단서 등)

① 의료업에 종사하고 직접 진찰하거나 검안한 의사, 치과의사, 한의사
가 아니면 진단서, 검안서, 증명서를 작성하여 환자 또는 검사에게
교부하지 못한다.

제17조의2(처방전)

의료업에 종사하고 직접 진찰한 의사, 치과의사 또는 의사가 아니면
처방전을 작성하여 환자에게 교부하거나 발송하지 못하며 의사 치과
의사 또는 한의사에게 직접 진찰받은 환자가 아니면 누구든지 그 의사
치과의사 또는 한의사가 작성한 처방전을 수령하지 못한다.

(3) 의료법 개정의 필요성

「의료법」의 전체적인 입법취지와 법률조항 간의 체계 정합성을 고려
하면 현행 「의료법」은 원칙적으로 비대면진료를 허용하지 않는다고 해
석된다. 현행법상으로는 「의료법」 제33조가 대면진료 원칙을 규정한 것
이고 비대면진료는 이에 위반된다고 해석하는 대법원 입장이 타당해 보
이나 이를 보다 명확히 하기 위하여 「의료법」에 관련 규정을 두는 것이
바람직하다.

3 그간의 경과

가. 정부의 시범사업

(1) 1988. 정부는 3개 대학병원 및 3개 보건의료원에서의 원격영상진
단 시범사업을 처음으로 시도하였으나 기술적 문제로 중단하였고 그 후
의사-의료인 간 원격의료 시범사업을 두 차례 시도하다가 2002. 의료

법 제34조(원격의료) 규정에 의하여 의료인 간 원격협진이 법적으로 허용되었다. 그 후 정부는 2006. 의사-환자 간 원격의료 시범사업을 시행하였으나 의료계의 반대로 성과 없이 종료되었다.

(2) 2010. 정부는 제18대 국회에 의료 사각 지역 해소 및 의료서비스 산업 발전을 도모하고자 의사-환자 간 원격진료를 허용하는 의료법 개정안을 제출하였으나 법안은 국회 임기만료로 폐기되었고, 2014. 제19대 국회, 2016. 제20대 국회에서 연이어 의사-환자 간 원격진료를 허용하는 법안을 제출하였으나 모두 임기만료로 폐기되었다.

(3) 정부는 2018. 비대면진료의 단계적 추진을 위한 입법을 한다는 발표(군부대, 원양어선, 교정시설, 의료인이 없는 도서벽지 등 4개 유형에 대해서만 의사-환자 간 비대면진료 도입)를 하고, 2019. 강원도 디지털 헬스케어 규제특구를 지정하고 이 지역에서의 비대면진료를 허용하여 2020. 5. 시행하였으나 기업 참여 저조로 무산 위기에 놓였다.

(4) 그러던 중 코로나19 사태가 발생하였고 정부는 2020. 2. 전화상담·처방 및 대리처방을 한시적으로 허용하였고, 같은 해 4.부터는 한시적·특례적 조치로써 코로나19 확산 방지를 위해 온라인 진료 희망 환자에 대해서는 질환에 관계없이 전화·온라인 등을 이용한 비대면진료를 허용하였다.

(5) 의료계는 2020. 7. 정부가 비대면진료를 포함한 '의료 4대 정책(한약첩약 급여화, 비대면진료, 의대정원 증원, 공공의대설립)'을 추진하자 이를 4대 악이라 지칭하고 같은 해 8. 14. 총파업을 시행하였고, 정부는 2020. 9. 4. 비대면진료를 포함한 의료정책에 대하여 코로나19 종식 이후 이에 대하여 의료계와 원점에서 재논의하기로 하는 내용의 '9. 4. 의정합의안'을 발표하였다.

(6) 그러나 감소세였던 코로나19 확진자 수가 다시 증가하자 정부는 그 해 11. '포스트 코로나 시대 대비를 위한 비대면 경제 활성화방안'을 발표하고, 2020. 12. 15. 「감염병의 예방 및 관리에 관한 법률」에 한시적 비대면진료의 근거 조항 제49조의3을 신설하여 같은 날 공포 즉시 시행하였다. 위 법률의 입법취지는 심각한 감염병 위기 상황 시 환자 및 의료인의 감염 예방과 의료기관 보호를 통한 대응력 강화를 위해 한시적 비대면진료의 법적 근거를 마련하는 것이었다.

제49조의3(의료인, 환자 및 의료기관 보호를 위한 한시적 비대면 진료)

① 의료업에 종사하는 의료인은 감염병에 관하여 「재난 및 안전관리 기본법」 제38조 제2항에 따른 심각 단계 이상의 위기경보가 발령된 때에는 환자, 의료인 및 의료기관 등을 감염의 위험에서 보호하기 위하여 필요하다고 인정하는 경우, 「의료법」 제33조 제1항에도 불구하고 보건복지부 장관이 정하는 범위에서 유선·무선·화상통신, 컴퓨터 등 정보통신기술을 활용하여 의료기관 외부에 있는 환자에게 건강 또는 질병의 지속적 관찰, 진단, 상담 및 처방을 할 수 있다.

② 보건복지부장관은 위원회의 심의를 거쳐 제1항에 따른 한시적 비대면 진료의 지역, 기간 등 범위를 결정한다.

(7) 대통령은 2022. 5. 3. 110대 국정과제의 하나로 '비대면진료 제도화'를 발표하였고, 정부는 2023. 12. 1. '비대면진료 시범사업 보완방안'을 발표하였다. 그 내용은 지금까지 일부 산간지역에서 원칙적으로 재진환자에 대하여 허용하던 비대면진료를 야간이나 휴일에는 초진인 경우에도 허용하고, 허용지역도 응급의료 취약지역으로 넓히며, 그동안 휴일 야간에는 18세 미만의 소아청소년환자만 그것도 처방이 아닌 상담에 한하여 초진 비대면진료가 허용되었던 것을 휴일이나 오후 6시 이후의

야간에는 모든 연령대의 환자에 대하여 초진이더라도 상담은 물론 처방까지 비대면진료를 허용하고, 다만 비대면진료 시 정확한 진단이 어렵고 처방이 위험하다고 판단되면 의사는 대면진료를 요구할 수 있도록 한다는 것이다. 이러한 정부의 적극적인 시범사업 추진에 대하여 의료계는 의료사고의 위험과 환자의 안전을 우려하고 있다.

나. 비대면진료를 위한 입법적 노력

제21대 국회에서 비대면진료의 근거를 마련하기 위한 다수의 의료법 개정안이 발의되었으나 결실을 거두지 못하고 2024. 5. 29. 국회 임기만료로 모두 폐기되었다. 이들 법안의 제안이유 및 주된 내용은 대체로 비슷하며 아래와 같다.

(1) 2021. 9. 30. 의원제안안(임기만료폐기)

① 제안이유

디지털 헬스케어 기술의 발전으로 환자에 대한 원격모니터링 의료서비스가 기술적으로 가능해졌고, 원격모니터링으로 상시 환자를 관찰하고 환자의 정보를 수집함으로써 환자에 대한 적합하고 시의적절한 대면진료가 가능하고, 원격모니터링 의료서비스는 특히 경증의 만성질환을 앓고 있는 재진환자들에게 진료의 편익을 제공하고, 감염병 확산 시 의료인과 환자 모두의 안전을 위하여 비대면진료가 필요하므로 비대면진료의 법적근거를 마련하고자 함이다.

② 주요내용

의료법 제34조가 규정하는 원격의료를 의사와 의사간의 의료지식이나 기술을 지원하는 것을 의미하는 것에 국한하지 않고 원거리 환자에게 확대하여 의료인이 의학적 위험성이 낮다고 평가하는 만성질환자에 대해 컴퓨터 화상통신 등을 통하여 원격으로 관찰, 상담 등의 모니터링을 할 수 있고, 이는 재진환자로서 장기간 진료가 필요한 고혈압, 당뇨, 부정맥 환자를 주 대상으로 하여 의학적 안전성을 확보하고, 대형병원 쏠림현상을 방지하기 위해 원칙적으로 의원급 의료기관만이 할 수 있도록 하며, 이와 같은 비대면진료를 하는 자는 대면진료하는 경우와 같은 책임을 진다.

(2) 2021. 10. 18. 의원제안안(임기만료폐기)

① 제안이유

의료기술 및 정보통신기술의 발전을 반영하여 비대면진료를 허용하되, 그 목적 및 활용을 대면진료를 보완하는 개념으로 명확히 하고, 이를 위하여 기존 의료인 간의 원격의료는 '비대면협진'으로 고치고, 비대면진료 대상을 의원급 의료기관 중심으로 섬·벽지(僻地)에 사는 사람 등 의료기관을 이용하는 데 어려움이 있는 환자에 제한하고, 비대면진료 시의 준수사항과 책임소재를 구체적으로 규정함으로써 안전한 비대면진료가 이루어질 수 있는 기반을 마련하여 비대면진료에 대해 제기되었던 사회적 우려를 해소하고자 한다.

② 주요내용

제17조 제1항의 "진찰"에 '비대면진료'를 포함하고, 의료인 간의 진료지원을 의미하는 제34조의 "원격의료"를 "비대면협진"으로 고치며, 제34조의2(비대면 진료)를 신설하여 대면진료의 원칙을 선언하고 비대면진료를 대면진료에 보완적으로 허용하며, 비대면진료가 허용되는 대상환자를 섬·벽지 등에 거주하는 환자, 교정시설에 수용 중인 사람, 현역에 복무 중인 군인 등으로서 의료기관 이용이 제한되는 환자, 이미 1회 이상 대면진료를 한 환자로서 고혈압·당뇨병 등 만성질환자와 정신질환자, 수술·치료를 받은 후 신체에 부착된 의료기기의 작동상태 점검 또는 욕창 관찰, 중증·희귀난치 질환 등 지속적인 관리가 필요한 환자 등으로 제한하고, 원칙적으로 의원급 의료기관에 한하여 허용되며, 의료기관을 비대면진료만 하는 의료기관으로 운영하여서는 아니되고, 비대면진료를 행하는 의료인은 환자를 직접 대면하여 진료하는 경우와 같은 책임을 진다.

(3) 2022. 11. 1. 의원제안안(임기만료폐기)

① 제안이유

정보통신기술 및 의료기술의 발전에 따라 비대면으로 적절한 의료서비스를 제공할 수 있는 환경이 마련되었고, 최근 전세계적인 감염병 확산 상황에서 비대면 의료서비스의 효용이 확인되었고, 의료사각지대 환자와 같이 의료접근성이 떨어지는 환자에 대한 의료서비스의 형평성을 높이고 지속적인 관리가 필요한 환자에 대한 상시관리로 건강을 증진시킬 수 있다는 등의 이유로 대면진료의 보완책으로 비대면진료를 의료이용이 제한된 환자 등에 한정해 허용함으로써 안전하게 비대면진료를 이용할 수 있도록 하고자 한다.

② 주요내용

제34조의 '원격의료' 용어를 '비대면협진'으로 변경하고, 제34조의2를 신설하여 대면진료 원칙을 선언하고, 예외적으로 비대면진료를 허용하는 등 이전 개정안의 내용과 큰 차이가 없으며, 의료인은 환자의 요청이 있는 경우로서, 비대면진료가 불가피하거나 비대면신료를 하는 것이 환자의 건강에 위해가 발생하지 않으면서 의료접근성을 증진할 수 있는 경우, 해당 환자에 대하여 동일 상병으로 1회 이상 대면진료를 한 경우에 비대면진료가 허용되며, 비대면진료 의료인은 원칙적으로 의원급 의료기관이어야 하며, 비대면진료를 실시하는 데 대한 안전성을 인정하는 경우에도 해당 환자에 대하여 주기적으로 대면진료를 실시하여야 하며, 대면진료하는 경우와 같은 책임을 진다는 내용이다.

(4) 2023. 3. 20. 의원제안안(임기만료폐기)

① 제안이유

현재 비대면진료는 「감염병의 예방 및 관리에 관한 법률」에 따라 감염병과 관련하여 심각 단계 이상의 위기경보가 발령된 경우 환자와 의료인 및 의료기관 등을 감염으로부터 보호하기 위하여 한시적으로 시행되고 있으나 비대면진료는 감염병의 예방을 위해 필요할 뿐만 아니라 의료기관의 접근이 어려운 사람들에게도 필요하므로 그 제도적 근거를 마련하고, 제도운영시 의료기관이 갖추어야 할 필요한 시설·장비와 준수할 사항을 법률에 명시하여 비대면진료 제도가 안전하게 운영되도록 하고자 한다.

② 주요내용

제34조의2를 신설하여 비대면진료 근거를 마련하고 비대면진료에 필요한 시설과 장비를 법령으로 규정한다.

(5) 2023. 3. 30. 의원제안안(임기만료폐기)

① 제안이유

코로나19 유행 이후 정부는 대면진료 시 발생할 수 있는 감염 위험을 피하고자 한시적으로 「감염병의 예방 및 관리에 관한 법률」에 따라 비대면진료를 허용하고 있으며, 그 와중에 다수의 민간사업자가 환자와 의료기관 사이의 비대면진료를 중개하는 것을 영업으로 하면서, 환자의 의료기관 선택에 개입하거나 의료서비스 및 의약품 오남용을 조장하는 행위를 하는 등 부작용이 발생하고 있으므로 비대면진료중개업을 법령으로 규제하고자 한다.

② 주요내용

제34조의2(비대면의료) 규정을 실설하면서 비대면의료중개업에 관한 제34조의3(비대면의료중개업)을 신설하여 비대면의료중개업을 하려는 자는 보건복지부장관의 허가를 받고 지도감독을 받도록 하며, 비대면의료중개업자가 준수해야 할 의무사항을 명시한다.

(6) 2023. 4. 4. 의원제안안(임기만료폐기)

① 제안이유

코로나19 확산을 막기 위하여 한시적으로 비대면진료를 허용한 2020. 2.부터 2022. 12.까지 비대면진료 누적 이용자 수 1,300만 명, 건수가 3,500만 건 이상이 특별한 문제 없이 시행되는 등 비대면진료가 국민 일상에 안정적으로 자리 잡은 상태이며, 비대면진료는 노인·장애인 등 이동 약자는 물론 통상적인 의료기관 운영 시간 내 의료기관 방문이 어려운 직장근로자, 자영업자, 소상공인, 자녀를 양육 중인 맞벌이 부부 등 모든 국민의 의료접근성 개선에 크게 기여하고, 비대면진료의 대다수가 시행되는 1차 의원급 개원의를 중심으로 의료계 내 비대면진료 상시화에 대한 공감대도 형성되었다. 그럼에도 코로나19의 엔데믹으로 비대면진료를 다시 제한하려는 정책적 기류가 보이므로, 비대면진료의 법적 근거를 마련함과 동시에, 인터넷매체 등을 통하여 비대면진료와 관련한 정보를 제공하거나 정보의 제공을 매개하려는 자에 대한 정부의 관리·감독의 근거를 마련하여 국민이 안전하게 비대면진료를 이용할 수 있도록 하고자 한다.

② 주요내용

의료법 제34조의 '원격의료'를 '비대면협진'으로 고치고, 제34조의2(비대면진료) 조항을 신설한다는 것으로 그 주요내용은, 의료인은 대면진료를 원칙으로 하고, 비대면진료는 보완적으로 의료기관 밖에 있는 환자에 대하여 비대면진료가 환자의 건강에 위해를 발생시키지 않으면서 의료접근성을 증진시킬 수 있는 경우에 한하여 보건복지부령으로 정하는 환자에 대하여 허용되며, 원칙적으로 의원급 의료기관에서 실시하고, 보건복지부령으로 정하는 만성질환자와 정신질환자에 대하여는 의료인이 해당 환자에 대하여 동일 질병으로 1회 이상 대면진료를 한 경우에 한하여 실시할 수 있으며, 마약류나 오·남용 우려가 있는 의약품 등 보건복지부장관이 지정하는 의약품을 처방하여서는 아니되며, 비대면진료를 하는 의료인은 환자를 대면하여 진료하는 경우와 같은 책임을 진다.

(7) 2024. 5. 17. 의원제안안(임기만료폐기)

① 제안이유

국내외 헬스케어 시장의 중요성이 커지고 정보통신기술을 활용한 비대면진료가 새로운 의료서비스 형태로 부각됨에 따라 일본, 프랑스, 독일 등 많은 국가가 비대면진료 관련 산업 육성을 위한 정책을 적극적으로 시행하고 있는 바, 국민의 의료권익의 증진과 비대면진료 산업 발전, 국내 의료 시장의 질적 혁신을 위해 비대면진료를 상시 허용하고, 이를 위한 정보의 관리·감독 사항 전반을 규정하는 등 법적 근거를 마련하여 국민이 비대면진료를 원활하게 활용하게 하고 비대면진료 산업의 불확실성과 불안정성을 제거하고자 한다.

② 주요내용

의료법 제17조 제1항 본문 중 "직접 진찰"에 제34조의2에 따른 정보통신기술을 활용한 비대면진료를 포함시키고, 의사－의료인 간의 의료지식 및 기술지원을 의미하는 제34조의 '원격의료'를 '협의진료 및 비대면협진'이라 하며, 제34조의2(비대면진료)를 신설하여 비대면진료의 근거를 마련하는 등 종전의 내용 외에, 의료인이나 의료기관 개설자는 환자의 본인확인·진료비 청구 및 수납·기록 관리 및 보존·처방전 전송 등을 위하여 인터넷매체를 활용할 수 있으며, 비대면진료에 의한 처방전의 의약품을 조제한 약국개설자 또는 약사는 「약사법」 제50조 제1항에도 불구하고 환자가 지정하는 약국 또는 점포 외의 장소에서 의약품을 인도할 수 있다는 것이 포함되어 있다.

다. 한시적 전면 비대면진료 허용

정부는 2024. 2. 23. 기준으로 전국 주요 수련병원 소속 전공의의 약 80%가 전공의 사직서를 제출하고 소속 전공의의 약 70%가 근무지를 이탈하는 등 의사들의 집단행동으로 인한 의료 공백이 커지자 보건의료 위기단계를 '경계'에서 '심각' 단계로 상향하고 병원급 의료기관을 포함한 모든 종별 의료기관에 대하여 한시적으로 비대면진료를 전면 허용하였다. 이에 따라 모든 의료기관은 의사 집단행동이 종료되는 시점까지 별도의 지정이나 신청없이 비대면진료를 시행할 수 있게 되었으며 종료일 이후에는 특별한 사정이 없는 한 기존 시범사업 기준을 다시 적용하게 될 것이다.

4 찬성과 반대

(1) 찬성

① 정보기술(IT) 선진국

세계적 수준의 스마트폰 보급률과 1일 앱 사용량, 특히 인터넷가입자 수가 총인구보다 많은 우리나라의 비대면진료의 시행은 필연적이다. 정보기술 선진국 중 비대면진료를 금지하는 나라는 우리나라 외에는 없다.

② 비용절감

병원방문과 진료대기 시간 절약, 교통 불편감소, 교통비 절감, 그리고 만성질환의 지속적 관리가 가능하여 합병증 위험이 감소함으로써 입원 일수가 줄어들어 의료비 절감의 효과가 있다.

③ 접근성, 편의성 증대

비대면진료는 도서지역, 거동이 불편한 고령층 및 장애인, 나아가 직장과 육아로 의료기관을 방문하기 어려운 환자, 의료취약지역, 취약계층의 환자들의 의료 접근성과 편의성을 증진시킨다.

④ 의료인력부족 보완

의사의 대도시 집중 동기가 줄어들어 수도권 집중으로 인하여 발생하는 지역의사 부족 문제를 해결하는 데 도움이 된다.

⑤ 의료질 향상

3분 대면진료보다 충분한 시간의 비대면진료가 오히려 더 정확한 진단과 처방을 가능하게 한다. 특히 고혈압과 당뇨 등 만성질환의 상시적 관리(실시간 데이터 전송 근거)와 통합적인 의료정보 관리에 의하여 정확한 진단 및 처방이 가능하여 환자에게 실현되는 의료의 질이 높아진다.

⑥ 환자만족도 상승

환자가 직접 의료인을 선택할 수 있고, 시공간의 제약없이 연속성 있는 건강관리 및 '개인맞춤형 건강관리'가 가능하므로 환자의 의료이용 만족도 조사에서 나타나듯이 응급실 방문보다 비대면진료의 만족도가 높다.

⑦ 변화하는 의료 패러다임

고령화와 만성질환 증가, 1인 가구의 급등으로 의료 서비스의 패러다임이 진단 및 치료 중심에서 예측의료, 예방의료 중심으로 변화하고 따라서 데이터를 모으고 분석하여 예방 체계를 구축하는 것이 중요하게 되었다. 이에는 정보통신기술을 활용하는 비대면진료가 필수적이다.

⑧ 의료 서비스 격차 해소, 의료평등성 향상

신체적(고령자, 장애인), 장소적 제약(군인, 수감자, 도서지역 주민 등)에 의한 의료서비스 격차가 극복되어 국민들간의 의료평등을 구현할 수 있다.

⑨ 미래성장동력, 산업발전

비대면진료는 데이터, 인공지능, 모바일 헬스, 정밀 의료 등과 관련된 과학기술의 발전을 가져오고 해외의 의료기기 시장, 디지털 헬스케어 시장 개척 등 국가 산업경쟁력을 강화시킨다. 높은 정보통신기술을 가지고 있는 우리나라가 이를 선점하여 미래 성장 동력으로 활용할 수 있다.

⑩ 환자중심진료에 적합

환자의 요구, 선호도 및 가치를 존중하여 환자가 원하는 병원과 의사를 선택하여 맞춤진료를 받을 수 있게 되므로 의사가 아닌 환자 중심의 진료문화가 조성되는 계기가 된다.

⑪ 의료전달체계 붕괴는 기우

비대면진료를 허용할 경우 의료전달체계가 붕괴된다는 반대측의 우려에 대하여 비대면진료를 의원급에 제한하여 허용할 경우 그러한 위험은 없으며 실제 코로나19 과정에서 그러한 우려는 나타나지 않았다.

⑫ 의료계의 인식변화

그동안 비대면진료를 강하게 반대해 온 의료계는 의료환경의 변화를 감안하여 무조건적인 반대보다는 상황에 맞게 대처하자는 태도의 변화를 보이고 있다.

⑬ 정부의 의지

비대면진료는 현정부의 국정과제이고, 바이오 헬스는 시스템 반도체, 미래 자동차와 함께 정부가 선정한 3대 중점산업 중 하나로 정부가 강한 의지를 가지는 제도인만큼 성공가능성이 높다.

⑭ 세계적 추세

OECD 38회원국 중 25~33개국에서 비대면진료를 제도화하고 있거나 이를 금지하지 않고 있다.

(2) 반대

① 의료의 IT기업에의 종속

의료가 거대 IT기업에 종속될 우려가 있고 그럴 경우 의료의 목적과 본질이 훼손된다.

② 1차 의료의 붕괴

의료기관간 경쟁으로 대형병원 쏠림현상이 나타나고 일차 의료기관과 규모가 작은 중소병원이 붕괴되는 등 의료전달체계가 붕괴되고 국가 의료서비스 공급체계가 왜곡된다.

③ 사회적 합의 결여

비대면진료를 제도화하기 위해 2020. 2건의 의료법 개정안이 발의되었으나, 이해관계자들의 합의를 이끌어 내지 못하는 등 전체적인 사회적 합의가 이루어지지 않았다. 특히 의료계는 정부가 비대면진료를 제도화하려 한 2014.과 2020.에 총파업을 감행하면서까지 반대하였는데 지금 사정은 그때와 다르지 않다.

④ 의료접근성 문제

우리나라는 의사 밀도가 세계에서 두 번째로 높고 캐나다, 호주, 러시아보다 100배 높아 의료접근성이 충분하며 비대면진료 허용은 오히려 IT 기술에 익숙하지 않은 저소득층 및 노령층의 의료접근을 방해하게 된다.

⑤ 의료민영화, 상업화 우려

국민의 건강과 생명에 앞서 산업적인 측면을 강조하게 되어 비대면의료가 의료의 민영화, 상업화의 단초를 열고 의료의 공공성을 저해한다.

⑥ 안전성 감소

대면진료에 비하여 진단의 정확성과 처방의 안전성이 떨어지는 것은 명백하고 이는 의료과오에 의한 의료사고의 위험성을 높인다.

⑦ 의료비증가

의료기관의 시설 장비구입, 관리 비용, 플랫폼 사용료 등으로 인한 의료비가 상승한다.

⑧ 의료 과소비

편의성, 수월성으로 인하여 필요하지 않은 의료수요가 발생하고 그로 인한 의료과소비 현상이 나타난다.

⑨ 정보침해

환자의 건강에 관한 개인정보가 유출되어 상업적으로 악용될 우려가 있다.

⑩ 의료환경저해

의료기관은 의료의 질 향상보다는 ICT(information, communication, technology) 기능 향상만 추구하게 되고 의료 제공자 간의 과당 경쟁을 야기하며 의료 영리화로 인한 의료인의 빈익빈, 부익부 현상이 심화되는 등 의료환경이 불건강해진다.

⑪ 임상유효성 문제

비대면진료가 대면진료와 동등한 임상적 효과가 있는가, 정책적 유효성이 있는가에 대한 검증이 되지 않았고 오히려 역효과가 나타날 수도 있다.

⑫ 분쟁의 증가

해킹, 접속오류, 하드웨어 및 소프트웨어 문제, 네트워크 문제, 기기 문제 등 정보통신기술을 사용함으로써 발생하는 다양한 문제로 인한 의사, 환자, 제3자 사이의 분쟁이 증가한다.

⑬ 경제적 접근의 오류

정부는 비대면진료를 산업적·경제적 측면에서 접근하고 있고 이는 환자의 생명과 건강을 보호하고 증진하는 의료의 본질에 반한다.

⑭ 의료평등성 등 저해

결국, 비대면진료는 유효성(effectiveness), 효율성(efficiency)을 담보하지 못하고 오히려 의료사고 위험을 증가시킴으로써 안전성(safety)을 해치고 의료평등성(equtability)을 해친다.

5 각자의 입장

(1) 정부

정부는 비대면진료에 대한 강한 의지를 가지고 있으며, 비대면진료가 의료 취약계층, 의료 사각지대 해소는 물론 의사 수의 부족을 완화하는 효과가 있다고 보고 만성질환, 재진, 거주지 인근 1차 의료기관을 대상으로 추진하는 것이 바람직하다는 입장이다.

(2) 의료계

의료계는 원칙적으로 비대면진료의 안전성과 유효성에 대하여 의문을 가지며 비대면진료가 필수의료, 지역의료 위기에 대한 근본적인 대책이 될 수도 없다는 입장이다. 무엇보다 국민의 건강과 생명에 앞서 산업적인 측면만을 부각시키며 비대면진료의 당위성과 필요성만을 강조하는 것은 위험하고 특히 의사표현 능력이 부족한 소아에 대하여 비대면진료를 확대 허용하는 것은 위험성을 더 높인다는 것이다. 한편 의료계 일부는 허용 범위를 적절히 제한하고 부작용에 대한 대비책을 마련하는 등 법적·제도적 문제를 먼저 검토한 후 수용여부를 논의하여야 한다는 등 유보적인 입장을 보이기도 한다.

(3) 환자·소비자단체

의료취약지, 경증·만성질환자 등에 우선적으로 실시하고, 단계적으로 확대할 필요가 있다는 입장이다.

(4) 산업계

원칙적으로 찬성하며, 대상 질병, 대상 환자, 허용되는 의료행위의 범위를 제한하는 대신, 의사의 재량과 환자의 선택에 따라 대면진료를 보완할 수 있는 다양한 진료서비스가 제공될 수 있도록 하여야 한다는 입장이다.

6 외국 입법례

(1) 미국과 호주는 국토 면적이 넓은 나라로 의료 접근성을 향상시키기 위한 목적으로 비대면진료를 도입하였고, 일본은 의료 형평성 증진 및 환자 편의성 제고를 위해 2015. 비대면진료(온라인 진료)를 전면 시행하였고, 독일도 2018. 오랫동안 금지해 온 비대면진료 금지를 폐지하였으며, 프랑스는 의료 인력의 대도시 집중으로 인한 의료인력 부족 문제를 해결하기 위하여 비대면진료를 허용하였으며, 국가 주도형 의료서비스를 제공하는 영국은 국민의 의료 접근성 향상 및 인구의 고령화에 따라 증가하는 보건의료비 예산 절감을 위하여 비대면진료를 허용하였다.

(2) 코로나19 사태를 거치면서 위의 국가 외 대부분의 국가에서 비대면진료가 허용되거나 금지 규정이 폐지 또는 완화(초진 허용, 지역 및 질환 제한 완화 및 항목 증가, 활용 기술 범위 확대 등)되었다.

- 소견 -

(1) 국가의 헌법적 책무

헌법 제10조는 국민의 인간으로서의 존엄과 가치, 행복추구권을 불가침의 기본적 인권으로 규정하면서 이를 확인하고 보장하는 것을 국가의 의무로 규정한다. 국민의 생명과 건강은 인간존엄과 가치 및 행복의 본질적 요소이고 따라서 국민의 생명과 건강을 보호하고 증진하는 것은 국가의 헌법적 책무이다. 그러므로 국가는 대면진료가 불가능한 환자에 대하여 비대면진료를 통하여서라도 그들의 생명과 건강을 보호하여야 한다.

(2) 의료법 개정

비대면진료에 대한 논의는 2002. 의료인 간 원격협진(원격의료)이 법적으로 허용된 이래 약 20년 간 계속되어 왔다. 의학과 의료기술이 아무리 발전하여도 다양한 이유로 대면진료가 불가능한 환자는 있게 마련이고, 현재 우리의 과학기술과 의료기기는 비대면진료를 기술적으로 안전하게 시행할 할 수준으로 발달하였고, 비대면진료가 불가피한 감염병의 발생주기도 짧아지고 있으므로 이제 비대면진료는 거스를 수 없는 시대적 요구가 되었다. 따라서 의료법에 명확하게 근거규정을 신설하여 불필요한 위법성 논란을 없애고 제도의 내용을 어떻게 구성하고 제도를 어떻게 운영할 할 것인가에 논의를 집중하여야 할 것이다.

(3) 제도의 내용

제도의 내용에는, 어떤 환자를 대상으로 어떤 질환에 어떤 수단을 통하여 비대면진료를 허용할 것인지, 초진에도 허용할 것인지, 1차 의료기관에 국한할 것인지, 의사와 환자 사이를 연결하는 온라인 운영 체계

(플랫폼)는 누가 만들고 관리할 것인지, 약 배송을 허용할 것인지, 수가는 일반진료보다 높게 할 것인지, 비대면진료로 생성된 개인정보는 어떻게 관리하고 보호할 것인지, 의사에 대하여 비대면진료 교육을 어떻게 할 것인지, 비대면진료 절차는 어떻게 규정할 것인지, 국가가 비대면진료 의사에게 어떤 지원을 할 것인지 등이 포함되어야 할 것이며, 비대면진료의 필요성, 위험성과 안전성, 효율성 등을 종합적으로 고려하여 구체적으로 내용을 정하여야 할 것이다.

(4) 대면진료 원칙, 안전성우선 원칙

비대면진료를 제도화하더라도 대면진료의 원칙을 준수하여야 하고 비대면진료는 예외적, 보완적 수단으로 허용되어야 하며, 산업경제적 동기에 의하여 진료의 안전성이 희생되어서는 안 된다.

(5) 사회적 합의 확보

비대면진료와 관련하여서는 그동안 정부의 시범사업 시행과 국회의 입법화 노력이 지속적으로 행해져 왔으나 제도화에 대한 사회적 합의를 이루지 못하고 있으므로 합의를 위한 소통과 설득을 위한 노력을 하여야 한다.

국민의 생각 ??

당신의 생각은 어떻습니까?

4. 한의사의 의료기기 사용

1 문제의 소재

그동안 의료법 제27조(무면허 의료행위 등 금지) 제1항 '의료인이 아니면 누구든지 의료행위를 할 수 없으며 의료인도 면허된 것 이외의 의료행위를 할 수 없다'는 규정과 관련하여 한의사의 의료기기 사용, 특히 진단을 위한 초음파진단기기의 사용이 한의사의 '면허된 것 이외의 의료행위'인지에 대한 논쟁이 지속적으로 있어 왔고 그 해결은 법원과 헌법재판소의 사후적 판단에 의하여 행해졌다. 문제는 법원과 헌법재판소의 사법적인 판단이 있기 전에는 한의사는 어떤 의료기기의 사용이 허용되고 어떤 의료기기의 사용은 허용되지 않는지를 알 수 없어 법을 준수하고자 하여도 준수할 수 없다는 것이고, 무면허의료행위에 대한 형사처벌의 부담 때문에 환자에게 필요한 진료를 주저하게 되어 환자에게 정확한 진단과 필요한 치료를 할 수 없다는 것이며, 무면허의료행위 여부가 법적으로 문제 되었을 때 법원과 헌법재판소의 법령 해석에 의하여 위법성 여부가 판단되므로 그 과정에 법적 불안이 초래된다는 것이다. 이러한 법적 불안을 제거하기 위하여 현행법상 한의사에게 진단 의료기기의 사용이 허용되는지를 살펴보고, 한의사를 비롯한 의료인으로 하여금 허용되는 한방의료 및 의료행위가 무엇인지, 특히 어떠한 의료기기 사용이 허용되는지, 어떤 범위에서 허용되는지를 알게 하기 위하여 의료법 제2조에 규정된 '의료'와 '한방의료'의 내용 또는 기준을 법률로 정할 필요가 있는가를 살펴본다.

의료법 제2조(의료인)

① 이 법에서 '의료인'이란 보건복지부장관의 면허를 받은 의사 치과의사 한의사 조산사 및 간호사를 말한다.

② 의료인은 종별에 따라 다음 각 호의 임무를 수행하여 국민보건 향상을 이루고 국민의 건강한 생활 확보에 이바지할 사명을 가진다.

1. 의사는 의료와 보건지도를 임무로 한다.
2. 치과의사는 치과의료와 구강 보건지도를 임무로 한다
3. 한의사는 한방의료와 한방 보건지도를 임무로 한다.
4. 조산사는 조산과 임산부 및 신생아에 대한 보건과 양호지도를 임무로 한다.
5. 간호사는 다음 각 목의 업무를 임무로 한다.
   가. 환자의 간호요구에 대한 관찰 자료수집 간호판단 및 요양을 위한 간호
   나. 의사 치과의사 한의사의 지도하에 시행하는 진료의 보조.
   다. 간호요구자에 대한 교육 상담 및 건강증진을 위한 활동의 기획과 수행 그밖의 대통령령으로 정하는 보건활동
   라. 제80조에 따른 간호조무사가 수행하는 가목부터 다목까지의 업무보조에 대한 지도.

제27조(무면허 의료행위 등 금지) ① 의료인이 아니면 누구든지 의료행위를 할 수 없으며 의료인도 면허된 것 이외의 의료행위를 할 수 없다.

2 문제된 의료기기들

법원과 헌법재판소에서 한의사의 의료기기 사용이 무면허 의료행위 인가에 대하여 지금까지 문제가 된 의료기기는 진단용 초음파기기가 대표적이며 그 외에도 X선 골밀도 측정기, 턱관절 균형장치, 레이저 조사기, 안압측정기, 자동안굴절검사기, 세극등현미경, 자동시야측정장비, 청력검사기 등이 있다.

3 대법원의 판단

의사나 한의사의 구체적인 의료행위가 '면허된 것 이외의 의료행위'에 해당하는지 여부, 특히 한의사의 초음파 진단기기 사용이 '면허된 것 이외의 의료행위'에 해당하는지 여부에 관한 대법원의 '종전 판단기준'은 2022. 12. 22. 선고 2016도21314 전원합의체 판결에 의해 '새로운 판단기준'으로 판례 변경되었다.

가. 대법원 2011. 5. 26. 선고 2009도6980 판결

(1) 사안

한의사인 피고인이 2005. 5. 23.경 자신이 운영하는 한의원에서 진단용 방사선 발생장치인 X-선 골밀도측정기를 이용하여 환자의 발뒤꿈치 등의 성장판검사를 한 것을 비롯하여 그때부터 2007. 4. 23.까지 38명을 상대로 하여 1,038번에 걸쳐 위와 같은 방법으로 한의사면허로 허가된 것 이외의 의료행위를 하였다는 이유로 의료법위반으로 기소되었고, 제1심, 제2심 법원은 유죄를 선고하였고 피고인이 상고하였다.

(2) 판단

① 구 의료법은 의사, 한의사 등의 면허된 의료행위의 내용에 관한 정의를 내리고 있는 법조문이 없으므로 구체적인 행위가 면허된 것 이외

의 의료행위에 해당하는지 여부는 구체적 사안에 따라 구 의료법의 목적, 구체적인 의료행위에 관련된 규정의 내용, 구체적인 의료행위의 목적, 태양 등을 감안하여 사회통념에 비추어 판단하여야 한다.

② 진단용방사선 발생장치를 설치운영하는 의료기관의 신고의무를 규정한 구 의료법 제37조(진단용 방사선 발생장치) 제1항이 모든 의료기관이 진단용 방사선 발생장치를 설치·운영할 수 있는 것을 전제로 규정하고 있다고 볼 여지도 있으나, 이는 진단용 방사선 발생장치의 설치·운영에 관한 규정으로 의료기관에 대하여 그 위험에 따른 의무를 부과하기 위하여 규정한 것이지 한의사와 의사의 면허 범위에 관한 것을 규정한 것은 아니어서 이를 근거로 한의사가 진단용 방사선 발생장치인 이 사건 측정기를 사용하여 성장판검사를 한 것을 한방의료행위에 해당한다고 볼 수는 없는 점, 우리나라 의료체계의 이원성 및 구 의료법상 의료인의 임무, 면허의 범위 등에 비추어 구 의료법 제37조 제1항이 정하는 '의료기관'에 한의사는 포함되지 않는 것으로 해석함이 상당하고, 구 의료법 제37조의 위임에 따라 제정된 '구 진단용 방사선 발생장치의 안전관리에 관한 규칙' 제10조(진단용방사선의 안전관리책임자) 제1항이 안전관리책임자를 두어야 하는 의료기관에 한의원을 포함시키지 않은 것은 이를 확인한 것으로 볼 수 있는 점, 제18조(적용의 배제)가 이 사건 측정기와 같이 주당 최대 동작부하가 10mA/분 이하의 것을 사용하는 의료기관에 대하여는 동규칙에 정한 각종 의무가 면제된다고 규정하나 그 의무가 면제되는 대상은 종합병원, 병원, 치과병원, 의원 등 원래 안전관리책임자 선임의무 등이 부과되어 있는 의료기관을 전제로 한 것이어서 이를 근거로 한의사가 주당 최대 동작부하의 총량이 10mA/분 이하인 진단용 방사선 발생장치를 사용할 수 있다고 보기는 어려운 점 등을 종합하여 피고인이 이 사건 측정기를 이용하여 환자들에 대하여 성장판검사를 한 것은 한의사의 면허 범위 이외의 의료행위를 한 때에 해당한다고 판단하여 피고인의 상고를 기각한다.

나. 대법원 2014. 1. 16. 선고 2011도16649 판결

(1) 사안

피고인은 한의사임에도 2010. 5. 11.경 부산 부산진구에 있는 "○○ ○한의원"에서, 1회용 주사기를 이용하여 환자의 코와 볼에 조직수복용 생체재료인 히알루론산을 성분으로 하는 의료기기 제품인 "필러스타(FILLOSTAR)"를 주입하는 시술을 하여 면허된 것 이외의 의료행위를 하였다는 이유로 의료법위반으로 기소되었고, 제1심, 제2심 법원은 유죄를 선고하였으며 피고인이 상고하였다.

(2) 판단

① 구 의료법(2012. 2. 1. 개정 전의 것)이 의사와 한의사가 동등한 수준의 자격을 갖추고 면허를 받아 각자 면허된 것 이외의 의료행위를 할 수 없도록 하는 이원적 의료체계를 규정한 것은 한의학이 서양의학과 나란히 독자적으로 발전할 수 있도록 함으로써 국민으로 하여금 서양의학뿐만 아니라 한의학이 이루고 발전시켜 나아가는 의료혜택을 누릴 수 있도록 하는 한편, 의사와 한의사가 각자의 영역에서 체계적인 교육을 받고 국가로부터 관련 의료에 관한 전문지식과 기술을 검증받은 범위를 벗어난 의료행위를 할 경우 사람의 생명, 신체나 일반 공중위생에 발생할 수 있는 위험을 방지하기 위한 것이다.

② 의료법령에는 의사, 한의사 등의 면허된 의료행위의 내용을 정의하거나 그 구분 기준을 제시한 규정이 없으므로, 의사나 한의사의 구체적인 의료행위가 '면허된 것 이외의 의료행위'에 해당하는지 여부는 구체적 사안에 따라 이원적 의료체계의 입법 목적, 당해 의료행위에 관련된 법령의 규정 및 취지, 당해 의료행위의 기초가 되는 학문적 원리, 당해 의료행위의 경위·목적·태양, 의과대학 및 한의과대학의 교육과정이

나 국가시험 등을 통하여 당해 의료행위의 전문성을 확보할 수 있는지 여부 등을 종합적으로 고려하여 사회통념에 비추어 합리적으로 판단하여야 할 것이며, 한의사가 전통적으로 내려오는 의료기기나 의료기술(이하 '의료기기 등') 이외에 과학기술의 발전에 따라 새로 개발·제작된 의료기기 등을 사용하는 것이 한의사의 '면허된 것 이외의 의료행위'에 해당하는지 여부도 이러한 법리에 기초하여 판단하여야 할 것이다.

③ 이 사건 필러시술은 전적으로 서양의학의 원리에 따른 시술일 뿐이고 거기에 약침요법 등 한의학의 원리가 담겨 있다고는 볼 수 없으므로, 피고인의 이 사건 필러시술행위는 한의사의 면허된 것 이외의 의료행위에 해당한다고 판단하여 피고인의 상고를 기각한다.

다. 대법원 2014. 2. 13. 선고 2010도10352 판결

(1) 사안

한의사인 피고인이 2006. 6.경부터 2009. 9.경까지 피고인 운영의 '○○한의원'에서 잡티제거 등 피부질환 치료를 위한 광선조사기인 IPL(Intense Pulse Light) 1대를 설치하여 100여 명의 환자를 대상으로 피부질환 치료행위 등 무면허 의료행위를 하였다는 이유로 의료법위반으로 기소되었고 제1심 법원은 이를 무면허의료행위로 판단하여 피고인의 유죄를 인정하였으나 제2심 법원은 한의에서 행해지는 IPL의 사용은 현대 이학적인 기기를 이용하여 경락을 자극하고 기혈순행을 높여 질병을 치료하기 위한 것이라고 인정하여 피고인에게 무죄를 선고하였으며 검사가 상고하였다.

(2) 판단

① 의사나 한의사의 구체적인 의료행위가 '면허된 것 이외의 의료행위'에 해당하는지 여부, 한의사가 전통적으로 내려오는 의료기기나 의료기술 이외에 의료공학의 발전에 따라 새로 개발·제작된 의료기기 등을

사용하는 것이 한의사의 '면허된 것 이외의 의료행위'에 해당하는지 여부를 판단하는 기준은 대법원 2014. 1. 16. 선고 2011도16649 판결에서 언급한 기준과 같다.

② 원심으로서는 우선 피고인이 사용한 IPL의 개발·제작 원리가 한의학의 학문적 원리에 기초하였는지, 만일 그렇지 않다면 피고인이 이를 사용한 경위·목적·태양 등에 의할 때 한의학의 이론이나 원리를 응용 또는 적용하여 사용한 것으로 볼 수 있는지에 대하여 심리하고, 나아가 IPL의 사용에 서양의학에 관한 전문지식과 기술을 필요로 하지 않아 한의사가 이를 사용하더라도 보건위생상 위해가 생길 우려가 없는지 등을 살펴 이를 토대로 이 사건 IPL을 이용한 진료행위가 한의사의 면허된 것 이외의 의료행위에 해당하는지 여부에 대하여 판단하였어야 할 것임에도 한의사의 면허된 의료행위 범위에 관한 법리를 오해하여 필요한 심리를 다하지 아니함으로써 판결에 영향을 미친 위법이 있다 하여 파기환송하였다.

라. 대법원 2022. 12. 22. 선고 2016도21314 전원합의체 판결

(1) 사안

피고인은 한의사로서 자궁내막증식증 환자에 대하여 침치료와 한약 처방을 하면서 초음파 진단기(모델명 LOGIQ P5)를 사용하여 환자의 신체 내부를 촬영하고 초음파화면에 나타난 모습을 보고 진단하는 방법으로 진료행위를 하여 면허된 것 이외의 의료행위를 하였다는 범죄사실로 기소되었으며 이에 대하여 제1심, 제2심 법원이 무면허의료행위로 피고인에 대하여 유죄판결을 하였다.

(2) 한의사의 '면허된 것 이외의 의료행위'에 관한 판단 기준

1) '종전 판단 기준'

대법원은 이 사건 이전에는 의사나 한의사의 구체적인 의료행위가

'면허된 것 이외의 의료행위'에 해당하는지에 대해 이원적 의료체계의 입법 목적, 해당 의료행위에 관련된 법령의 규정 및 취지, 해당 의료행위의 기초가 되는 학문적 원리, 해당 의료행위의 경위·목적·태양, 의과대학 및 한의과대학의 교육과정이나 국가시험 등을 통해 해당 의료행위의 전문성을 확보할 수 있는지 여부 등을 종합적으로 고려하여 구체적 사례에 따라 사회통념에 비추어 합리적으로 판단하여 왔다(위 대법원 2014. 1. 16. 선고 2011도16649 판결 참조).

한의사가 전통적으로 내려오는 의료기기나 의료기술(이하 '의료기기 등') 이외에 의료공학의 발전에 따라 새로 개발·제작된 의료기기 등을 사용하는 것이 한의사의 '면허된 것 이외의 의료행위'에 해당하는지도 이러한 법리에 기초하여, 관련 법령에 한의사의 해당 의료기기 등 사용을 금지하는 취지의 규정이 있는지, 해당 의료기기 등의 개발·제작 원리가 한의학의 학문적 원리에 기초한 것인지, 해당 의료기기 등을 사용하는 의료행위가 한의학의 이론이나 원리의 응용 또는 적용을 위한 것으로 볼 수 있는지, 해당 의료기기 등의 사용에 서양의학에 관한 전문지식과 기술을 필요로 하지 않아 한의사가 이를 사용하더라도 보건위생상 위해가 생길 우려가 없는지 등을 종합적으로 고려하여 판단하여 왔다(대법원 2014. 2. 13. 선고 2010도10352 판결 참조). 이러한 판단기준을 '종전 판단기준'이라 한다.

2) 한의사의 진단용 의료기기 사용에 관한 '새로운 판단 기준'

그러나 의료행위 관련 법령의 규정과 취지는 물론 의료행위의 가변성, 그 기초가 되는 학문적 원리 및 과학기술의 발전과 응용 영역의 확대, 이와 관련한 교육과정·국가시험 기타 공적·사회적 제도의 변화, 의료행위에 통상적으로 수반되는 수준을 넘어선 보건위생상 위해 발생 우려가 없음을 전제로 하는 의료소비자의 합리적 선택가능성 등을 감안하면, 한의사의 진단용 의료기기 사용에 관하여 종전 판단 기준은 새롭게 재구성될 필요가 있다. 즉, 한의사의 한방의료행위와 의사의 의료행위가 전통적 관념이나 문언적 의미만으로 명확히 구분될 수 있는 것은 아닐뿐더러, 의료행위의 개념은 의료기술의 발전과 시대 상황의 변화, 의료서비스에 대한 수요자의 인식과 필요에 따라 달라질 수 있는 가변적인 것이기도 하고, 의약품과 의료기술 등의 변화·발전 양상을 반영하여 전통적인 한방의료의 영역을 넘어서 한의사에게 허용되는 의료행위의 영역이 생겨날 수도 있는 것이다(치과의사의 안면 보톡스 시술에 관한 대법원 2016. 7. 21. 선고 2013도850 전원합의체 판결 참조). 한편 구 의료법은 국민의 건강을 보호하고 증진하는 것을 목적(제1조)으로 하는데, 한의사의 '면허된 것 이외의 의료행위'에 해당하는지에 관한 판단도 국민의 건강을 보호하고 증진하는 데 중점을 두고, 의료의 발전과 의료서비스의 수준 향상을 위하여 의료소비자의 선택가능성을 합리적인 범위에서 열어 두는 방향으로 관련 법령을 해석하는 것이 바람직하다. 한의사의 '면허된 것 이외의 의료행위'는 결국 형사처벌 대상이라는 점에서 죄형법정주의 원칙이 적용되므로 그 의미와 적용 범위가 수범자인 한의사의 입장에서 명확하여야 하고, 엄격하게 해석되어야 한다는 점에서 보더라도 그러하다. 그러므로 한의사가 의료공학 및 그 근간이 되는 과학기술의 발전에 따라 개발·제작된 진단용 의료기기를 사용하는 것이 한의사의 '면허된 것 이외의 의료행위'에 해당하는지 여부는 관련 법령에 한의사의 해당 의료기기 사용을 금지하는 규정이 있는지, 해당 진단용 의료기기의 특성과 그 사용에 필요한 기본적·전문적 지식과 기술 수준에 비추어 한의사가 진단의 보조수단으로 사용하게 되면 의료행위에 통상적으로 수반되는 수준을 넘어서는 보건위생상 위해가 생길 우려가 있는지, 전체 의료행위의 경위·목적·태양에 비추어 한의사가 그 진단용 의료기기를 사용하는 것이 한의학적 의료행위의 원리에 입각하여 이를 적용 내지 응용하는 행위와 무관한 것임이 명백한지 등을 종합적으로 고려하여 사회통념에 따라 합리적으로 판단하여야 한다(이하 '새로운 판단 기준'이라 한다). 이는 '종전 판단 기준'과 달리, 한방의료행위의 의미가 수범자인 한의사의 입장에서 명확하고 엄격하게 해석되어야 한다는 죄형법정주의 관점에서, 진단용 의료기기가 한의학적 의료행위 원리와 관련 없음이 명백한 경우가 아닌 한 형사처벌 대상에서 제외됨을 의미한다.

(3) 판단, 판례의 변경

1) 앞서 살펴본 새로운 판단 기준에 따르면, 한의사인 피고인이 초음파 진단기기를 사용하여 환자의 신체 내부를 촬영하여 화면에 나타난 모습을 보고 이를 한의학적 진단의 보조수단으로 사용하는 것은 한의사의 '면허된 것 이외의 의료행위'에 해당하지 않는다고 봄이 타당하다. 그 이유는 다음과 같다.

① 한의사의 초음파 진단기기 사용을 금지하는 취지의 규정은 존재하지 않는다.

② 초음파 진단기기가 발전해온 과학기술문화의 역사적 맥락과 특성 및 그 사용에 필요한 기본적·전문적 지식과 기술 수준을 감안하면, 한의사가 한방의료행위를 하면서 그 진단의 보조수단으로 이를 사용하는 것이 의료행위에 통상적으로 수반되는 수준을 넘어서는 보건위생상 위해가 생길 우려가 있는 경우에 해당한다고 단정하기 어렵다.

③ 전체 의료행위의 경위·목적·태양에 비추어 한의사가 초음파 진단기기를 사용하는 것이 한의학적 의료행위의 원리에 입각하여 이를 적용 또는 응용하는 행위와 무관한 것임이 명백히 증명되었다고 보기도 어렵다.

2) 이와 같이 한의사가 의료공학 및 그 근간이 되는 과학기술의 발전에 따라 개발·제작된 진단용 의료기기를 사용하는 것이 한의사의 '면허된 것 이외의 의료행위'에 해당하는지는 앞서 본 '새로운 판단 기준'에 따라 판단하여야 한다. 이와 달리 진단용 의료기기의 사용에 해당하는지 여부 등을 따지지 않고 '종전 판단 기준'이 적용된다는 취지로 판단한 대법원 2014. 2. 13. 선고 2010도10352 판결을 비롯하여 같은 취지의 대법원판결은 모두 이 판결의 견해에 배치되는 범위 내에서 변경하기로

하고, 이 사건 원심판결을 파기하고, 사건을 다시 심리·판단하도록 원심
법원에 환송한다.

3) 이에 대하여 한의사인 피고인이 초음파 진단기기를 사용하여 환자
의 신체 내부를 촬영하여 초음파 화면에 나타난 모습을 보고 진단하는
방법으로 진료행위를 한 것은 이원적 의료체계를 유지하는 한 한의사의
'면허된 것 이외의 의료행위'에 해당하므로 이 사건 의료법 위반 공소사
실을 유죄로 판단하여야 한다는 반대의견이 있다.

4 헌법재판소의 판단

헌법재판소는 수차례에 걸쳐 한의사가 초음파 진단기 내지 초음파 골
밀도측정기를 사용하여 진료행위를 한 것은 한의사로서 면허를 받은 범
위 밖의 의료행위를 한 것에 해당한다고 결정한 바 있다(2012. 2. 23. 선고
2010헌마109 결정, 2012. 2. 23. 선고 2009헌마623 결정, 2013. 2. 28. 선고 2011헌바
398 결정). 그러나 헌법재판소 결정 당시와 비교할 때 최근 국내 한의과
대학(한의학전문대학원 포함)은 모두 '진단학'과 '영상의학' 등을 전공필수
과목으로 하여 실무교육이 상당히 이루어지고 있고, 한의사 국가시험에
도 영상의학 관련 문제가 계속 출제되어 왔으며, 매년 그 교육정도가 심
화되고 출제비율도 증가하는 등 진단용 의료기기 사용과 관련한 의료행
위의 전문성 제고의 기초가 되는 교육제도·과정이 지속적으로 보완·강
화되어 왔고 더구나 대법원 2022. 12. 22. 선고 2016도21314 전원합의
체 판결이 종전의 판례를 변경하여 새로운 판단기준을 제시하였으므로
헌법재판소의 향후 입장을 지켜볼 일이다.

가. 헌법재판소 2012. 2. 23. 선고 2009헌마623 결정

(1) 사안

청구인 한의사는 2007. 8.경 환자들에게 의료기기인 초음파골밀도 측정기 'Osteoimager plus'를 이용하여 성장판검사를 한 후 그 결과를 토대로 체질개선 한약을 처방해 주고 그 대가로 금원을 받는 등 영리를 목적으로 의료행위를 업으로 하였다는 이유로 보건범죄단속에관한특별조치법위반(부정의료업자)으로 기소유예처분을 받았는데 기소유예처분이 청구인의 평등권과 행복추구권, 직업수행의 자유를 침해하여 위헌이라는 이유로 처분의 취소를 구하는 헌법소원 심판을 청구하였고, 처분의 근거인 위 법률 제5조, 의료법 제27조가 죄형법정주의의 명확성원칙 등에 위배된다며 이들 조항의 위헌성도 함께 주장하였다. 명확성원칙이란 헌법 제12조 제1항, 제13조 제1항이 천명하는 죄형법정주의로부터 파생되는 원칙으로 누구나 법률이 처벌하고자 하는 행위가 무엇이며 그에 대한 형벌이 어떠한 것인지를 예견할 수 있고 그에 따라 자신의 행위를 결정할 수 있도록 범죄 구성요건과 형벌을 명확하게 규정하여야 한다는 원칙이다.

(2) 판단

① 다수의견

헌법재판소는 2010. 7. 29. 선고 2008헌가19 결정, 2007. 4. 26. 선고 2003헌바71 결정, 2005. 5. 26. 선고 2003헌바86 결정 등에서 구 의료법 제27조 제1항 본문 전단부분의 무면허의료행위와 관련하여 '의료행위' 부분이 죄형법정주의의 명확성 원칙에 위배되지 않으며, 의료법의 입법 목적, 의료인의 사명에 관한 의료법상의 여러 규정들과 한방의료행위에 관한 법령의 변천과정 등에 비추어 보면 한방의료행위는 우리 옛선조들로부터 전통적으로 내려오는 한의학을 기초로 한 질병의 예방이나 치료행위를 하는 것을 의미하는 것으로 볼 수 있으므로 죄형법정주의에서 요구되는 형벌법규의 명확성의 원칙에 위배된다고 할 수 없다 하였고, 본건에서도 달리 판단할 이유가 없다고 하면서, 청구인이 초음파진단기를 사용하여 환자의 병상과 병명을 진단하고 그 결과를 토대로 침술 등 치료행위를 한 것은 한의학적 지식이나 방법에 기초한 것이 아니라 인체에 대한 해부학적 지식을 기초로 한 것으로 보이고, 초음파는 기본적으로 의사의 진료과목 및 전문의 영역인 영상의학과의 업무영역에 포함되어 있고, 원칙적으로 초음파 진단기기를 통해 얻어진 정보를 기초로 진단을 내리는 것은 영상의학과 전문의 또는 의과대학에서 이론과 실습을 거친 의사의 업무영역에 속한다고 볼 수 있는 점 등을 종합하면 청구인의 행위는 의료법상 한의사에게 면허된 의료행위에 해당한다고 보기 어렵다며 심판청구를 기각하였다.

② 반대의견

법률의 규정만으로는 한의사면허로 할 수 있는 한방의료행위에 어떤 의료용 진단기기의 사용은 허용되고 어떤 기기는 허용되지 않는지 알 수 없고, '한방위료행위'에 대하여 판례는 '우리 옛 선조들로부터 전통적으로 내려오는 한의학을 기초로 한 질병의 예방이나 치료행위'라 해석하는데 전통 한의학 기초 등 모호하고 막연한 용어로 구성되어 있어 구체적으로 어떠한 행위가 한의사로서 할 수 있는 의료행위인지 명확하게 예측하는 것이 불가능하다. 따라서 '한방의료행위'에 관한 불명확한 해석을 전제로 한의사의 초음파기기 사용이 한의사의 면허범위를 넘는 의료행위라 할 것이 아니라 의료법에 직접 한의사의 면허범위를 규정하여야 할 것이다. 법률 규정이 아닌 법률의 해석으로 구성요건을 창설하여 한의사를 처벌하여서는 안 된다.

나. 헌법재판소 2012. 2. 23. 선고 2010헌마109 결정

(1) 사안

한의사가 2005. 10.경부터 2009. 7.경까지 초음파기기를 설치하고 환자들을 상대로 초음파촬영을 통한 진료행위를 한 것이 면허 외의 의료행위라 하여 기소유예처분을 받았는데, 처분의 근거가 된 의료법 제27조가 포괄위임금지원칙 및 죄형법정주의의 명확성원칙 등에 위반되고 기소유예처분이 청구인의 평등권과 행복추구권을 침해하였다고 주장하면서 처분의 취소를 구하는 헌법소원심판을 청구한 사건으로 헌법재판소는 2009헌마623 결정과 마찬가지 이유로 심판청구를 기각하였다.

다. 헌법재판소 2013. 2. 28. 선고 2011헌바398 결정

(1) 사안

청구인 한의사는 2007. 12.경부터 2009. 7.경까지 환자를 상대로 골밀도 측정용 초음파진단기기인 Osteoimager을 사용하여 성장판 검사 등을 한 것이 무면허의료행위라는 이유로 기소되어 벌금 200만원의 선고유예를 선고받고 항소하여 항소심 계속 중 의료법 제27조 제1항 본문 후단에 대하여 법원에 위헌법률심판 제청신청을 하였으나 법원이 신청을 기각하자 이 사건 헌법소원 심판을 청구하였다.

(2) 결정

① 헌법재판소는 의료법 제27조 제1항 본문 후단이 명확성 헌법 원칙에 위반되지 않는다는 결정을 하면서, 헌법의 죄형법정주의에서 파생되는 명확성의 원칙이란 형벌법규를 적용하는 단계에서 가치판단을 전혀 배제한 무색투명한 서술적 개념으로 구성되어야 한다는 것을 의미하는 것은 아니고 입법자의 입법의도가 건전한 일반상식을 가진 자에 의하여 일의적으로 파악될 수 있는 정도의 것을 의미하는 것이며, 따라서 다소

광범위하고 어느 정도의 범위에서는 법관의 보충적인 해석을 필요로 하는 개념을 사용하여 규정하였다고 하더라도 그 적용단계에서 다의적으로 해석될 우려가 없는 이상 그 점만으로 명확성의 요구에 배치된다고 보기 어렵다고 하였다(헌재2005. 5. 26. 2003헌바 86, 헌재 2010. 7. 29. 2008헌가 19 참조). 이에 의하면 '의료인의 면허된 것 이외의 의료행위'에서 '의료행위'란 의학적 전문지식을 기초로 하는 경험과 기능으로 진찰 검안 처방 투약 또는 외과적 시술을 시행하여 행하는 질병의 예방 또는 치료행위와 그 밖에 의료인이 행하지 아니하면 보건위생상 위해가 생길 우려가 있는 행위를 의미하는 것으로 이것을 불명확하다 할 수 없다고 판단하였다.

② '한방의료행위'에 대하여도, 의료법의 입법목적 의료인의 사명에 관한 의료법상이 여러 규정들과 한방의료행위에 관련된 법령의 변천과정 등에 비추어 한방의료행위는 우리의 옛선조들로부터 전통적으로 내려오는 한의학을 기초로 한 질병의 예방이나 치료행위를 하는 것을 의미한다고 볼 수 있으며 이는 죄형법정주의에서 요구하는 명확성 원칙에 위배된다고 볼 수 없다고 판단하였다.

라. 헌법재판소 2023. 12. 26. 선고 2012헌마551, 561 결정(병합)

(1) 사안

청구인 한의사가 2010.부터 2012.까지 한의원에서 안압측정기, 안굴절검사기, 세극등현미경, 자동시야측정장비를 이용하여 환자의 시력 및 안질환 검사를 한 후 그 결과를 토대로 한약처방을 하는 등 면허된 것 이외의 의료행위를 하였다는 이유로 기소유예처분을 받았고 청구인은 이들 처분이 평등권과 행복추구권을 침해하였다고 주장하며 처분의 취소를 구하는 헌법소원 심판을 청구하였다.

(2) 결정

이 사건 기기들을 이용한 검사는 자동화된 기기를 통한 안압, 굴절도, 시야, 수정체혼탁, 청력 등에 관한 기초적인 결과를 제공하는 것으로서 보건위생상 위해를 가할 우려가 없고, 기기의 작동이나 결과 판독에 의사의 전문적인 식견을 필요로 한다고 보이지 않고, 한의대의 경우에도 한방진단학, 한방외관과학등의 교육을 통해 전통적으로 내려오던 한의학을 토대로 한 기본적인 안질환이나 귀질환에 대한 교육이 이루어지고 있고 이에 대한 한의학적 해석을 바탕으로 한약처방 등 한방의료행위 방식으로 치료가 이루어지고 있어 이 사건 기기들의 사용이 의사들만의 전문적인 영역이라 보기 어렵고 한의사의 면허된 외의 의료행위라 하기 어렵다고 하며 기소유예처분이 청구인의 평등권과 행복추구권을 침해하였다고 판단하였다.

- 소견 -

1. 한의사의 진단의료기기 사용

(1) 한의사의 초음파 진단기기의 사용이 진단의 정확성을 높임으로써 국민의 생명 보호와 건강 증진이라는 의료의 목적수행에 기여한다는 의미에서 대법원이 새로운 판단기준으로 판례를 변경하여 한의사의 초음파 진단기기사용을 허용한 것은 발전이다.

(2) 면허된 의료인에게만 의료행위를 허용하고 무면허 의료행위를 금지하는 것은 의료가 국민의 생명과 건강을 보호하고 증진하는 본래의 기능을 제대로 수행하도록 하기 위함이다. 그렇다면 어떤 의료행위, 또는 어떤 의료기기의 사용이 한의사의 면허 외의 행위인가의 여부는 그것이 서양의학에 기초하고 있는지 전통의학에 기초하고 있는지와 같은 형식적 기준에 의해서가 아니라 그것이 실제 환자의 질병을 치료하고 예방하는 데 기여하는가의 실질적인 기준에 의하여 판단하여야 한다. 의료의 궁극적 목적은 전통의학과 서양의학을 구분하고 학문적으로 발전시키는 그 자체에 있는 것이 아니라 사람의 질병을 치료하고 예방하며 그럼으로써 사람의 생명과 건강을 보호하는 데 있기 때문이다. 한의사가 질병 진단을 위하여 초음파의료기기를 사용하는 것을 막아서는 안 되며 오히려 진단목적이라면 초음파기기 외의 진단기기에 대하여도 위험성이 없는 한 그 사용을 널리 허용하는 것이 헌법적 의료 관념에 부합한다.

(3) 한의사의 의료기기 사용이 허용되는지에 관하여 법해석을 통하여 허용여부를 판단할 수 있겠으나 사용이 허용되는 의료기기를 법으로 정함으로써 예측가능성과 법적 안정성을 부여하고 한의사로 하여금 당해 의료기기에 대하여 미리 필요한 지식과 기술을 갖추도록 하는 것이 바람직할 것이다.

2. 의료행위, 의료 및 한방의료의 개념정의

(1) 의료법은 의사와 한의사가 각각 의료와 한방의료를 하도록 하는 이원적 면허체계를 가지고 있으면서도 법규정으로 의료와 한방의료의 개념을 정의하고 있지 않으므로 법적 불안이 초래된다. 이처럼 의료 및 한방의료에 대한 개념 정의가 법으로 규정되지 못한 것은, ① 의료와 한방의료의 개념은 의료기술의 발전에 따라 변화 가능성이 많은데 이를 법률에 명시할 경우에 규정이 현실과 괴리되어 의료발전을 저해할 우려가 있고 ② 의사, 치과의사, 한의사, 조산사, 간호사가 의료인으로 포함된 상황에서 이들 의료인 모두에게 공통되는 또는 구별되는 의료행위 개념을 정의하는 것이 입법기술적으로 어려우며 ③ 의료법에 명시적 규정이 없이도 이미 축적된 유권해석과 판례로 충분히 문제를 해결할 수 있다는 등의 이유 때문이다.

(2) 그러나 의료법이 이원적 의료체계를 유지하는 한에는 다음과 같은 이유로 의료와 한방의료의 내용을 정의하여 법령에 규정할 필요가 있다.

① 의사와 한의사가 스스로 어떤 행위가 허용되고 금지되어 있는지를 알지 못하면 법적 부담을 안게 되고 그러한 부담으로 인하여 환자에게 필요하고 적절한 의료행위를 주저하게 된다.

② 한의사와 의사에게 각 면허된 의료행위의 경계가 명확하지 않고 더구나 의학의 발전, 의료기기의 발전으로 그 경계가 모호해지고 중복되는 영역이 커지면서 국민 생명 건강을 위하여 서로 협조하여야 할 양 직역간에 업무영역에 관한 갈등과 분쟁이 야기된다.

③ 죄형법정주의의 명확성의 원칙은 금지행위를 법률로 명확히 규정할 것을 요구하는데 특정 의료행위가 의사 또는 한의사에게 면허된 것인지가 법규에 명확히 규정되지 않아 법해석에 의하여 결정된다면 이는

죄형법정주의 명확성 원칙에 반할 우려가 있다. 대법원은 '의료행위의 내용에 관한 정의를 내리고 있는 법조문이 없으므로 결국은 구체적 사안에 따라 이를 정할 수 밖에 없는 것'이라 하며 결국엔 '사회통념에 비추어 의료행위 내용을 판단하여야 할 것'이라 하고 헌법재판소 또한 비슷한 입장이나 사회통념에 의하여 의사와 한의사의 금지내용을 정하고 위반 시 형벌을 과하는 것은 죄형법정주의를 위반할 소지가 있다.

④ 의료행위, 의료와 한방의료의 개념을 법령으로 정의하는 것이 입법 기술적으로 용이한 것은 아니지만 그간 판례나 유권해석을 통하여 확인된 개념요소로써 이들을 개념정의 하는 것이 불가능한 것만은 아니다. 정부는 2007년 2월 의료법 개정안에 '의료행위란 의료인이 관련 전문지식을 근거로 건강증진, 예방, 치료 또는 재활 등을 위하여 행하는 통상의 행위와 의료인이 하지 않으면 건강상 위해가 생길 우려가 있는 그 밖의 행위를 말한다'는 규정을 두었으나 이 규정은 입법되지 못하였고, 현행 의료분쟁조정법 제2조는 '보건의료인이 환자에 대하여 실시하는 진단·검사·치료·의약품의 처방 및 조제 등의 행위'를 '의료행위 등'이라 규정하고 있다.

국민의 생각 ??

당신의 생각은 어떻습니까?

5. 간호법제정

1 문제의 소재

간호사의 역할 범위가 점점 넓어지고 역할의 정도 또한 중해짐에도 간호업무환경과 간호사에 대한 처우가 열악하고, 업무범위가 명확하지 않아 유관직역과의 갈등이 우려되어 그 개선을 위한 입법적 노력이 오랫동안 지속되어 왔다. 제21대 국회에서도 간호법안이 발의되어 의결되었으나 대통령의 거부권행사로 입법이 좌절되었고 또 다시 수정안이 재발의되었으나 입법에 이르지 못하고 임기만료로 폐기되었다. 제22대 국회는 개원하자마자 여야가 각각 간호관련 법안을 발의하였고 이들 법안이 반영된 법안이 2024. 8. 28. 마침내 국회 본회의에서 절대 다수의 찬성으로 통과하여 간호법이 제정되었다. 대한간호협회가 입법을 요구한 때로부터 50여년, 국회에서 처음 입법제안된 때로부터 20여년 만에 입법노력이 결실을 맺은 것이다. 그간의 입법과정을 되돌아 보고 제정법의 내용을 살펴본다.

2 그동안의 입법적 노력

가. 경과

(1) 제17대 국회

간호법, 간호사법은 대한간호협회가 1970년대부터 제정을 요구하여 왔으며, 2005. 8. 24. 제17대 국회에서 처음으로 발의된 간호법안은 임기만료로 폐기되었다.

(2) 제21대 국회

2019. 4. 5. '간호법' 의원제안안(임기만료폐기), 2020. 11. 27. '지역공공간호사법' 의원제안안(임기만료폐기) 2021. 3. 25. '간호법' 의원제안안(대안반영폐기)은 모두 입법에 이르지 못하였고, 2023. 3. 24. 제안된 법률안이 4. 27. 본회의에서 수정 가결되었으나 대통령은 유관직역간의 과도한 갈등을 불러일으키고 간호업무의 탈의료기관화로 국민의 건강에 불안감을 초래한다는 이유로 같은 해 5. 16. 거부권을 행사하여 국회에 재의를 요구하였으며 5. 30. 국회 재의결 결과 부결되어 폐기되었다. 그 후 2023. 11. 22. '간호법안', 2024. 3. 28 '간호사법안', 2024. 4. 19. '간호법안'이 의원제안되었으나 의결되지 못하고 임기만료로 폐기됨으로써 제21대 국회에서도 수 차에 걸친 간호관련 법제정 시도는 성공하지 못하였다.

(3) 제22대 국회

제22대 국회가 개원되자마자 2024. 6. 19. '간호법안', 2024. 6. 20. '간호사 등에 관한 법률안'이 의원제안되었고, 2024. 6. 28.과 7. 19.에 간호법안이 제안되었으나 모두 대안반영폐기되었고 이들 법안이 반영된 간호법안이 2024. 8. 28. 제안되어 같은 날 본회의를 통과하여 제정되었다.

나. 법률안 제안이유

그동안의 간호관련 입법안들의 제안이유는 조금씩 차이는 있으나 대체로 현행 의료법이 변화하는 간호영역에서 제 기능을 하지 못하고 열악한 간호환경을 개선하지 못하므로 독립된 간호법이 필요하다는 것이다.

(1) 간호수요의 양적 증가, 질적 변화

우리나라는 2026.에는 전체 인구의 20% 이상이 고령인구인 초고령사회에 진입할 것으로 예상되는 등 인구 고령화가 급속도로 진행되고, 주민이 살던 곳에서 건강한 노후를 보낼 수 있도록 하기 위한 지역사회 통합돌봄체계의 구축이 필요하며, 코로나19와 같은 감염병 대응 및 치료를 위한 숙련된 간호사의 수요가 급증하는 등 의료과정에서의 간호사 역할의 비중이 커지고 있고, 노인간호·가정간호 등 다양하고 전문적인 간호서비스의 수요가 날로 증대되고 있다.

(2) 열악한 간호환경 및 간호사처우

열악한 근무환경과 처우로 인하여 간호사의 조기퇴직이 빈번하고, 그로 인하여 숙련된 장기근무 간호사의 인력 확보가 어려울 뿐 아니라 지역간 간호인력 불균형 또한 심각하다. 열악한 근무환경과 처우를 개선하고, 지역 간 인력 수급 불균형을 해소하기 위해서 체계적이고 종합적인 간호정책의 수립 시행이 필요하다.

(3) 현행법의 한계

그럼에도 불구하고 현행 「의료법」은 1951. 의료인과 의료기관 규제 중심으로 제정된 「국민의료법」에 기반한 법률로 의사와 의료기관 중심의 규정을 하고 간호사의 업무를 단순히 의사의 의료행위를 보조하는 정도로 규정하고 있어 고도로 발전된 현대 의료시스템에서의 간호수요의 양적 증가와 질적 전문화에 제대로 대처하지 못한다. 숙련된 간호사를 장기적으로 확보하고 지역간 간호인력 불균형을 교정하기 위하여 필요한 간호사 업무 범위 및 권리보장, 체계적인 간호정책 시행에 관한 규정도 미비하다.

다. 법률안 주요내용

(1) 제22대 이전 국회 제안 법률안

2005. 8. 24. 제안안은 간호사 또는 전문간호사로 하여금 간호요양원 또는 가정간호센터를 개설할 수 있도록 허용하는 것이 가장 중요한 내용이었으며, 2020. 11. 27. '지역공공간호사법' 의원제안안(임기만료폐기)의 내용이 간호대학에 지역공공간호사 선발전형을 두고, 선발된 학생에게는 장학금을 지급하되 면허 취득 후 일정 기간 동안 특정 지역의 공공보건의료기관에서 의무복무하게 한다는 것을 제외하고는 대부분의 제안안의 내용은 간호의 질 향상과 환자안전을 도모하여 국민의 건강 증진에 이바지한다는 입법목적, 간호사 전문간호사 간호조무사(이하 '간호사 등')의 업무범위 명확화, 환자안전을 위한 적정 간호사 등의 확보 및 배치, 간호사중앙회 설립, 간호사 등의 근로조건 처우개선 및 처우를 위한 국가지원, 간호사 등의 인권침해 방지, 간호사 등의 권리와 책무 등에 관한 것이다.

(2) 제22대 국회 제안 법률안

제22대 국회에서 제안된 간호관련 법안의 주요내용은 대동소이하며 이들 법안 내용이 제정법에 반영되었다. 이에는 법률의 목적, 간호사의 결격사유, 간호사 및 간호조무사의 업무, 의사의 포괄적 지도나 위임에 따라 진료지원에 관한 업무를 수행할 수 있는 진료지원 간호사, 전국적 조직을 두는 간호사회의 설립, 간호사등의 장기근속 유도, 이직 방지, 전문성 및 자질 향상 등을 지원하기 위한 간호인력 지원센터의 설치·운영, 간호종합계획 수립 및 간호사등의 실태조사, 간호사등의 양성 및 처우 개선에 관한 사항을 심의하기 위한 간호정책심의위원회의 설치, 간호사 등의 전문성과 경험, 양심에 따른 간호 서비스 제공의무, 간호사 등의 출산전후휴가로 인한 업무결손을 대비한 추가인력 상시 배치, 신규간호사의 교육 등을 담당하는 교육전담간호사, 적정한 노동시간의 확보, 일·가정 양립지원 및 근무환경과 처우의 개선 등을 요구할 간호사 권리, 무면허의료행위등 의사 등의 지시를 거부할 수 있는 권리, 간호사 등의 능력 개발 및 향상을 위하여 노력할 책무 에 관한 내용이 포함되어 있다.

③ 법제정 전의 찬성과 반대

가. 찬성

(1) 과다한 업무량, 열악한 환경

대한간호사협회의 실태조사에 의하면 2018~2022. 간 우리나라 간호사의 평균 근무연수는 7년 8개월로 일반직종의 절반 수준이고, 전체 간호사의 절반 이상이 5년 미만의 경력간호사이고, 신규간호사의 1년내 사직률이 50%를 넘으며, 사직이유 중 업무부적응이 가장 많았고, 2024. 통계청 자료에 의하면 2021. 기준 인구 1,000명당 한국의 간호사 수는 4.6명으로 OECD 평균 8.4명에 훨씬 못 미치고, 관련 연구에 의하면 간호사 1인이 담당하는 입원환자 수는 상급종합병원과 중소병원이 차이가 있으나 15~50명으로 미국 일본 등의 3배를 넘고, 간호사 연령대 또한 20~30대가 약70%로 미국의 같은 연령대 비중의 두 배를 넘는다. 이들 사정은 우리나라 간호사의 업무가 과다하고 간호사 근무환경이 열악하며 그로 인하여 간호사가 이직, 조기 퇴직하고, 장기근속 숙련인력이 부족하게 됨을 보여준다. 이러한 간호인력 문제를 해결하고 간호직역을 안정시키기 위하여 입법이 필요하다.

(2) 의료환경 변화와 간호사의 역할 증가

고령화 사회로 이행함으로써 치료를 넘어 질병예방 건강관리를 위한 통합의료, 돌봄케어의 비중이 높아지고 이에 대한 간호서비스의 수요가 증가하고 간호사의 역할이 다양화 전문화되고 있다. 이러한 의료환경과 간호사의 역할 변화에 부응하기 위하여 독립된 간호법이 필요하다.

(3) 의료직역간 갈등방지

간호사와 의사, 간호조무사 등 관련 직역간의 업무 갈등을 해소하고 예방하기 위하여 법령으로 간호사의 업무범위를 명확하게 규정할 필요가 있다.

(4) 간호사의 인권보호, 처우개선

간호현장에서의 간호사에 대한 처우개선, 근무환경 개선을 통하여 간호사의 신체적 정신적 고통을 방지하는 등 간호사의 인권보호를 위하여 간호법이 필요하다.

(5) 외국 입법례

세계 90개국 이상이 간호법을 제정하고 있고 OECD 국가 중 33개국이 간호법을 두고 있으며 이러한 국제적 추세에 부응하여야 한다.

(6) 국민 생명 건강의 보호와 증진

간호법제정으로 간호업무를 강화하고 그럼으로써 간호의 질이 높아지며 결국 국민의 생명과 건강이 더욱 보호되고 증진된다.

나. 반대

(1) 환자안전 저해

간호사가 의사의 지도 감독을 벗어나 간호, 진료보조가 아닌 단독으로 무면허 의료행위를 할 우려가 있고 이는 환자 안전을 위협한다.

(2) 의사의 진료 영역 침범

간호사가 독자적으로 의료행위를 함으로써 의사의 진료영역을 침범할 우려가 크며, 이러한 우려를 불식시키기 위하여 제안된 법안 '목적' 조항 중의 '지역사회' 문구를 삭제하였으나 우려는 여전히 남는다.

(3) 진료 팀워크 훼손

수술 등 의료사고의 위험성이 큰 의료행위는 의사와 간호사를 포함한 팀으로 행해지는데 간호사의 진료보조 역할이 약화되면 원만한 팀워크 유지가 어려워 의료효율, 진료환경을 저해한다.

(4) 직역간 갈등 유발

간호사가 간호조무사를 비롯한 응급구조사, 임상병리사의 업무에 간여하고 이들의 권한을 침해하게 되어 직역간 갈등을 초래한다.

(5) 간호사만의 특혜

간호사의 권리와 책무를 법률에 규정하고 처우개선을 위한 국가 및 지방자치단체의 지원을 규정하는 것은 간호사만을 위한 특혜법안으로 타직역에 대한 차별을 초래한다.

(6) 외국입법

OECD 38개 국가 중 법률 형식의 독립된 간호법을 가진 나라는 11개국에 지나지 않고 그 주된 내용 또한 간호업무 범위, 간호사 처우에 관한 것이 아니라 간호사 면허의 발급, 관리, 협회설립 등 간호인력 관리에 관한 것이다.

목적(제1조) 모든 국민이 보건의료기관, 학교, 산업현장, 재가 및 각종 사회복지시설 등 간호사등(간호사·전문간호사·간호조무사를 말함)이 종사하는 다양한 영역에서 수준 높은 간호 혜택을 받을 수 있도록 간호에 관하여 필요한 사항을 규정함으로써 의료의 질 향상과 환자안전을 도모하여 국민의 건강 증진에 이바지함을 목적으로 한다.

정의(제2조) "간호사"란 제4조에 따른 면허를 받은 사람을 말하고 "전문간호사"란 제5조에 따른 자격인정을 받은 사람을 말하며 "간호조무사"란 제6조에 따른 자격인정을 받은 사람을 말한다.

간호사 면허(제4조) 간호사가 되려는 사람은 간호학을 전공하는 대학이나 전문대학을 졸업한 사람, 이에 해당하는 외국의 학교(보건복지부장관이 정하여 고시하는 인정기준에 해당하는 학교를 말한다)를 졸업하고 외국의 간호사 면허를 받은 사람으로서 간호사 국가시험에 합격한 후 보건복지부장관의 면허를 받아야 한다.

전문간호사 자격인정(제5조) 보건복지부장관은 간호사에게 간호사 면허 외에 전문간호사 자격을 인정할 수 있으며, 전문간호사가 되려는 사람은 보건복지부령으로 정하는 전문간호사 교육과정을 이수하거나 보건복지부장관이 인정하는 외국의 해당 분야 전문간호사 자격이 있는 사람으로서 전문간호사 자격시험에 합격한 후 보건복지부장관의 자격인정을 받아야 한다.

간호조무사 자격인정(제6조) 간호조무사가 되려는 사람은 특성화고등학교의 간호 관련 학과를 졸업한 사람, 고등학교 졸업 이상 학력 인정자로서 보건복지부령으로 정하는 국·공립 간호조무사양성소의 교육을 이수한 사람, 고등학교 졸업 이상 학력 인정자로서 평생교육법령에 따른 평생교육시설에서 고등학교 교과 과정에 상응하는 교육과정 중 간호 관련 학과를 졸업한 사람, 고등학교 졸업 이상 학력 인정자로서 「학원의 설립·운영 및 과외교습에 관한 법률」에 따른 학원의 간호조무사 교습과정을 이수한 사람, 고등학교 졸업 이상 학력 인정자로서 외국의 간호조무사 교육과정을 이수하고 해당 국가의 간호조무사 자격을 취득한 사람, 간호학을 전공하는 대학이나 구제(舊制) 전문학교와 간호학교를 포함한 전문대학을 졸업한 사람, 이에 해당하는 외국의 학교를 졸업한 사람으로서 보건복지부령으로 정하는 교육과정을 이수하고 간호조무사 국가시험에 합격한 후 보건복지부장관의 자격인정을 받아야 한다.

간호사등의 결격사유(제7조) 다음 각 호의 어느 하나에 해당하는 사람

1. 「정신건강증진 및 정신질환자 복지서비스 지원에 관한 법률」에 따른 정신질환자. 다만, 전문의가 간호사등으로서 적합하다고 인정하는 사람은 제외.
2. 마약·대마·향정신성의약품 중독자
3. 피성년후견인·피한정후견인
4. 금고 이상의 실형을 선고받고 그 집행이 끝나거나 그 집행을 받지 아니하기로 확정된 후 5년이 지나지 아니한 자
5. 금고 이상의 형의 집행유예를 선고받고 그 유예기간이 지난 후 2년이 지나지 아니한 자
6. 금고 이상의 형의 선고유예를 받고 그 유예기간 중에 있는 자

면허 대여 금지 등(제11조) 간호사등은 면허 또는 자격을 다른 사람에게 대여하여서는 아니되며, 누구든지 면허 또는 자격을 대여받거나 대여를 알선하여서도 아니 된다.

간호사의 업무(제12조)

① 간호사는 다음 각 호의 업무를 임무로 한다.

1. 환자의 간호요구에 대한 관찰, 자료수집, 간호판단 및 요양을 위한 간호
2. 「의료법」에 따른 의사, 치과의사, 한의사의 지도 하에 시행하는 진료의 보조
3. 간호 요구자에 대한 교육·상담 및 건강증진을 위한 활동의 기획과 수행, 그 밖에 대통령령으로 정하는 보건활동
4. 간호조무사가 수행하는 제1호부터 제3호까지의 업무 보조에 대한 지도

② 제1항에도 불구하고 간호사는 「의료법」에 따른 병원급 의료기관 중 보건복지부령으로 정하는 기관에서 환자의 진료 및 치료행위에 관한 의사의 전문적 판단이 있은 후에 의사의 일반적 지도와 위임에 근거하여 진료지원업무를 수행할 수 있다.

전문간호사의 업무(제13조)

전문간호사는 자격을 인정받은 전문 분야에서 업무를 수행하여야 하고, 전문간호사의 업무 범위는 보건복지부령으로 정한다.

진료지원업무의 수행(제14조)

① 진료지원업무를 수행하려는 간호사의 요건

1. 전문간호사 자격을 보유할 것
2. 보건복지부령으로 정하는 임상경력 및 교육과정의 이수에 따른 자격을 보유할 것

② 진료지원업무의 구체적인 기준과 내용, 교육과정 운영기관의 지정·평가, 병원급 의료기관의 기준 및 절차·요건 준수에 관한 사항은 보건복지부령으로 정한다.

간호조무사의 업무(제15조) 간호조무사는 간호사를 보조하여 제12조 제1항 제1호부터 제3호까지의 업무를 수행할 수 있고, 의원급 의료기관에 한정하여 의사, 치과의사, 한의사의 지도 하에 환자의 요양을 위한 간호 및 진료의 보조를 수행할 수 있으며, 구체적인 업무의 범위와 한계에 관하여 필요한 사항은 보건복지부령으로 정한다.

간호사중앙회와 지부(제18조) 간호사는 대통령령으로 정하는 바에 따라 전국적 조직을 두는 간호사중앙회를 설립하여야 하며, 간호사중앙회는 법인으로 하고, 간호사는 당연히 간호사중앙회의 회원이 되며, 간호사중앙회는 특별시·광역시·특별자치시·도 및 특별자치도에 지부를 설치하여야 하며, 시·군·구에 분회를 설치할 수 있다.

간호조무사협회(제20조) 간호조무사는 전국적 조직을 두는 간호조무사협회를 설립할 수 있고, 간호조무사협회는 법인으로 한다.

협조의무(제22조) 간호사중앙회 및 간호조무사협회는 보건복지부장관으로부터 의료와 국민보건 향상에 관한 협조 요청을 받으면 협조하여야 한다.

감독(제23조) 보건복지부장관은 간호사중앙회나 그 지부 또는 간호조무사협회가 정관으로 정한 사업 외의 사업을 하거나 국민보건 향상에 장애가 되는 행위를 한 때 또는 제22조에 따른 요청을 받고 협조하지 아니한 경우에는 정관을 변경하거나 임원을 새로 뽑을 것을 명할 수 있다.

국가 및 지방자치단체의 책무 등(제24조) 국가 및 지방자치단체는 근무환경 및 처우 개선을 통한 간호사등의 장기근속 유도 및 숙련 인력 확보를 위하여 필요한 정책을 수립하고 그에 따른 지원을 하여야 하며, 숙련 간호사의 확보를 위하여 의료기관 및 관련 단체 등에 필요한 재정지원을 할 수 있고, 서울특별시·인천광역시 및 경기도가 아닌 시·도에 소재한 병원급 의료기관 중 보건복지부령으로 정하는 의료기관이 적정 수준의 간호사를 확보할 수 있도록 의료기관 등에 필요한 지원을 할 수 있고, 간호사등을 고용하는 각종 기관과 시설의 장은 간호사등의 근무환경 및 처우 개선을 위하여 필요한 지원을 하여야 한다.

간호사등의 권리(제25조) 간호사등은 자신의 전문성과 경험, 양심에 따라 최적의 간호 서비스를 제공할 수 있고, 이를 보장하기 위하여 적정한 노동시간의 확보, 일·가정 양립지원 및 근무환경과 처우의 개선 등을 요구할 권리를 가지며, 무면허 의료행위 지시를 거부할 수 있으며, 보건의료기관의 장 및 무면허 의료행위 지시를 한 자 또는 이와 관련된 자는 무면허 의료행위 지시를 거부한 사람에 대하여 징계 등 불이익한 처우를 하여서는 아니 된다.

간호사등의 책무(제26조) 간호사등은 보건의료의 중요한 담당자로서 자발적으로 그 능력의 개발 및 향상을 도모하도록 노력하여야 한다.

제27조(간호사등 인권침해 금지) ① 누구든지 간호사등에게 업무상 적정범위를 넘는 신체적·정신적 고통을 주거나 근무환경을 악화시키는 인권침해행위를 하여서는 아니 되며, 각종 기관 및 시설의 장은 간호현장에서 간호사등에 대한 인권침해행위가 발생하지 않도록 최선의 노력을 다하여야 하고, 보건복지부장관은 간호현장에서 간호사등에 대한 인권침해행위가 발생하지 않도록 예방 및 교육을 충실히 하여야 하고, 누구든지 간호사등에 대한 인권침해행위가 발생한 사실을 알게 된 경우 그 사실을 해당 보건의료기관의 장에게 신고할 수 있고, 신고를 받은 보건의료기관의 장은 「근로기준법」에 따른 조치를 하여야 한다.

간호사등의 일·가정 양립지원(제28조) 보건의료기관의 장은 간호사등이 「근로기준법」에 따른 출산전후휴가 또는 유산·사산 휴가 및 「남녀고용평등과 일·가정 양립 지원에 관한 법률」에 따른 육아휴직을 사용하거나 같은 법에 따른 육아기 근로시간 단축으로 인하여 발생하는 업무의 결손이 다른 간호사등의 근로조건을 악화시키지 아니하도록 필요한 조치를 강구하여야 한다.

간호사 대 환자 수(제29조) 국가는 병원급 의료기관 중 보건복지부령으로 정하는 의료기관에 근무하는 간호사 1인당 환자 수를 줄이기 위하여 필요한 정책을 수립하고 그에 따른 지원을 할 수 있다.

교대근무(제30조) 국가는 병원급 의료기관 중 보건복지부령으로 정하는 의료기관에 근무하는 간호사가 규칙적이고 예측 가능한 교대근무를 할 수 있도록 필요한 지원을 할 수 있고, 의료기관의 장은 질병, 사고 등 예기치 못한 사정으로 근무를 할 수 없게 된 간호사를 대신하여 근무할 수 있는 대체인력을 둘 수 있으며, 국가는 대체인력 배치에 필요한 비용을 지원할 수 있다.

간호인력 지원센터의 설치 및 운영(제31조) 보건복지부장관은 간호사 및 간호조무사의 장기근속 유도, 이직방지, 전문성 및 자질 향상 등을 지원하기 위하여 간호인력 지원센터를 특별시·광역시·도·특별자치도별로 설치·운영할 수 있고, 보건복지부장관은 간호인력 지원센터를 효율적으로 운영하기 위하여 그 운영에 관한 업무를 관계 전문기관 또는 단체에 위탁할 수 있고, 국가 및 지방자치단체는 그 운영에 드는 비용을 지원할 수 있다.

교육전담간호사(제32조) 병원급 의료기관에는 신규 채용되거나 보임된 간호사, 간호대학생(신규간호사등)에게 직무수행에 필요한 지식, 기술 및 역량 등을 전수하고 적응을 지원하기 위하여 교육전담간호사를 두어야 하며, 교육전담간호사는 신규간호사등의 교육과정 기획·운영·평가, 신규간호사등의 교육 총괄 및 관리, 신규간호사등의 교육을 담당하는 인력의 관리 및 지도, 신규간호사등의 교육에 필요한 자원 확보·개발의 직무를 수행하고 국가는 교육전담간호사 운영에 필요한 비용을 지원할 수 있다.

교육지원(제33조) 의료기관의 장은 교육훈련 중인 간호사를 대신하여 근무할 수 있는 대체인력을 둘 수 있다.

간호종합계획의 수립 등(제34조) 보건복지부장관은 간호사등을 양성하여 보건의료기관 등이 원활히 간호사등을 확보할 수 있도록 지원하고, 간호사등에 대한 처우 개선을 위하여 5년마다 간호종합계획을 수립하여야 한다.

실태조사(제37조) 보건복지부장관은 5년마다 다음 각 호의 실태조사를 실시하여 그 결과를 공표하고, 이를 종합계획과 시행계획에 반영하여야 한다.
1. 간호사등의 수급 변화에 관한 사항
2. 보건의료기관별·직종별·지역별 간호사등의 현황 및 업무 실태에 관한 사항
3. 간호사등의 근무시간, 근무형태, 이직률, 직업 만족도 등 근무여건과 근무환경에 관한 사항
4. 간호사등의 임금 수준 및 지급 실태에 관한 사항
5. 간호사등에 대한 교육·훈련 및 인력 관리에 관한 사항
6. 간호사 등의 인권침해 실태 및 일·가정 양립에 관한 사항
7. 그 밖에 간호사등의 양성 및 처우 개선을 위하여 필요한 사항

간호정책심의위원회(제38조) 간호사등의 양성 및 처우 개선에 관한 다음 사항을 심의하기 위하여 보건복지부장관 소속으로 간호정책심의위원회를 둔다.

1. 종합계획 및 시행계획의 수립에 관한 사항
2. 간호사등의 수급, 양성 및 적정 배치에 관한 사항
3. 간호사등의 근무환경 및 처우 개선을 위하여 필요한 시책에 관한 사항
4. 간호사등의 장기근속 유도 및 숙련인력 확보에 필요한 시책에 관한 사항
5. 의료기관 등에서 교대근무 및 야간근무를 하는 간호사등의 건강권 보호, 적정 보상 및 지원에 관한 사항
6. 우수 간호사 양성을 위한 대학 및 의료기관의 교육 여건 지원에 관한 사항
7. 지역의료 강화 및 필수의료 분야에 필요한 간호사의 양성, 확보 및 지원에 관한 사항
8. 간호사등에 대한 지역별 수요를 고려한 적정수급에 관한 사항
9. 그 밖에 위원장이 심의에 부치는 사항

청문(제41조) 면허 또는 자격의 취소와 재교부(제39조), 면허 또는 자격의 효력정지(제40조) 에 관한 규정을 두었고, 보건복지부장관은 간호사등에게 면허 또는 자격의 취소를 하려면 청문을 실시하여야 한다.

경비 보조 등(제43조) 보건복지부장관 또는 시·도지사는 국민보건 향상을 위하여 필요하다고 인정될 때에는 간호사등·간호사중앙회·간호조무사협회 또는 관련 단체에 대하여 시설, 운영 경비, 조사·연구 비용을 보조할 수 있다.

벌칙(제46조) 면허를 대여하거나 면허를 대여받거나 면허 대여를 알선한 자는 5년 이하의 징역이나 5천만원 이하의 벌금에 처하며, 보건복지부장관 등의 의료기관에 대한 시정명령을 위반한 자는 500만원 이하의 벌금에 처한다.

양벌규정(제47조) 법인의 대표자나 법인 또는 개인의 대리인, 사용인, 그 밖의 종업원이 그 법인 또는 개인의 업무에 관하여 면허대여 등의 위반행위를 하면 그 행위자를 벌하는 외에 그 법인 또는 개인에게도 해당 조문의 벌금형을 과(科)한다. 다만, 법인 또는 개인이 그 위반행위를 방지하기 위하여 해당 업무에 관하여 상당한 주의와 감독을 게을리 하지 아니한 경우에는 그러하지 아니하다.

시행일(부칙 제1조) 이 법은 공포 후 9개월이 경과한 날부터 시행한다.

- 소견 -

(1) 간호사의 지위 강화

간호법의 제정으로 간호영역의 확대와 간호사 역할의 증대, 간호 전문성의 강화, 이들로 인한 간호수요의 증가와 미래 간호환경의 변화에 적절히 대응하고, 열악한 간호환경과 간호사처우를 개선하기 위한 법적 근거가 마련되었다. 특히 그동안 위법성 논란에도 불구하고 불가피하게 행해져 오던 진료지원간호사(PA, physician assistant)를 제도화하여 간호사로 하여금 의사의 일반적 지도와 위임을 근거로 사실상 환자의 진료 및 치료행위를 할 수 있도록 한 것은 간호사의 권리 보호 규정과 함께 간호사의 권한과 권리를 강화하고 현재 임상현실에서 간호의 중요성을 확인한 것이다. 이러한 간호사의 권리와 권한, 지위의 강화에는 물론 그에 상응하는 책임과 의무를 수반한다.

(2) 의료체제의 변화

독립된 간호법의 제정은 그 자체만으로도 의사와 의료기관 중심의 기존 의료법 체계에 영향을 미칠 것인데 간호사의 업무확대, 권리보호, 국가지원 등 제정법의 내용까지 감안한다면 앞으로 의료체제는 물론, 간호사와 타 의료인과의 관계 심지어 환자와의 관계에도 상당한 변화를 가지고 올 것이다. 단순히 현재 간호와 간호사의 역할을 확인하고 지원하는 데 그치는 것이 아니라 향후 간호와 간호사의 역할을 적극적으로 확대·강화하는 방향을 제시하는 것으로, 이는 지금의 간호환경은 물론, 장차 예상되는 간호환경의 변화에 부응하는 것이라 할 것이다. 그러나 법제정으로 인하여 간호와 의료의 경계가 모호해지거나 간호사와 의사의 역할이 혼동되어서는 안 된다.

(3) 진료지원간호사 규정

제정법 제12조 제2항은 '간호사는 환자의 진료 및 치료행위에 관한 의사의 전문적 판단이 있은 후에 의사의 일반적 지도와 위임에 근거하여 진료지원업무를 수행할 수 있다'고 규정한다. 이는 제정법의 핵심적인 규정으로 그동안 위법 논란에도 불구하고 현실적 필요에 의하여 현장에서 행해져 오던 PA(physician assistant)의 의료행위에 법적 근거를 마련한 것이다. 문언상으로 본다면 '지도'가 남을 가르쳐 이끈다는 뜻이고, '위임'이 자신의 사무를 타인에게 위탁하여 처리를 맡긴다는 뜻이므로 간호사가 수임자로서 본인의 책임 하에 환자의 진료 및 치료행위를 할 수 있다는 것으로 볼 수 있다. 그리고 상하관계에서 도움을 주는 '보조'나 '보좌'가 아니라 대등한 입장에서 도움을 준다는 의미의 '지원'이라 함으로써 의사와 간호사 관계를 더욱 가깝게 하였다고 할 것이다. 그러나 이 규정은 의료와 간호를 구분하고, 의사와 간호사의 면허를 구분하면서 의사와 간호사가 각자에게 면허된 것 외의 의료행위를 하는 것을 무면허 의료행위로 금지하는 현행 의료법에 배치되는 것으로 보여 장차 이와 관련한 많은 논란이 예상된다. 그러므로 진료지원업무의 구체적인 기준과 내용을 정하는 시행령 제정시 예상되는 논란과 법적분쟁, 직역간 갈등의 위험을 최소화하는 노력을 하여야 한다. 간호법제정의 궁극적인 목적은 간호환경 변화에 대한 적절한 대응과 간호사 권리보호, 근무환경 개선을 통하여 국민의 생명보호와 건강증진에 이바지하는 것이므로 법의 운용은 이에 부합하여야 한다.

6. 보건의료부 독립

1 문제의 소재

2003. 중증급성호흡기증후군(SARS) 사태 당시 정부 대응의 실패 원인이 전문조직 및 단일 지휘체계의 부재라는 지적이 있은 후 보건복지부에서 보건부분을 분리·독립시켜야 한다는 주장이 나왔다. 더구나 보건의료분야의 업무가 점차 전문화되고 중요성도 증가하며 그 규모도 확대되고 보건의료정책에 대한 정부와 의료계 간의 갈등마저 빈번해지는 현실을 미루어 볼 때 보건분야의 산적한 과제를 효과적으로 해결하기 위하여 현재의 정부조직을 보건의료부분과 사회복지부분으로 분리시켜야 할 것인지의 문제이다.

2 현 보건복지부 연혁

현 보건복지부의 역사는 1945. 미 군정청이 설치한 '위생국'이 1948. 한국 정부의 수립과 함께 보건·후생·노동·주택 및 부녀문제에 관한 사무를 관장하는 '사회부'로 신설되면서 시작되었고, 1949. 사회부에서 보건업무가 분리되어 '보건부'로, 1955. 다시 보건부와 사회부를 통합하

여 '보건사회부'로, 1994. 보건사회부가 '보건복지부'로, 2008.에는 보건
복지부가 '보건복지가족부'로, 2010.에 보건복지가족부가 다시 '보건복
지부'로 재개편되었다. 그동안 사회복지부분과 보건의료부분의 통합 및
분리가 사회적 합의나 업무의 연관성에 의하여서가 아니라 장차관의 숫
자를 줄이거나 늘리려는 정치적 의도에 의하여 행해지고, 이처럼 빈번
하게 개편되었던 것은 그 만큼 조직이 안정적이지 못하였기 때문일 것
이다.

③ 조직과 업무

(1) 조직

정부조직법 제26조(행정각부)는 '대통령의 통할 하에 19개의 행정각부
를 두고 제13호에 보건복지부를 두며, 행정각부에 장관 1명 차관 1명을
두되 기획재정부, 과학기술정보통신부, 외교부, 문화체육관광부, 산업통
상자원부, 보건복지부, 국토교통부에는 차관 2명을 둔다'고 규정한다.

(2) 업무

동법 제39조(보건복지부)는 '보건복지부장관은 생활보호, 자활지원, 사
회보장, 아동(영, 유아보육은 제외한다), 노인, 장애인, 보건위생, 의정 및 약
정에 관한 사무를 관장하며, 방역 검역 등 감염병에 관한 사무 및 각종
질병에 관한 조사 시험 연구에 관한 사무를 관장하기 위하여 보건복지
부장관 소속으로 질병관리청을 둔다'고 규정한다.

④ 보건의료부분의 분리·독립 논의

가. 경위

(1) 보건부의 분리·독립 문제는 2003. 중증급성호흡기증후군(SARS,
severe acute respiratory syndrome) 창궐 당시 제기됐고, 그 후 2009. 조류인

플루엔자 인체 감염증(AI, avian influenza human infection), 신종인플루엔자 대유행(H1N1 Pan-demic), 2015. 중동호흡기증후군(MERS, middle east respiratory syndrome) 사태를 거치면서 정부의 초기 대응 실패의 근본 원인이 보건의료분야의 전문조직의 부재이고 따라서 보건부를 보건복지부에서 분리하여 보건의료분야의 전문성을 강화하고 지휘체계를 단일화하여야 한다는 데 의료계와 학계에 공감대가 형성되었다. 효과적인 감염병 대응을 위한 컨트롤타워로서의 역할 외에도 국민의 생명과 건강, 그리고 의료산업 발전을 위한 산적한 과제들, 의료질의 향상, 의료사고의 예방, 의료분쟁의 해결, 의료기기의 개발 등을 효율적으로 수행하기 위하여 보건부를 분리·독립시켜 전문성과 지휘체계를 강화할 필요가 있다는 것이다. 오랫 동안 의료계뿐 아니라 학계 등 전문가 집단은 다양한 논리와 근거로 보건부의 분리·독립의 필요성을 주장해 왔다.

(2) 현 정부는 출범 당시 여성가족부 폐지를 공약한 것과 관련하여 2022. 9.경 보건복지부가 여성가족부 일부 기능을 흡수하고 보건복지부를 보건부와 복지부로 나누는 안을 검토 중이라고 밝혔다가 논란이 일자 '의료계 등에서 줄곧 제기됐던 보건부, 복지부 분리안을 포함해 다양한 개편안에 대한 논의가 있지만, 현재 정부안으로 검토하고 있지는 않다'고 발표하면서 논란이 일단락된 바 있다.

나. 분리찬성

(1) 보건의료 업무의 특성

① 업무의 중대성

보건의료분야는 국민의 생명과 건강에 관련된 분야로 경제분야 못지 않게 업무성격이 중하고 규모 또한 증대되고 있음에도 보건복지부의 조직규모와 기능, 업무 수, 예산 등을 살펴보면, 사회복지부분에 비하여 매우 낮은 비중을 차지하고 있다. 보건의료 업무를 효과적이고 안정적으로 수행하기 위하여 업무의 중대성과 규모, 기능에 상응하는 전문적이고 독립된 정부조직이 필요하다.

② 업무의 윤리성, 공공성

보건의료분야는 강한 윤리성과 공공성을 지님에도 우리나라는 공공의료제도를 택하지 않고 국정운영 또한 사회복지분야에 치중한 탓에 보건의료분야의 민간의존도가 높고 그로 인하여 윤리성 공공성이 소홀히 되고 있다. 윤리성, 공공성을 유지, 증진하기 위하여 보건부분의 분리·독립이 필요하다.

③ 업무의 전문성

보건의료 특히 의료와 관련된 업무는 타 분야보다 강한 전문적 지식과 경험을 필요로 한다. 그럼에도 1990. 이후 장관 대부분은 정치인이나 관료가 맡았고 보건의료 업무 또한 의료전문가가 아닌 행정관료가 담당함으로써 전문화 되어야 할 조직이 관료화되어 정책수행이 효율적이지 못하였다. 더구나 인구 고령화, 만성질환 증가, 외국을 통한 새로운 질병의 등장 등으로 보건의료 수요가 급격히 증가하고 원격진료, 로봇에 의한 검진 등 새로운 과학기술환경이 크게 변화하고 있다. 이처럼 변화하는 보건의료환경에 효과적으로 대응하기 위하여서라도 보건부를 분리시켜 변화에 상응하는 전문성을 갖도록 하는 것이 필요하다.

④ 이해관계의 복잡성

보건의료분야는 관련 법익이 중함은 물론 다수의 이해당사자가 관련되고 이해관계 또한 복잡하여 이해관계자들 간 합의가 어렵다. 「의료사고피해구제및의료분쟁조정등에 관한 법률」이 1988.에 제안된 지 23년 만인 2011.에야 비로소 제정된 사실, 의대정원 증원과 관련한 정책이 또 다시 시도되고 있으나 의료계와의 타협점을 찾지 못하고 있는 현실, 간호법이 국회 통과되었다가 대통령이 거부권을 행사하고 또 다시 재발의되는 등 그간의 사정만 보더라도 보건의료분야가 얼마나 복잡하고 이해관계가 첨예한 분야인지를 알 수 있다. 보건부의 독립은 복잡한 이해관계를 효과적으로 조정하기 위하여 필요하다.

⑤ 업무의 방대성

국정영역 중 국민의 생명과 건강이 직 간접적으로 연관되지 않는 분야는 없으며 따라서 보건의료분야는 산업보건, 환경보건, 학교보건 등 국정의 모든 분야와 관련되어 있고 그로 인하여 업무범위가 방대하고 점점 증대하고 있다. 이러한 방대한 업무를 수행하기 위하여 보건부 분리·독립이 필요하다.

(2) 현 조직의 한계

2003. 중증급성호흡기증후군(SARS) 사태 이후부터 최근의 코로나 19(COVID-19)사태까지 감염병 사태를 겪으면서 우리나라 감염병 관리 및 보건 분야의 전문가와 전문조직이 필요하다는 인식하에 2020. 6. 보건업무의 전문성 강화를 위하여 보건복지부에 2차관제를 도입하여 보건 부분을 담당하는 차관을 별도로 두고, 감염병 관리체계를 강화하기 위하여 질병관리본부를 보건복지부장관 소속 중앙행정기관인 질병관리청으로 승격시키는 내용의 정부조직법을 개정하였다. 그러나 차관이 보건의료 전문가가 아니고 질병관리청장에게 실질적인 인사, 재정 권한이 부여되지 않는 개선으로는 근본적인 문제 해결에 한계가 있다는 것을 현재 겪고 있는 일련의 의정갈등 사태를 보면 알 수 있다.

(3) 복지분야와 비교

① 기능적 이질성

보건의료의 기능은 일반 국민의 생명과 건강을 보호·증진하는 것이고 사회복지의 기능은 주로 사회적 약자의 인간다운 삶을 보장하는 것이다. 각각 대상과 목적을 달리하면서 서로 다른 강한 전문성을 요하며 그 간극은 점차 확대되고 규모 또한 각각 증대하고 있다. 다른 업무는 다른 조직이 담당하여야 한다. 이들 간의 기능적 이질성을 고려하여 보건과 복지 두 분야를 전담하는 차관을 각각 한 명씩 따로 두고 있지만 장관 차관 모두 의료전문가가 아닐 경우 업무수행의 효율성을 기대하기 어렵다.

② 보건과 복지의 불균형

그동안 보건복지부 통합 조직하에서는 예산과 인력이 복지에 편중되어 균형적인 국정수행이 이루어지지 않았다. 역대 장차관 중 보건의료 전문가는 극소수이고, 보건분야 예산은 보건복지부 예산 전체의 1/3에 미치지 못하고, 그것도 건강보험을 제외한 순수 보건의료 예산은 전체의 극히 일부에 불과하다. 균형적인 국정 수행을 위하여 보건부 독립이 필요하다.

③ 신성장 산업성

스마트 헬스 케어, 원격진료, 로봇진료 등 보건의료영역에서의 첨단 과학 기술에 대한 신규 수요가 지속적으로 증가하고 있고, 정부는 보건 의료산업을 미래 신성장 동력 산업으로 추진하고 있다. 이러한 보건의 료의 산업적 성격은 사회복지의 성격과는 크게 다르다. 보건의료산업을 발전시키기 위하여 독립된 보건부로 하여금 K바이오와 K헬스의 컨트롤 타워 역할을 담당하도록 하여야 한다.

(4) 충분한 업무, 조직규모

현재 보건복지부 내의 보건 관련 인력수준, 예산, 소속기관 및 산하기관 수 등만 보더라도 보건의료 관련 업무와 조직을 독립하여 중앙부처로 설립되기에 충분한 규모이다. 장차 업무영역이 확대됨으로써 이러한 인력과 예산을 비롯한 조직규모는 더욱 커질 것이다.

(6) 사회적 공감대 형성

2003. 사스 사태 이후 감염병 사태를 경험하면서 대응 실패의 원인이 보건복지부의 통합구조로 인한 전문성의 부재, 전문성을 기반으로 한

단일 지휘체계의 부재라는 데 사회적 공감대가 형성되었다. 2015. 중동 호흡기증후군(MERS) 사태 이후에도 질병관리본부의 독립성과 전문성을 제고하여 보다 효과적으로 감염병에 대응해야 한다는 논의가 이뤄졌으며 또 다시 코로나 바이러스 감염증-19(COVID-19) 대유행 이후 국가 감염병 대응 역량을 강화해야 한다는 국민적 요구가 증가하였다.

(7) 효율성 저하의 문제

보건복지부의 분리·독립을 반대하는 측의 주장처럼 설사 보건복지부가 분리되어 연계성과 효율성이 저하되는 부분이 있다 하더라도 이는 조직체계상의 문제가 아니라 운영기술상의 문제이며 분리·독립에 의한 전문성의 강화와 효율성의 증가로써 이를 충분히 보완할 수 있다.

(8) 외국례

OECD 38개 회원국 중 우리나라처럼 보건과 복지가 한 부처에 통합되어 있는 나라는 소수에 불과하고 보건부가 분리되어 있는 국가가 20여 개국이며, 보건과 복지의 통합 분리 여부와 상관없이 대부분의 국가가 보건의료전문가에게 예산과 인력에 관한 실질적 권한을 부여하고 책임을 부과하고 있다. 코로나19로 인한 인구 100만 명당 사망자 수가 보건복지 분리 국가에서보다 통합 국가에서 크게 적은 것으로 조사되는 것을 보더라도 보건부의 분리가 보건의료정책에 더 효율적 구조임을 알 수 있다.

다. 분리반대

(1) 보건의료와 사회복지의 연계성, 효율성의 저하

우리나라는 전국민 건강보험제도를 시행하고 있고 이것이 보건의료정책과 사회복지정책 간에 중요한 연계기능을 수행하고 있으며 이와 관련된 여러 제도와 정책, 즉 장애인 의료비 및 보조기기 지원, 장애인 재활병원 건립 및 건강보건관리사업, 아동학대 전담의료기관 운영, 노인장기요양보험 사업 운영, 차상위계층 의료지원, 국가암관리사업, 치매안심병원지정운영, 정신장애인 복지서비스 제공, 노인건강관리, 모자보건사업, 영유아 건강관리사업, 지역사회 통합돌봄 선도사업이 상호 밀접하게 관련되어 있으므로 보건의료와 사회복지가 통합적으로 운영되지 않고 분절적으로 운영되면 효율성이 저하된다.

(2) 공공의료 쇠퇴

보건의료 정책이 복지와 분리·독립하게 되면 의료전문가나 보건산업계의 이해관계에 의해 정책이 영향을 받게 되어 보건의료가 윤리성, 공공성이 약화되며, 산업화, 영리화되고, 특히 고령사회에서의 의료서비스 제공이 양극화되고 의료보장성이 약화되어 결국 공공의료가 쇠퇴한다.

(3) 현대 행정의 보편적 연계

현대 행정은 각 영역 간의 관련성으로 인하여 개별 부처 각각의 업무 영역을 넘어서는 사업이 증가하여 부처별 전문성보다는 부처 간 연계와 협력이 강조된다. 특히 보건의료복지 서비스 영역에서는 그러한 경향이 강하여 보건복지의 분리는 이러한 현대 행정의 연계라는 보편적 경향에 반한다.

(4) 수요자 위주 조직체계의 필요성

보건 의료환경의 변화로 인하여 지역사회 통합돌봄(community care), 수요자 맞춤형 보건복지서비스가 점차 확대되고 이들 영역에서는 공급자가 아닌 수요자 측면의 정책이 필요하며, 수요자 측면의 정책을 펴기에는 조직의 분리보다 통합이 적합하다.

(5) 복수차관제 도입 등 조직개선

보건부의 전문성 보완을 위하여 복수차관제를 도입한 현 상황에서 보건부의 분리보다 통합을 유지하되 보건의료 전문가에게 실질적인 권한과 책임을 부여하는 등 기왕의 미흡한 점을 개선하여 전문성을 강화하는 방향으로 조직을 운영하는 것이 효율적이다.

(6) 변화의 불필요

우리나라는 1955. 이후 오랜 기간 보건과 복지 기능을 통합적으로 운영해 왔고 행정은 이에 적응하여 익숙해져 있으며 현재 보건복지 통합 구조는 환경 변화에 잘 대응하고 있고, 복지 및 보건 각 부문별 기능을 안정적으로 수행하고 있으므로 조직상 변화를 초래할 이유가 없다.

- 소견 -

(1) 정책 효율성

통상 정부는 새 정부 출범 초기에 이전 정부와의 차별화와 관료에 대한 통제력을 강화하기 위한 정치적 목적에서 통합의 원리를 적용하나 중기에 들어서면 정책적 성과를 내기 위하여 전문성 강화와 효율성 제고를 위하여 분화의 원리를 적용하는 경향이 있다. 이러한 점에서 최근 정부가 전례없이 의료의 중요성을 강조하면서 의료관련 정책을 강하게 추진하는 것은 납득이 된다.

(2) 전문성과 소통

의료의 고도 전문성은 의료계와 비의료계와의 소통을 어렵게 하고 정부의 의료정책 수행을 어렵게 한다. 의료정책분야에서 정부의 전문성은 정책의 적정성을 보장하기도 하지만 의료계와의 소통과 설득을 가능하게 하여 정책의 성공가능성을 높이기도 한다. 최선의 노력에도 불구하고 의대정원 증원과 관련한 의료계와 정부 간의 정책갈등이 사전 예방되지 못하고, 갈등이 장기간 수습되지 못하여 전국민이 고통과 불편을 겪는 현사태는 상호 소통과 설득에 실패한 것이고 정부조직의 통합성 및 전문성의 부족이 그 원인 중 하나일 수 있다.

(3) 보건과 의료

현 보건복지부의 명칭은 의료와 보건을 분리하지 않을뿐더러 의료를 보건에 종속시킴으로써 국민의 생명과 건강을 직접 다루는 의료의 의미를 과소평가하고 있다. 질병 치료 못지않게 질병 예방의 비중이 증가하는 등 보건의료환경의 변화로 인하여 보건과 의료가 접근해가고 있고 따라서 양자의 구분 실익과 필요성이 점차 감소하고는 있지만 보건과 의료, 보건정책과 의료정책은 실질적 내용에 있어 구분이 가능한 별개의 것이다. 의료의 절대중요성과 고도전문성을 감안하면 의료를 보건에 종속된 부분으로가 아니라 대등한 부분으로 평가하는 조직체계가 필요하다.

(4) 보건의료부

현재 보건의료정책 과제들, 의대정원의 증원, 비대면진료제도, 한의사의 의료기기 사용, 필수의료 및 지역의료의 위기극복, 공공의료의 확보, 의료사고배상책임보험제도, 의료사고 형사특례제, 불가항력 보상제도, 의료분쟁 조정절차의 자동개시, 의료사고 피해 대불보상제도 등의 과제들이 산적해 있다. 그동안 이들 과제에 대하여 정부가 충분한 성과를 보이지 못한 이유 중 하나는, 서로 다른 전문적 업무를 하나의 비전문적 리더십이 담당하는 취약한 조직구조이며, 이는 정부조직법을 개정하여 보건의료분야를 보건복지부에서 분리·독립시켜 전문성과 단일 지휘체계의 리더십을 강화함으로써 개선될 수 있을 것이다. 조직 통합 시 상호 연계성의 약화와 효율성의 저하를 우려하나 사회복지국가인 우리나라 국정영역 중 복지와 연계되지 않은 정책영역은 없고, 설사 보건의료영역이 복지와의 밀접한 관련성으로 인하여 분리됨으로써 효율성의 저하가 나타난다 하더라도 이는 조직체계상의 본질적인 문제가 아니며, 전문성 강화에 의한 효율성 증가로 충분히 보상될 수 있을 것이다.

```
┌─ 국민의 생각 ?? ─────────────────

  당신의 생각은 어떻습니까?




└──────────────────────────────────
```

- Part -

II

의료분쟁 해결
(dispute resolution)

　　의료분쟁이란 의료사고로 인한 환자와 의료인 간의 다툼이고 의료사고란 의료인의 의료행위로 인하여 환자 생명과 신체에 예상하지 못한 피해가 발생한 경우를 말하나(「의료사고피해구제및 의료분쟁조정등에관한법률」 제2조) 반드시 의료과실로 야기된 경우만을 의미하지는 않는다. 의료사고는 의료과실 없이도 발생할 수 있고 의료분쟁은 의료사고 없이도 발생할 수 있다. 문제는 현재의 의료분쟁이 적지 않음은 물론 양적으로나 질적으로 점점 증가하고 격해지고 있다는 것이며 그로 인하여 의사는 법적 책임을 피하기 위한 방어적 진료(과잉, 위축진료)를 하게 되고, 의료사고 위험이 높은 진료과를 기피하여 의료수급의 불균형이 초래되며, 의사와 환자 간 관계악화 및 불신이 초래되어 진료환경이 불안해진다는 것이고, 의사는 환자에 대한 진료능력을 충분히 발휘할 수 없게 된다는 것이다. 그럼으로써 환자는 생명과 건강을 보호받지 못하고 의사는 환자의 신뢰와 존경을 잃으며 사회는 안정과 건강을 잃게 된다. 그러므로 의료사고의 예방과는 별도의 관점에서 의료분쟁의 예방과 해결을 위한 노력이 필요하다.

본 편에서는 모든 의료분쟁은 소송이 아닌 조정으로 해결하여야 한다는 생각으로 첫 부분에 의료분쟁 예방과 해결에 관한 일반론을 싣고 의료분쟁조정법과 그와 관련된 ① 조정절차 자동개시, ② 태아사망 사건의 자동개시, ③ 의료사고배상책임보험 등 의무가입. ④ 의료사고 불가항력보상제도, ⑤ 의료사고 대불보상제도, ⑥ 의료사고 형사특례법 등 정책현안을 살펴본다.

1. 의료분쟁 예방과 해결

1 의료분쟁의 현황과 원인

(1) 현황

통계로 확인되는 우리나라의 의료분쟁 현황은 한국의료분쟁조정중
재원(이하 '조정중재원')의 연 조정신청 건수 약 2,000여 건, 처리 건수 약
1,500건이며(조정중재원 통계연보에 의하면 2023. 조정중재원의 신청 건수 2,147
건 중 개시된 사건은 66.8%임), 법원의 연 소송 건 약 1,000건, 한국소비자
원 분쟁조정위원회와 대한의사협회 의료배상공제조합의 연 처리 건수
가 이와 비슷한 정도이다. 그 외 분쟁으로 노출되었다가 사적 합의로 해
결되거나, 노출되지 않고 잠재되어 있는 분쟁 건수 등을 감안하면 우리
사회에 발생하는 의료분쟁 수는 결코 적지 않다. 더구나 여러 가지 원인
으로 인하여 그 수가 점차 증가하면서 우리 사회의 신뢰와 안정을 해치
고 갈등과 불안을 가중시키므로 의료분쟁의 문제는 결코 소홀히 하여서
는 안 된다. 모든 문제의 해결은 현황을 정확히 파악하는 데서 출발하므
로 우선 연구 조사를 통하여 의료분쟁의 현황을 정확히 파악하는 것이
필요하다.

(2) 원인

의료분쟁의 근본원인은 의료사고(악결과, bad outcome) 및 의료사고 위험의 발생이며, 그 외 의료행위의 본질에 대한 환자의 이해부족, 의료사고 발생 시 의사의 부적절한 대응, 의사와 환자와의 소통부족과 상호 불신, 의료사고에 대한 사회적 보상제도의 결여, 의사와 환자관계의 변화, 환자의 권리의식 증가, 인터넷 등을 통한 의료지식과 의료정보의 보편화, 자극적이고 부적절한 언론보도 등이 있다.

2 의료분쟁의 예방

어떤 문제이든 사후 수습보다는 사전 예방이 최선임은 말할 필요가 없으므로 의료사고 예방과 마찬가지로 의료분쟁 예방을 위한 노력을 하여야 한다. 의료분쟁을 야기하는 구체적인 원인은 다양할 것이나 근본원인은 의료사고, 즉 악결과(bad outcome)의 발생과 환자의 불신(anger)이므로 이 두 가지를 저지하면 의료분쟁을 예방할 수 있다.

가. 악결과(bad outcome)의 방지

최고의 의사가 최선의 노력에도 악결과는 발생할 수 있지만 의사가 의료사고는 절대 피할 수 없는 것이 아니라는 인식을 가지고, 진료능력을 향상시키기 위하여 지속적으로 교육, 학습을 하고(CME, continuing medical education), 최신 의학지식과 의료정보 의료기술을 습득하며, 입증된 진료방법으로 진료(EBM, evidence based medicine)하고, 의료시스템의 개선을 위하여 노력함으로써 악결과를 줄일 수 있다.

나. 상호 신뢰(rapport)형성

의사는 환자와 진료계약을 체결한 단순한 계약당사자에 불과한지, 아니면 환자에게 생명보호와 건강증진의 은혜를 베푸는 시혜자인지에 대한 입장이 다를 수 있다. 그러나 의사가 계약당사자로서의 환자에 대한 법적 의무를 다하고자 하고 환자는 의사에 대하여 시혜자로서의 존경과 신뢰를 보여준다면 분쟁의 위험은 줄어들 것이고, 그렇지 않고 의사가 환자에 대하여 권위를 요구하고 환자는 의사를 불신한다면 분쟁의 위험은 증가할 것이다.

(1) 불신의 원인

의사가 아래와 같은 처신을 하는 경우 악결과가 발생하지 않은 경우라 하더라도 환자는 의사를 불신하고 화(Patient's anger)가 나며, 따라서 분쟁 가능성이 높아진다.

① 환자의 회복에 관심이 없는 태도를 보이는 것
② 환자에게 무례한 태도를 보이는 것
③ 환자에게 조롱적인 언행을 하는 것
④ 환자에게 잘난 척하는 것
⑤ 환자, 가족의 말을 경청하지 않는 것
⑥ 환자요청에 오지 않는 것
⑦ 환자를 오랫동안 기다리게 하는 것
⑧ 환자와 진료약속을 어기는 것
⑨ 의료사고 발생시 직원으로 하여금 환자를 상대하게 하는 것
⑩ 다른 의사의 진료잘못을 환자에게 말하는 것
⑪ 잘못된 진단결과에 대한 고액검사비(MRI)를 청구하는 것

(2) 신뢰의 방법

한편 악결과가 발생한 경우, 심지어 의사의 과실이 명백한 경우라 하더라도 의사가 아래의 처신을 하면 환자와의 신뢰가 형성되어 분쟁 가능성은 줄어든다. 의사는 진료 전과정에 걸쳐 환자를 인격적으로 대하여야 하고 적어도 환자가 인격적인 대우를 받는다는 생각을 갖도록 하여야 한다. 의사가 아무리 노력하여도 악결과를 방지할 수 없을지는 몰라도, 노력하면 환자의 신뢰는 얻을 수 있다.

① 환자에게 관심과 애정을 보일 것
② 환자와 같은 눈높이 의자에 앉을 것
③ 차트가 아닌 환자와 눈을 맞추며 대화할 것
④ 환자와 대화 중 고개를 끄덕일 것
⑤ 환자에게 말할 기회를 줄 것
⑥ 환자의 용어를 사용할 것
⑦ 환자가 대화를 원하면 응할 것
⑧ 환자에게 권위적 태도를 취하지 말 것
⑨ 환자 진료에 충분한 시간을 할애할 것
⑩ 환자와의 진료약속을 어길 경우 즉시 재약속 할 것
⑪ 환자를 진료대기실에서 2시간 이상 기다리게 하지 말 것
⑫ 진료대기실을 안락하게 하고 위안이 되는 비디오, 오디오, 읽을 거리를 비치할 것
⑬ 의료사고 발생 시 의사가 즉시 환자에게 정직하게 사고원인을 설명하고 대책을 제시할 것
⑭ 환자 앞에서 다른 의사를 비난하지 말 것
⑮ 환자에게 진료과정을 충분하고 친절하게 설명할 것
⑯ 철저히 follow up 할 것
⑰ 경우에 따라 금전적 손실을 감수할 것

3 의료분쟁의 해결

우리 사회에서 발생하는 모든 분쟁은 당사자의 이익은 물론 공동체의 안정을 위하여 사회 구성원 모두가 그 해결을 위하여 노력하여야 하며 의료분쟁 또한 마찬가지이다. 그 해결방법은 신속, 공정, 경제, 적정의 일반적 분쟁해결 이념에 맞아야 하며 결과에 대한 불신과 갈등의 증폭과 같은 부작용이 없어야 한다. 우리 사회에 의료분쟁은 얼마나 생기며,

그 원인은 무엇이며, 그 해결은 어떻게 하고, 의료분쟁을 줄이기 위하여 무엇을 하여야 하는지를 모두가 고민하여야 한다.

가. 사법적 해결

의료분쟁의 사법적 해결은 환자가 의사를 상대로 재산적 손해배상을 구하는 민사소송, 업무상과실치사상의 형사처벌을 구하는 형사소송 절차에 의한 해결을 말한다.

(1) 형사적 해결

의료의 고도전문성, 의사와 환자 간의 정보 비대칭으로 인하여 의사과실을 입증하기 어려운 환자는 수사기관의 힘을 빌려 의사의 의료과실을 밝히기 위하여, 민사소송에서의 변호사 비용 등 소송비용 부담을 덜기 위하여, 의사처벌을 원하는 감정적 이유 등으로 형사고소를 선호하는 경향이 있다. 그러나 이는 의료행위의 침습성 및 위험성, 구명성, 윤리성, 환자 의사와의 특수관계 등으로 미루어 볼 때 의사와 환자, 우리 사회 그 누구에게도 바람직한 방법이 아니므로 자제되어야 한다.

(2) 민사적 해결

의료사고가 발생한 후 야기된 의료분쟁에 대하여는 법원의 민사소송을 통한 해결이 전통적인 방법이다(tort system). 그러나 최악의 조정이 최선의 판결보다 낫다는 법언을 굳이 말하지 않더라도 의사와 환자의 특수한 관계, 구명성을 본질로 하는 의료의 성격과 싸움이라는 소송의 성격, 소송의 장기화, 고비용화, 갈등의 심화, 소송결과에 대한 불신 등을 고려하면 소송 또한 의료분쟁의 적절한 해결책이라 할 수 없다.

나. 비사법적 해결

구명성, 윤리성과 무관한 일반 분쟁사건에서조차 최악의 조정이 최선의 판결보다 낫다고 한다. 구명성과 윤리성을 띤 의료에 관한 분쟁을 판결이 아닌 조정(ADR, alternative dispute resolution)에 의하여 해결하여야 함은 더 말할 필요가 없다. 비사법적 해결을 다투는 소송이 아니라 화해하는 조정의 의미로 사용하였지만 그렇다고 비법적인 해결을 뜻하는 것은 아니다.

① 한국의료분쟁조정중재원에 의한 해결

2011. 4. 「의료사고피해구제및의료분쟁조정등에관한법률」(이하 '의료분쟁조정법')이 제정되어 시행되면서 이 법률에 근거한 한국의료분쟁조정중재원(이하 '조정중재원')이 설립되어 한국소비자원 분쟁조정위원회, 대한의사협회 의료배상공제조합과 함께 의료분쟁에 대한 ADR 분쟁해결기관으로서의 역할을 하고 있다(법 제6조).

② 대한의사협회 의료배상공제조합에 의한 해결

1981. 의료사고에 연루된 한 여의사의 자살사건을 계기로 대한의사협회는 의료법에 근거하여 공제회를 발족하여 의료분쟁 해결에 기여하여 오다가 2011. 제정된 의료분쟁조정법에 근거하여 의료사고에 대한 배상을 목적으로 공제조합을 설립하여 의료분쟁 해결업무를 수행하고 있다(제45조).

③ 한국소비자원 소비자분쟁조정위원회에 의한 해결

1980. 1. 제정된 소비자보호법에 근거하여 설립된 한국소비자보호원은 의료관련 소비자피해구제업무를 수행하였고 소비자보호법이 2006. 9. 소비자기본법으로 전면 개정되면서 개명하여 설립된 한국소비자원(제33조)은 소비자분쟁조정위원회를 두고 의료사고로 인한 소비자의 피해구제를 위하여 의료분쟁 해결업무를 수행하고 있다(제55조).

④ 의료사고 배상책임보험

의사가 환자에 대하여 의료사고로 인한 손해배상책임을 지게 되는 경우 그로 인한 손해의 전보를 목적으로 하는 보험으로 1973. 민간보험회사가 처음으로 판매를 시작하였으나 의사들이 의료사고 노출을 꺼리고 의료분쟁이 많지 않는 등의 이유로 가입이 저조하였으나 최근 의료사고로 인한 법적 부담의 증가로 관심을 끈다.

다. 양자의 비교

(1) 절차 성격 비교

사법적 해결방법 특히 소송은 진실을 규명하여 시시비비를 가리고 피해자의 피해를 구제하고 책임자에게 책임을 추궁함으로써 정의를 실현하는 것을 목적으로 한다. 따라서 그 절차는 분쟁당사자로 하여금 대립하여 공격과 방어를 하게 하고 법원이 승패를 결정함으로써 정의를 선언하는 강제절차이다. 소송에서 패하고 상대방의 소송비용까지 부담해야 하는 패자 입장으로서는 법원의 결정을 받아들이기가 어렵다.

비사법적 해결방법, 특히 조정은 당사자들 간 갈등을 해소하고 분쟁해결의 지혜를 찾음으로써 상호 신뢰와 평화를 회복하는 것을 목적으로 한다. 따라서 그 절차는 조정인이 당사자를 설득하고 위로하며 당사자들은 상호 이해하고 양보하는 상생의 자율절차이다. 자율적 합의에 의하여 조정이 성립되므로 당사자들이 조정결과를 받아들이기가 쉽다.

(2) 분쟁해결의 이념 적합성 비교

① 적정성

분쟁해결의 결과가 적정한가, 실체적 진실에 부합하는가의 문제이다. 소송은 싸움이므로 당사자는 이기기 위하여 과장, 허위주장의 유혹을 받고, 고도의 전문영역인 의료분야에서 의사와 환자의 실력 차이가 현저하며, 심판의 대상은 의료법률 문외한인 환자가 청구하고 주장하는 부분에 국한되며, 증인, 진료기록 및 신체 감정인, 사실조회기관 등 대부분의 증거가 의사 쪽에 편중되어 있고 그럼에도 의료과실의 입증책임은 환자에게 있으므로 실체진실발견이 어렵고 다른 분야의 소송에 비하여 적정한 결과가 보장되지 않는다. 이러한 점을 보완하기 위하여 상황에 따라 환자의 입증책임을 경감, 완화하고, 의료과실이 입증되지 않는 경우 의사에게 설명의무위반책임을 묻기도 한다.

조정은 당사자 간 객관적 증거가 아닌 주관적 의사 합치에 의하여 분쟁을 해결하므로 유순한 당사자가 부당하게 불리한 내용으로 조정되는 등 소송에 비하여 적정한 결과를 얻기가 더욱 어렵다. 그러므로 조정에 의하여 적정한 결과를 얻기 위하여는 조정인의 사건 처리를 위한 의료, 법률능력과 당사자 설득능력이 필요하다.

② 공평성

의료분쟁 해결과정에서의 공평성이란 의료의 고도전문성, 증거의 편중으로 인하여 상대적으로 불리한 환자에게 충분한 주장 입증의 기회, 특히 진술의 기회가 충분히 주어지는가의 문제이다. 현실적인 이유로 당사자들은 재판과정에서 충분한 구두 진술 기회를 갖지 못하나 조정절차에서는 환자는 물론 의사에게도 충분한 구두 진술의 기회가 주어진다.

③ 경제성

분쟁해결에 소요되는 비용의 문제이다. '송사 3년에 기둥뿌리 빠진다'는 우리의 옛 말이 있고, '양을 위해 소송을 벌이면 소를 잃게 된다'는 서양 속담이 있는 것처럼 동서고금을 막론하고 소송은 많은 비용을 필요로 한다. 의료소송에서는 승소금액의 약 30~50% 정도가 소송비용으로 지출되며 이는 환자치료비, 환자와 유가족의 생계비로 쓰여야 할 돈이다. 반면 현행제도하에서 조정에 소요되는 비용은 미미하다.

④ 신속성

지연된 정의는 정의가 아니며, 권리보호의 지연은 권리보호의 거절과 같다. 그래서 헌법 제27조 제3항은 신속한 재판을 받을 권리를 국민의 헌법상 권리로 보장하는 것이다.

의료소송은 진료과에 따라 차이가 있으나 통상 1심에서 2년 3개월, 2심에서 1년 6개월이 소요되며 상고심까지 포함하면 길게는 10년 넘게 소요되기도 하고 소송기간 중 환자가 사망하는 경우도 발생한다. 의료분야가 고도의 전문분야이기 때문이며 진료기록 감정 등 증거조사에 장기간이 소요되기 때문이다. 이에 비하여 조정기간은 매우 단기간이다.

(3) 기타 비교

① 소송은 의사를 가해자, 환자를 피해자에 위치시키고 의사에게 민법 제750조에 의한 불법행위 책임을 묻는 절차(tort system)이다. 따라서 소송과정에 의료과실 유무와 무관하게 의사의 명예가 손상되고 분쟁해결에 의사의 협조를 기대할 수 없다. 반면 조정은 의사도 환자와 마찬가지의 의료사고 피해자(second victim)로 인식하고 양쪽 모두에게 유익한 해결책을 찾는 절차이므로 의사도 분쟁해결에 적극성을 띠게 된다.

② 의료사고가 발생하였을 때 사고내용과 사고원인을 가장 정확하게 아는 사람은 직접 의료행위를 한 의사이다. 소송에 의하여 그의 책임을 묻고자 하면 그는 침묵할 것이고 사고내용과 사고원인은 알 수 없게 되며 그러므로 유사사고는 또 일어난다. 조정의 경우 의사는 사고내용과 사고원인을 규명하는데 적극적이게 되며 이는 유사사고 재발방지에 기여한다.

③ 고비용, 장기간 등의 부담 때문에 우리 사회에 발생하는 의료분쟁 중 극히 일부만이 소송에 의하여 다투어진다. 이에 비하여 그러한 부담이 적은 조정은 훨씬 널리 의료사고의 피해자에게 피해구제의 기회를 부여한다.

④ 소송과정에 당사자간 분노, 원망, 증오, 불신, 적개심이 증폭되나 조정과정에 이들 감정은 완화되고 해소된다.

- 소견 -

(1) 조정인가 소송인가

일반적인 분쟁해결 이념과 관련하여 조정과 소송을 비교해 보면 모든 분쟁은 다투는 소송(zero sum)이 아닌 화해하는 조정(non zero sum)으로 해결함이 바람직하다는 것을 쉽게 알 수 있다. 의료행위의 구명성, 윤리성, 의사와 환자간의 특수한 관계 등을 고려하면 의료분쟁에서는 더욱 그러하다. 그러므로 의료분쟁은 조정에 의하여 해결하여야 하며 그를 위하여 조정을 거친 후 소송으로 이행하도록 하는 조정전치주의 도입을 고려할 만하다.

(2) 정의로운 평화

의료분쟁 해결업무를 수행하는 현재의 각 기관들 모두가 의료분쟁의 해결이라는 공동의 목적을 가지고 있으나 기관의 추구 이념, 구조, 절차, 방법, 비용, 결과의 적정성과 그에 대한 법적 효력 등에 다소의 차이가 있다. 소송이 정의의 실현에 유용하고 조정이 평화의 유지, 회복에 유용하다 할 것이나 현제도 하에서 정의롭고 평화적인 의료분쟁의 해결이 불가능하지 않다. 신속, 경제, 공평, 적정의 이념을 고려하여 다수의 기관을 정비하고 그 역할을 조정하여 의료분쟁에서의 정의와 평화를 함께 구현하는 방법을 찾아야 한다.

당신의 생각은 어떻습니까?

2. 의료분쟁조정법

●
●
●

1 문제의 소재

1981. 1. 의료분쟁에 연루된 한 여의사의 자살사건을 계기로 대한의사협회는 같은 해 11.경 의료분쟁을 최소화하고 의사의 소신진료 환경 조성과 의권보장을 위한 자구책으로 '의사공제회'를 설립하여 의사가 환자에 대하여 지는 손해배상책임을 보상함으로써 의료분쟁에 대응하였으며, 1988. 보다 효과적인 분쟁해결을 위한 조정기구의 제도화를 위하여 정부에 의료분쟁조정법의 입법을 청원하였으며, 그 후 이러한 노력이 국회에서의 의료분쟁조정제도의 입법 노력으로 이어져 처음 대한의사협회의 입법청원이 있은 후 23년이 지난 2011. 4. 마침내 「의료사고피해구제및의료분쟁조정등에관한법률」(이하 '의료분쟁조정법')이 제정되었다. 그동안의 입법과정과 입법내용을 살펴보고, 이 법률이 마련한 여러 제도들을 어떻게 운영하고 또 개선해야 할 것인지를 고민해 본다.

2 법률의 입법과정

(1) 1994. 11. 11. 의원제안안(임기만료폐기)

① 제안이유

의료인과 환자 사이에 발생하는 의료분쟁을 제도적으로 해결하기 위한 조정절차 등을 규정함으로써 의료과실로 인한 국민의 피해를 신속·공정하게 구제하고 의료인의 안정적인 진료환경을 조성하려는 것이다.

② 주요내용

의료분쟁을 조정하기 위하여 보건사회부에 중앙의료분쟁조정위원회를, 특별시·직할시 및 도에 지방의료분쟁조정위원회를 각 설치하며, 의료분쟁에 관한 실질적인 조사 및 조정업무를 수행하기 위하여 조정위원회에 조정위원 3인으로 구성되는 조정부를 두고, 조정절차를 거치지 아니하면 소송을 제기할 수 없도록 하는 조정전치주의를 채택하며, 의사 치과의사 및 한의사는 의료배상공제조합의 책임공제에 가입하도록 하며, 의료행위로 인하여 환자가 사상에 이른 경우 그 의료행위가 불가피하고 의료행위자에게 중대한 과실이 없는 때에는 그 정상을 참작하여 형법 제268조(업무상과실, 중과실치사상)의 형을 감경 또는 면제할 수 있도록 한다.

(2) 1997. 7. 5. 의원제안안(임기만료폐기)

① 제안이유

의료사고 및 의료과오로 인한 피해를 당한 환자는 경제적, 사회적으로 신속히 구제되어야 하고, 의료법에 의해 진료거부가 금지되어 있고, 의료보험법에 의해 모든 의료기관을 의료보험급여 제공의무가 있는 '요양기관'으로 강제지정하고 있는 상황에서 의료인에 대한 안정적인 진료환경 조성을 위하여, 의료분쟁이 발생할 경우 그 해결에 소요되는 비용을 최소화하고 분쟁의 원인을 정확히 파악하여 배상 또는 보상하는 의료분쟁조정제도를 마련하고 이의 원활한 운영을 위한 재원 조달체계를 정립하고자 한다.

② 주요내용

의료분쟁을 조정하기 위하여 보건복지부에 중앙의료분쟁조정위원회를, 특별시·광역시 및 도에 지방의료분쟁조정위원회를 각각 설치하고, 조정위원회의 위원은 공익을 대표하는 자, 의료인 및 소비자를 대표하는 자 중에서 보건복지부장관 또는 특별시장·광역시장 및 도지사가 위촉하도록 하며, 조정업무를 수행하기 위하여 조정위원 3인으로 구성하는 조정부를 두고, 신속한 피해구제를 위하여 이 법에 의한 조정을 거치지 아니하면 소송을 제기할 수 없도록 하는 조정전치주의를 채택하고, 의사·치과의사·한의사는 의료배상공제조합의 조합원으로 가입하도록 하며 공제조합에 가입한 의료인의 의료행위로 인하여 환자가 사망에 이른 경우 그 정상을 참작하여 형법 제268조의 형을 감경 또는 면제할 수 있도록 한다.

(3) 1997. 11. 4. 의원제안안(임기만료폐기)

① 제안이유

의료인과 환자사이에 발생하는 의료분쟁을 합리적으로 해결하기 위한 조정제도를 마련함으로써 국민의 피해를 신속·공정하게 구제하고 의료인의 안정적인 진료환경을 조성하고자 한다.

② 주요내용

의료분쟁을 조정하기 위하여 중앙의료분쟁조정위원회와 지방의료분쟁조정위원회를 두고 조정위원은 공익을 대표하는 자, 의료인 및 소비자를 대표하는 자 중에서 보건복지부장관 또는 특별시장 광역시장 도지사가 임명 또는 위촉하며, 조정위원은 법률과 양심에 따라 독립하여 직무를 행하도록 하며, 조정위원회에 조정위원 3인 이상 5인 이하로 구성되는 조정부를 두고, 원칙적으로 조정전치주의를 채택하여 이 법에 의한 조정절차를 거치지 아니하면 의료분쟁에 관한 소송을 제기할 수 없도록 하며, 쌍방이 조정결정에 동의한 경우에는 당사자 간 화해가 성립된 것으로 보며, 의료인단체 등으로 하여금 보건복지부장관의 인가를 받아 의료배상공제조합을 설립하도록 하며 의사 치과의사 한의사의 공제조합 가입을 의무화하고, 의료인이 의료행위로 인하여 형법 제268조의 죄 중 업무상과실치상죄를 범한 경우 책임공제에 가입한 때에는 피해자의 명시한 의사에 반하여 공소를 제기할 수 없도록 하고, 종합공제에 가입한 때에는 피해자의 의사에 관계없이 공소를 제기할 수 없도록 하며, 공제조합에 가입한 의료인의 의료행위로 인하여 환자가 사망한 경우에는 그 의료행위가 불가피하였다면 그 정상을 참작하여 형법 제268조의 형을 감경 또는 면제할 수 있도록 한다.

(4) 2002. 10. 23. 의원제안안(임기만료폐기)

① 제안이유

의료분쟁의 계속적인 증가와 국민들의 권리의식 향상으로 우리나라의 의료소송은 매년 급증하여, 제1심 접수 건수가 1989. 69건에 비해 1997.에는 400건, 1998.에는 500건 이상 되고 있고, 의료분쟁 해결기간은 제1심 법원에서 평균 2.6년, 제2심 법원에서 평균 1.3년이 소요되고, 특히 성형외과의 경우 평균 해결기간은 총 6.3년에 달하고, 의료분쟁이 증가하고 기간이 장기화됨에 따라 분쟁당사자인 환자와 의료인이 부담하는 분쟁해결의 시간적 경제적 비용이 급증하고, 의료인은 의료사고의 위험 때문에 방어진료·과잉진료·응급진료회피·사고빈도가 높은 진료과목의 기피 등의 유혹을 받고, 무과실의료사고인 경우 피해를 구제할 방법이 없는 환자들은 농성·폭력 등의 사적 구제수단에 의존함으로써 의사와 환자 측의 감정적 대립을 심화시키는 상황에서 의료사고의 발생이 의료분쟁을 거쳐 의료소송으로까지 확대되는 것을 막고 사안을 공정하고 객관적으로 판단하여 환자에게 적정한 피해구제를, 의사에게 안정적인 진료활동을 할 수 있도록 조정기구를 설립하는 등 의료분쟁을 신속하게 해결하고자 한다.

② 주요내용

법규정으로 "의료사고"라 함은 보건의료인 등이 환자에 대해 진단·검사·치료·의약품의 처방 및 조제 등의 행위를 실시하는 과정에서 발생하는 생명·신체 및 재산상의 손해가 발생한 경우로 개념 정의하고, 무과실 의료사고의 경우에 이로 인하여 환자에게 발생한 생명·신체상 피해의 일부를 국가가 보상하며, 국민건강보험법에 의한 국민건강보험공단과 보건의료인중앙회 및 보건의료기관 단체는 무과실의료보상기금을 조성할 의무를 지고, 조정위원회는 중앙조정위원회와 지방조정위원회로 나누며, 중앙조정위원회와 지방조정위원회는 의료분쟁의 조정업무를 수행하기 위하여 조정부를 각각 둘 수 있고, 각 조정부는 9인 이하의 조정위원을 위촉하여 운영하고, 조정부의 조정위원은 공익을 대표하는 자, 소비자를 대표하는 자, 해당 진료과목에 전문지식을 가진 자로 구성하며, 의료분쟁에 관한 소는 이 법에 의한 조정절차를 거치지 아니하여도 제기할 수 있도록 하여 임의적 전치주의를 취하고, 의료인단체, 의료기사단체, 약사회는 의료사고에 대한 배상을 목적으로 복지부장관의 인가를 받아 의료배상공제조합을 설립·운영할 수 있고, 보건의료기관을 개설하고자 하는 자는 보건의료기관의 명의 또는 개설자의 명의로 의료배상책임보험 또는 공제조합의 책임공제에 가입하여야 하며, 경과실에 의한 의료사고의 경우에는 피해자의 명시한 의사에 반하여 의료인에 대하여 공소를 제기 할 수 없고, 종합보험 또는 종합공제에 가입된 경우에는 형법 제268조의 죄를 범한 경우에도 의료인에 대하여 공소를 제기하지 못한다.

(5) 2009. 5. 22. 의원제안안(대안반영폐기)

① 제안이유

현재 의료사고로 인한 피해를 구제받기 위한 「의료법」에 따라 설치된 의료심사조정위원회의 조정, 「소비자보호법」에 따른 소비자분쟁조정위원회의 조정은 그 기능이 거의 유명무실하며, 법원에서의 소송은 막대한 경제적·시간적 비용이 소모되므로, 의료분쟁에 대한 공정한 조정과정을 통하여 의료사고로 인한 경제적, 시간적 비용 및 사회적 비용을 감소시키고, 환자에게는 의료사고에 대한 불안감을 해소하고 보건의료인에게는 안정적인 진료환경을 보장하려는 것이다.

② 주요내용

"의료사고"란 보건의료인이 환자에 대하여 진단·검사·치료·의약품의 처방 및 조제 등을 실시하는 과정에서 생명·신체 및 재산에 관한 피해가 발생한 경우를 말하며, 의료사고의 피해를 구제하고 분쟁을 조정하기 위하여 의료사고피해구제위원회를 법인으로 설립하며, 위원회는 조정업무를 수행하기 위하여 진료과목을 중심으로 분야별 전문위원회를 둘 수 있고, 위원회에 사무국을 두며, 전문위원회 위원을 보좌하기 위하여 사무국에 조사관을 둘 수 있으며, 위원회는 사건의 조정신청이 있은 날부터 90일 이내에 조정결정을 하여야 하며, 조정을 결정하는 경우에는 해당 의료사고로 인하여 환자에게 발생한 생명·신체 및 재산상의 손해, 보건의료기관개설자 또는 보건의료인 등의 과실정도, 환자 측의 귀책사유 등을 참작하여 적정한 금액으로 손해배상액을 결정하며, 보건의료인단체 및 보건의료기관단체는 의료사고에 대한 배상을 목적으로 하는 의료배상공제조합을 설립·운영할 수 있도록 하고, 보건의료기관개설자는 의료사고로 인하여 환자가 입은 생명·신체 및 재산상의 손해를 배상하기 위하여 보건의료기관 또는 보건의료기관개설자 명의로 책임보험 등에 가입하도록 하고 종합보험 등에 가입할 수 있도록 하며, 국가는 불가항력적으로 발생하였다고 위원회에서 결정한 의료사고에 대하여 환자의 생명·신체 및 재산상의 손해에 대하여 보상하도록 하고 이 보상금을 지급하기 위하여 위원회에 의료사고보상기금을 조성할 수 있도록 하며, 업무상과실치상죄를 범한 보건의료인이 종합보험 등에 가입된 경우에는 피해자의 명시한 의사에 반하여 공소를 제기할 수 없다.

(6) 2009. 6. 4. 의원제안안(대안반영폐기)

① 제안이유

의료사고가 날로 증가하고, 이로 인한 분쟁으로 보건의료인과 환자 측의 대립과 갈등으로 많은 사회적 문제를 낳고, 외국인환자 유치를 위한 제도적 기반을 조성하기 위해서도 의료분쟁 해결 절차를 신속히 마련할 필요가 있으며, 현재 의료분쟁의 조정을 위하여 「의료법」에 따라 설치된 의료심사조정위원회의 기능은 유명무실한 실정이며, 소송절차는 막대한 경제적·시간적 비용이 소모되므로 의료사고 피해를 신속·공정하게 구제하고, 보건의료인의 안정적인 진료환경을 조성하고자 한다.

② 주요내용

"의료사고"라 함은 보건의료인이 환자에 대하여 진단·검사·치료·의약품의 처방 및 조제 등의 행위를 실시하는 과정에서 생명·신체 및 재산에 관한 피해가 발생한 경우라 정의하고, 의료분쟁을 조정·중재하기 위하여 의료분쟁조정위원회를 법인으로 설립하며, 위원회는 위원장을 포함한 50인 이상 90인 이내의 위원으로 구성하며, 위원회의 사무를 처리하기 위하여 위원회에 사무국을 두며, 조정위원의 조사업무를 보좌하기 위하여 사무국에 조사관을 둘 수 있으며, 위원회는 조정신청이 있은 날부터 90일 이내에 조정결정을 하여야 하며, 조정을 결정하는 경우에는 의료사고로 인하여 환자에게 발생한 손해, 보건의료기관개설자 또는 보건의료인 등의 과실정도, 환자의 귀책사유 등을 참작하여 적정한 금액으로 손해배상액을 결정하도록 하며, 보건의료인단체 및 보건의료기관단체는 의료사고에 대한 배상을 목적으로 하는 의료배상공제조합을 설립·운영할 수 있도록 하며, 보건의료기관개설자로 하여금 환자의 손해를 배상하기 위하여 책임보험 또는 책임공제에 의무적으로 가입하도록 하고, 종합보험 또는 종합공제에 가입할 수 있도록 하며, 국가는 불가항력적으로 발생하였다고 위원회에서 결정한 의료사고에 대하여는 최고 5천만 원의 범위 내에서 환자의 생명·신체 및 재산상의 손해를 보상하도록 하고, 불가항력 의료사고보상금을 지급하기 위하여 위원회에 의료사고보상기금을 조성하며, 그 재원은 국가, 보건의료기관개설자, 건강보험재원, 응급의료기금 등이 분담할 수 있도록 하고, 보건의료인이 업무상과실치상죄 또는 중과실치상죄를 범한 때에는 종합보험 또는 종합공제에 가입된 경우에는 중대한 과실로 의학적으로 인정되지 아니한 의료행위를 한 경우 등을 제외하고는 피해자의 명시한 의사에 반하여 공소를 제기할 수 없도록 한다.

3 법률의 제정 및 개정

가. 법률의 제정

(1) 2011. 4. 7. 제정

제18대 국회는 대안반영폐기된 2009. 5. 25. 의원제안안과 2009. 6. 5. 의원제안안을 반영한 대안안을 2011. 3. 10. 가결하여 마침내 2011. 4. 7.「의료사고피해구제및의료분쟁조정등에관한법률」을 제정하였다.

① 제안이유

'의료법'에 따라 설치된 의료심사조정위원회의 조정,「소비자보호법」에 따른 소비자분쟁조정위원회의 조정 등은 거의 유명무실하거나 충분한 전문성을 갖추지 못한 채 소액 사건 위주로 기능을 발휘하고 있는 문제점이 있어 특수법인 형태로 한국의료분쟁조정중재원을 설립하고, 임의적 조정전치주의를 채택하여 조정과 소송을 별개의 절차로 규율하며, 보건의료인이 업무상과실치상죄를 범한 경우에도 조정이 성립하거나 조정절차 중 합의로 조정조서가 작성된 경우에는 피해자의 명시한 의사에 반하여 공소를 제기할 수 없도록 하고, 의료사고로 인한 피해자의 미지급금에 대하여 조정중재원이 손해배상금을 대신 지불하는 제도를 마련하는 등 의료사고로 인한 피해를 신속·공정하게 구제하고 보건의료인의 진료환경을 안정적으로 조성하고자 한다.

② 주요내용

'의료사고'를 보건의료인이 환자에 대하여 실시하는 진단·검사·치료·의약품의 처방 및 조제 등의 행위로 인하여 사람의 생명·신체 및 재산에 대하여 피해가 발생한 것으로 정의하고, 외국인에 대하여도 이 법을 적용하고, 의료분쟁을 신속·공정하고 효율적으로 해결하기 위하여 특수법인 형태로 한국의료분쟁조정중재원을 설립하고, 의료분쟁을 조정하거나 중재하기 위하여 조정중재원에 의료분쟁조정위원회를 설치하고, 조정위원회는 위원장 및 50명 이상 100명 이내의 조정위원으로 구성하며, 조정위원 정수의 5분의 2는 판사 검사 또는 변호사 자격이 있는 사람, 5분의 1은 보건의료에 관한 학식과 경험이 풍부한 사람, 5분의 1은 소비자권익에 관한 학식과 경험이 풍부한 사람, 5분의 1은 대학이나 공인된 연구기관에서 부교수급 이상의직에 있거나 있었던 사람을 임명 위촉하며, 조정위원회의 업무를 수행하기 위하여 5명의 조정위원으로 구성된 분야별, 대상별 또는 지역별 조정부를 둘 수 있도록 하고, 조정부는 조정신청일부터 90일 이내에 조정결정하도록 하고, 조정중재원에 의료사고감정단을 설치하고, 조정부는 환자의 손해, 보건의료기관개설자 및 보건의료인의 과실 정도, 환자의 귀책사유 등을 고려하여 손해배상액을 결정하고, 이 법에 따른 조정절차를 거치지 아니하고도 법원에 의료분쟁에 관한 소송을 제기할 수 있도록 하고, 보건의료인단체 및 보건의료기관단체는 의료사고에 대한 배상을 목적으로 하는 의료배상공제조합을 설립·운영할 수 있도록 하고, 불가항력적으로 발생하였다고 의료사고보상심의위원회에서 결정한 의료사고에 대하여 국가가 예산의 범위 안에서 보상하도록 하고, 조정이 성립되거나 중재판정이 내려진 경우에 해당함에도 불구하고 피해자가 손해배상금을 지급받지 못한 경우 조정중재원이 미지급금을 피해자에게 대신 지급하고 보건의료기관개설자 또는 보건의료인에게 구상할 수 있도록 하는 대불제도를 운영하고, 보건의료인이 업무상과실치상죄를 범한 경우에도 조정이 성립하거나 조정절차 중 합의로 조정조서가 작성된 경우에는 피해자의 명시한 의사에 반하여 공소를 제기할 수 없도록 한다.

나. 법률제정 후 개선노력

법률제정 후 다음과 같은 국회의 개정노력이 있었으며 이 중 일부는 폐기되고 일부는 개정되었다.

(1) 2012. 2. 10. 의원제안안(임기만료폐기)

2012. 8. 1. 의원제안안(대안반영폐기)은 조정당사자인 보건의료인이 직접 조정기일에 출석하여야 함으로써 진료에 지장이 초래되므로 보건의료인의 임직원도 조정대리인으로 조정에 참석시키고 보건의료인 본인은 진료를 할 수 있도록 하자는 내용이다.

(2) 2012. 9. 5. 의원제안안(임기만료폐기)

조정신청자가 분쟁해결이 아니라 단순히 시효중단의 의도로 조정신청하는 경우가 있으므로 조정이 성립되지 아니한 경우 그 불성립이 확정된 날부터 1개월 이내에 소를 제기하지 아니하면 시효중단의 효력이 없도록 하자는 내용이다.

(3) 2013. 5. 23. 의원제안안(대안반영폐기)

사실관계 및 과실 유무 등에 대하여 당사자 간 큰 이견이 없거나 사실관계 및 쟁점이 간단한 사건에 대하여 감정을 생략하거나 1명의 감정위원이 감정하는 간이조정절차에 따라 조정할 수 있도록 하고, 조정의 성격으로 미루어볼 때 의료사고의 조사 등을 거부, 방해 또는 기피한 행위에 대하여 형사처벌인 벌금을 부과하는 현행법은 과도하므로 벌금 대신 과태료를 부과하도록 하자는 내용이다.

(4) 2014. 1. 10. 의원제안안(임기만료폐기)

보건복지부장관은 의료사고 발생에 대한 예방대책을 마련하도록 하고 이를 위하여 보건의료기관개설자는 해당 의료기관에서 발생한 의료사고의 원인 및 조사결과 등의 현황을 보건복지부장관에게 보고하도록 하자는 내용이다.

(5) 2014. 3. 28. 의원제안안(대안반영폐기)

피신청인의 동의 여부에 상관없이 조정절차를 개시하고, 피신청인의 조정절차 개시에 대한 이의신청 및 부당한 목적에 의한 조정신청인 경우 조정을 아니하는 결정으로 사건종료하는 규정을 두며, 손해배상금 대불 청구대상을 국내 법원의 확정판결로 한정하자는 내용이다.

(6) 2015. 11. 3. 의원제안안(대안반영폐기)

신청인의 조정신청이 있는 경우 지체없이 조정절차를 개시하도록 하고, 조정개시에 법정의 부당한 사유가 있는 경우 등에 대하여는 피신청인이 절차개시에 대한 이의신청 할 수 있도록 하며, 조정절차에서의 당사자 또는 이해관계인의 진술은 민사소송에서 원용하지 못하도록 하자는 내용이다.

(7) 2016. 5. 18. 위원장제안안(원안가결)

조정위원과 감정위원의 수를 각 '50명 이상 100명 이내'에서 '100명 이상 300명 이내'로 확대하고, 의료사고가 사망 또는 1개월 이상의 의식불명 등에 해당하는 중한 사고인 경우에는 피신청인이 조정신청에 응하지 아니하더라도 지체없이 조정절차를 개시하고, 신청된 사건의 사실관계 및 과실유무 등에 대하여 신청인과 피신청인간에 큰 이견이 없는 경우나 과실의 유무가 명백한 경우 또는 사건의 사실관계 및 쟁점이 간단한 경우에는 의료사고의 감정을 생략하거나 1명의 감정위원이 감정하는 간이조정절차에 따라 간이조정할 수 있도록 하고, 손해배상금 대불청구의 대상을 국내 법원의 확정판결에 한정하자는 내용이다.

(8) 2017. 2. 15. 의원제안안(임기만료폐기)

의료분쟁을 조기에 신속 공정하게 해결하도록 하기 위하여 의료사고 피해자, 시민단체, 소비자단체 등은 조정·중재 신청과 별도로 의료사고 감정단 1인의 의료인 감정위원에 의한 간이감정을 받을 수 있도록 하자는 내용이다.

(9) 2017. 5. 11. 의원제안안(임기만료폐기)

1개월 이상의 의식불명, 장애등급 1급에 해당하는 경우 뿐 아니라 1개월 이상의 의식불명이 될 것이 명백한 경우 또는 등급판정 절차를 거치기 전이라도 장애등급 1급이 될 것이 명백한 의료사고의 경우에는 조정절차를 자동개시할 수 있도록 하며, 미성년자가 피해자인 경우 신청기한을 그 미성년자가 성년이 된 날로부터 3년으로 규정하여 미성년자인 피해자를 두텁게 보호하자는 내용이다.

(10) 2017. 10. 11. 의원제안안(임기만료폐기)

사망, 1개월 이상의 의식불명 또는 장애등급 1급이 발생한 의료사고의 경우에 피신청인의 동의 없이 자동으로 조정절차가 개시될 수 있도록 하는 규정은 2016. 5.에 개정되었는데 이 규정이 개정법 시행 전에 발생한 의료사고에 적용되는지에 대한 의문을 없애기 위하여 부칙을 개정하여 이러한 경우 적용됨을 명확히 하자는 내용이다.

(11) 2018. 4. 4. 의원제안안(대안반영폐기)

조정신청 사건이 간이조정절차로 회부된 후 쟁점이 추가될 경우 통상절차로 전환이 가능도록 하고, 감정부에 소속된 감정위원은 조정부의 요청이 있는 경우 출석하여 감정결과를 설명하도록 하며, 보건의료인의 불가항력 의료사고 보상 분담금을 요양급여비용에서 징수할 수 있도록 하자는 내용이다.

(12) 2018. 5. 21. 의원제안안(임기만료폐기)

의료사고가 발생한 경우 보건의료기관개설자 및 보건의료인으로 하여금 피해자 또는 보호자에게 의료사고의 내용, 사고 경위 등을 신속하게 설명할 책무를 규정하자는 내용이다.

(13) 2018. 8. 6. 의원제안안(임기만료폐기)

피신청인이 조정신청에 응하지 않고자 하는 경우에는 그 사유를 서면으로 제출하도록 의무화하자는 내용이다.

(14) 2018. 9. 28. 의원제안안(대안반영폐기)

간이조정절차로 진행되는 사건에 사정변경이 발생한 경우에 통상의 조정절차로 전환할 수 있게 하고, 통상의 조정 절차로 진행 중인 사건도 요건에 해당하는 경우에는 간이조정절차로 전환할 수 있도록 하자는 내용이다.

(15) 2018. 11. 14. 위원장제안안(원안가결)

간이조정절차 중 신청인과 피신청인 간에 이견이 발생하거나 쟁점이 추가되는 경우 통상의 조정절차로 전환할 수 있도록 하고, 불가항력 의료사고 보상 분담금을 국민건강보험공단이 요양기관에 지급하여야 할 요양급여비용에서 바로 징수할 수 있도록 하자는 내용이다.

(16) 2018. 11. 20. 의원제안안(임기만료폐기)

현행법령이 불가항력적 의료사고에 대한 보상재원의 30%를 보건의료기관 개설자에게 분담시키는 것은 분쟁의 당사자에 대한 형평성의 문제를 야기하고, 민법상 과실 책임의 원칙에도 반할 뿐만 아니라, 의료인의 재산권을 부당하게 침해하며, 조정절차에서 의료기관의 자발적 협조를 기대하기 어렵게 하고, 유사한 제도를 운영하고 있는 일본과 대만의 경우 국가가 보상재원의 100%를 지원하므로 국가가 불가항력 보상금 재원 전액을 부담하도록 하자는 내용이다.

(17) 2018. 12. 10. 의원제안안(임기만료폐기)

여성이 성별에 따른 차별 없이 그 자질과 능력을 정당하게 평가받을 수 있도록 한국의료분쟁조정중재원에 "유리천장위원회"를 설치하도록 하자는 내용이다.

(18) 2019. 4. 18. 의원제안안(임기만료폐기)

보건의료기관개설자나 보건의료인이 조정중재원의 대불금구상청구를 거부하고 의료기관을 고의로 폐업한 후 다시 개설하는 등 비도덕적인 일이 반복되므로 보건의료인이 대불금구상에 응하지 않고 폐업하는 경우에는 대불금을 완납하지 아니하고는 의료기관을 개설할 수 없도록 하고, 대불금 지급의 상한액을 대통령령으로 정하도록 하여 대불금의 재정안정을 기하자는 내용이다.

(19) 2019. 5. 31. 의원제안안(대안반영폐기)

의료분쟁조정위원회를 융통성 있게 운영할 수 있도록 분야별 조정위원에 대한 구성비율 제한을 완화하자는 내용이다.

(20) 2020. 3. 4. 위원장제안안(원안가결)

분야별 조정위원을 원활하게 임명 또는 위촉할 수 있도록 그에 대한 구성비율 제한을 폐지하고, 조정부가 간이조정절차에 따라 조정하려는 경우에는 감정부의 의견, 신청인 및 피신청인의 의견을 듣도록 하자는 내용이다.

(21) 2020. 7. 21. 의원제안안(대안반영폐기)

불가항력적 의료사고에 대한 보상재원의 30%를 분만 실적이 있는 보건의료기관 개설자에게 분담시키고 있는 것을 국가가 전액 부담하도록 하자는 내용이다.

(22) 2020. 11. 17. 의원제안안(임기만료폐기)

피신청인이 조정신청에 응하지 않을 경우에는 그 사유를 서면으로 제출하도록 의무화하여 신청인이 피신청인의 조정 불응사유를 알 수 있도록 하자는 내용이다.

(23) 2021. 2. 25. 의원제안안(임기만료폐기)

'보건의료기관개설자는 무과실을 입증한 때가 아니면 의료사고로 인하여 환자가 입은 생명·신체 및 재산상 피해를 배상할 책임을 진다'는 규정을 둠으로써 보건의료기관에게 의료사고에 대한 입증책임을 부담시키자는 내용이다.

(24) 2021. 12. 30. 의원제안안(임기만료폐기)

조정신청에 대한 피신청인의 동의 여부에 상관없이 조정절차를 자동 개시하도록 하자는 내용이다.

(25) 2022. 5. 23. 의원제안안(대안반영폐기)

불가항력적 의료사고 피해자를 위한 보상재원 100%를 정부가 부담하도록 함으로써 출산에 대한 국가 책임을 강화하자는 내용이다.

(26) 2023. 5. 25. 위원장제안안(원안가결)

보건의료기관개설자 중 분만 실적이 있는 자에게 분담시키고 있는 불가항력적 의료사고 보상재원의 분담 관련 현행 규정을 삭제하여 국가가 전액 부담하도록 하자는 내용이다.

(27) 2023. 7. 27. 의원제안안(임기만료폐기)

분만 중 의료사고에 적용되는 불가항력 의료사고로 인한 피해보상을 소아진료 중 발생한 중대한 의료사고에도 확대 적용하자는 내용이다.

(28) 2023. 9. 11. 의원제안안(수정가결)

현행법은 보건의료기관개설자에게 손해배상금의 대불에 필요한 비용을 부담시키면서 구체적인 금액과 납부방법 및 관리 등에 관하여 필요한 사항은 대통령령으로 정하도록 하고 있는데 대하여, 헌법재판소(2018헌바504)는 손해배상금 대불에 필요한 비용을 보건의료기관개설자에게 부담시킨 부분은 합헌으로 판단하였으나, 그 금액에 관하여는 아무런 기준없이 대통령령으로 정하도록 한 부분은 포괄위임입법금지의 원칙에 위배된다며 헌법불합치 결정을 하였다. 이러한 헌법재판소의 결정에 따라 보건의료기관개설자별 대불비용 부담액을 의료분쟁 발생현황, 대불제도 이용실적, 예상 대불비용 등을 고려하여 보건복지부장관이 산정·부과·징수하도록 산정기준과 주체를 법률에 명확히 규정하고, 대불금에 상한액을 둘 수 있도록 함으로써 대불비용의 재원을 보다 안정적으로 운영하자는 내용이다.

(29) 2024. 1. 18. 의원제안안(임기만료폐기)

현행법은 의료배상공제조합의 설립·운영을 보건의료인단체 및 보건의료기관단체의 임의사항으로 규정하고 있는데, 의료사고배상책임보험에 가입하지 아니한 보건의료기관개설자는 해당 의료배상공제조합의 조합원으로 의무 가입하도록 하자는 내용이다.

4 현행 법률의 주요내용

제1조(목적) 이 법은 의료분쟁의 조정 및 중재 등에 관한 사항을 규정함으로써 의료사고로 인한 피해를 신속·공정하게 구제하고 보건의료인의 안정적인 진료환경을 조성함을 목적으로 한다.

제2조(정의) 이 법에서 사용하는 용어의 뜻은 다음과 같다.
1. "의료사고"란 보건의료인(「의료법」 제27조 제1항 단서 또는 「약사법」 제23조 제1항 단서에 따라 그 행위가 허용되는 자를 포함한다)이 환자에 대하여 실시하는 진단·검사·치료·의약품의 처방 및 조제 등의 행위(이하 "의료행위 등"이라 한다)로 인하여 사람의 생명·신체 및 재산에 대하여 피해가 발생한 경우를 말한다.
2. "의료분쟁"이란 의료사고로 인한 다툼을 말한다.

제3조(적용 대상) 이 법은 대한민국 국민이 아닌 사람이 보건의료기관에 대하여 의료사고로 인한 손해배상을 구하는 경우에도 적용한다.

제6조(한국의료분쟁조정중재원의 설립)
① 의료분쟁을 신속·공정하고 효율적으로 해결하기 위하여 한국의료분쟁조정중재원(이하 "조정중재원"이라 한다)을 설립한다.
② 조정중재원은 법인으로 한다.

제8조(업무) 조정중재원의 업무는 다음 각 호와 같다.
1. 의료분쟁의 조정·중재 및 상담
2. 의료사고 감정
3. 손해배상금 대불
4. 의료분쟁과 관련된 제도와 정책의 연구, 통계 작성, 교육 및 홍보

제19조(의료분쟁조정위원회의 설치) ① 의료분쟁을 조정하거나 중재하기 위하여 조정중재원에 의료분쟁조정위원회(이하 "조정위원회"라 한다)를 둔다.

제20조(조정위원회의 구성 및 운영) ① 조정위원회는 위원장 및 100명 이상 300명 이내의 조정위원으로 구성하고 비상임으로 한다. 다만, 제37조 제2항에 따른 조정조서 작성 등을 위하여 상임 조정위원을 둘수 있다.

제23조(조정부) ① 조정위원회의 업무를 효율적으로 수행하기 위하여 5명의 조정위원으로 구성된 분야별, 대상별 또는 지역별 조정부를 둘수 있다.

제25조(의료사고감정단의 설치)
① 의료분쟁의 신속·공정한 해결을 지원하기 위하여 조정중재원에 의료사고감정단(이하 "감정단"이라 한다)을 둔다.
② 감정단은 단장 및 100명 이상 300명 이내의 감정위원으로 구성한다.
③ 감정단의 업무는 다음 각 호와 같다.
1. 의료분쟁의 조정 또는 중재에 필요한 사실조사
2. 의료행위 등을 둘러싼 과실 유무 및 인과관계의 규명
3. 후유장애 발생 여부 등 확인
4. 다른 기관에서 의뢰한 의료사고에 대한 감정

제26조(감정부) ① 감정단의 업무를 효율적으로 수행하기 위하여 상임 감정위원 및 비상임 감정위원으로 구성된 분야별, 대상별 또는 지역별 감정부를 둘 수 있다.

제27조(조정의 신청)

① 의료분쟁(이하 "분쟁"이라 한다)의 당사자 또는 그 대리인은 보건복지부령으로 정하는 바에 따라 조정중재원에 분쟁의 조정을 신청할 수 있다.

② 당사자는 다음 각 호의 어느 하나에 해당하는 사람을 대리인으로 선임할 수 있다. 다만, 제4호의 경우에는 제1호에 해당하는 사람이 없거나 외국인 등 보건복지부령으로 정하는 경우에 한정한다.

1. 당사자의 법정대리인, 배우자, 직계존비속 또는 형제자매

2. 당사자인 법인 또는 보건의료기관의 임직원

3. 변호사

4. 당사자로부터 서면으로 대리권을 수여받은 자

③ 원장은 조정신청이 다음 각 호의 어느 하나에 해당하는 경우 신청을 각하한다.

1. 이미 해당 분쟁조정사항에 대하여 법원에 소(訴)가 제기된 경우

2. 이미 해당 분쟁조정사항에 대하여 「소비자기본법」 제60조에 따른 소비자분쟁조정위원회에 분쟁조정이 신청된 경우

3. 조정신청 자체로서 의료사고가 아닌 것이 명백한 경우

④~⑦ 생략

⑧ 조정신청서를 송달받은 피신청인이 조정에 응하고자 하는 의사를 조정중재원에 통지함으로써 조정절차를 개시한다. 피신청인이 조정신청서를 송달받은 날부터 14일 이내에 조정절차에 응하고자 하는 의사를 통지하지 아니한 경우 원장은 조정신청을 각하한다.

⑨ 원장은 조정신청의 대상인 의료사고가 사망 또는 다음 각 호에 해당하는 경우에는 지체 없이 조정절차를 개시하여야 한다. 이 경우 피신청인이 조정신청서를 송달받은 날을 조정절차 개시일로 본다.

1. 1개월 이상의 의식불명

2. 「장애인복지법」 제2조에 따른 장애인 중 장애 정도가 중증에 해당하는 경우로서 대통령령으로 정하는 경우

⑩ 제9항에 따른 조정절차가 개시된 경우 조정신청서를 송달받은 피신청인은 다음 각 호의 어느 하나에 해당하는 경우 조정절차의 개시에 대하여 송달받은 날부터 14일 이내에 위원장에게 이의신청을 할 수 있다.

1. 신청인이 조정신청 전에 의료사고를 이유로 「의료법」 제12조(의료기술 등에 대한 보호) 제2항을 위반하는 행위 또는 「형법」 제314조(업무방해) 제1항에 해당하는 행위를 한 경우

2. 거짓된 사실 또는 사실관계로 조정신청을 한 것이 명백한 경우

⑪~⑫ 생략

⑬ 조정신청은 다음 각 호에 해당하는 기간 내에 하여야 한다.

1. 의료사고의 원인이 된 행위가 종료된 날부터 10년

2. 피해자나 그 법정대리인이 그 손해 및 가해자를 안 날부터 3년

제29조(감정서) ① 감정부는 조정절차가 개시된 날부터 60일 이내에 의료사고의 감정결과를 감정서로 작성하여 조정부에 송부하여야 한다.

제32조(조정절차의 비공개) 조정부의 조정절차는 공개하지 아니한다. 다만, 조정부의 조정위원 과반수의 찬성이 있는 경우 이를 공개할 수 있다.

제33조(조정결정) ① 조정부는 사건의 조정절차가 개시된 날부터 90일 이내에 조정결정을 하여야 한다.

제33조의2(간이조정) ① 조정부는 조정신청된 사건이 다음 각 호의 어느 하나에 해당하는 경우 의료사고의 감정을 생략하거나 1명의 감정

위원이 감정하는 등 대통령령으로 정하는 절차(이하 "간이조정절차"라
한다)에 따라 조정할 수 있다.

1. 사건의 사실관계 및 과실 유무 등에 대하여 신청인과 피신청인 간에
   큰 이견이 없는 경우
2. 과실의 유무가 명백하거나 사건의 사실관계 및 쟁점이 간단한 경우
3. 그 밖에 제1호 및 제2호에 준하는 경우로서 대통령령으로 정하는 경우

제33조의3(조정을 하지 아니하는 결정) 조정부는 조정신청이 다음 각
호의 어느 하나에 해당하는 경우 조정을 하지 아니하는 결정으로 사건
을 종결시킬 수 있다.

1. 신청인이 정당한 사유 없이 조정을 기피하는 등 그 조정신청이 이유
   없다고 인정하는 경우
2. 신청인이 거짓된 사실로 조정신청을 하거나 부당한 목적으로 조정
   신청을 한 것으로 인정되는 경우
3. 사건의 성질상 조정을 하기에 적당하지 아니한 경우

제37조(조정절차 중 합의)

① 신청인은 제27조 제1항에 따른 조정신청을 한 후 조정절차 진행 중
   에 피신청인과 합의할 수 있다.
② 제1항에 따른 합의가 이루어진 경우 조정부는 조정절차를 중단하고
   당사자가 합의한 내용에 따라 조정조서를 작성하여야 한다.
③ 조정부는 제2항에 따른 조정조서를 작성하기 전에 당사자의 의사를
   확인하여야 한다.
④ 제2항에 따라 작성된 조정조서는 재판상 화해와 동일한 효력이
   있다.

제40조(소송과의 관계) 의료분쟁에 관한 소송은 이 법에 따른 조정절
차를 거치지 아니하고도 제기할 수 있다.

제42조(시효의 중단) ① 제27조 제1항에 따른 조정의 신청은 시효중단의 효력이 있다. 다만, 그 신청이 취하되거나 각하된 때에는 1개월 이내에 소를 제기하지 아니하면 시효중단의 효력이 없다.

제43조(중재) ① 당사자는 분쟁에 관하여 조정부의 종국적 결정에 따르기로 서면으로 합의하고 중재를 신청할 수 있다.

제44조(중재판정의 효력 등) ① 중재판정은 확정판결과 동일한 효력이 있다.

제45조(의료배상공제조합의 설립·운영) ① 보건의료인단체 및 보건의료기관단체는 의료사고에 대한 배상을 목적으로 하는 의료배상공제조합(이하 "공제조합"이라 한다)을 보건복지부장관의 인가를 받아 설립·운영할 수 있다.

제46조(불가항력 의료사고 보상)
① 조정중재원은 보건의료인이 충분한 주의의무를 다하였음에도 불구하고 불가항력적으로 발생하였다고 의료사고보상심의위원회에서 결정한 분만(分娩)에 따른 의료사고로 인한 피해를 보상하기 위한 사업(이하 "의료사고 보상사업"이라 한다)을 실시한다.
② 보건복지부장관은 의료사고 보상사업에 드는 비용을 부담하여야 한다.

제47조(손해배상금 대불)
① 의료사고로 인한 피해자가 다음 각 호의 어느 하나에 해당함에도 불구하고 그에 따른 금원을 지급받지 못하였을 경우 미지급금에 대하여 조정중재원에 대불을 청구할 수 있다. 다만, 제3호의 경우 국내 법원에서의 판결이 확정된 경우에 한정한다.

1. 조정이 성립되거나 중재판정이 내려진 경우 또는 제37조 제1항에 따라 조정절차 중 합의로 조정조서가 작성된 경우

2. 「소비자기본법」 제67조 제3항에 따라 조정조서가 작성된 경우

3. 법원이 의료분쟁에 관한 민사절차에서 보건의료기관개설자, 보건의료인, 그 밖의 당사자가 될 수 있는 자에 대하여 금원의 지급을 명하는 집행권원을 작성한 경우

② 제1항에 따른 손해배상금의 대불에 필요한 비용(이하 이 조에서 "대불비용"이라 한다)을 충당하기 위한 재원은 보건의료기관개설자가 부담하여야 한다.

③ 보건복지부장관은 의료분쟁 발생현황, 대불제도 이용실적, 예상 대불비용 등을 고려하여 보건의료기관개설자별로 부담하여야 하는 대불비용 부담액을 산정·부과·징수하며, 보건의료기관개설자별 대불비용 부담액의 산정과 납부방법 및 관리 등에 필요한 사항은 대통령령으로 정한다. 〈2023. 12. 29. 신설. 2022. 7. 21. 헌법재판소 헌법불합치 결정에 의함〉

④ 생략

⑤ 제3항에 따라 보건의료기관개설자가 부담하는 비용은 국민건강보험공단이 요양기관에 지급하여야 할 요양급여비용의 일부를 조정중재원에 지급하는 방법으로 할 수 있다.

제51조(조정성립 등에 따른 피해자의 의사) ① 의료사고로 인하여 「형법」 제268조(업무상과실, 중과실치사상)의 죄 중 업무상과실치상죄를 범한 보건의료인에 대하여는 조정이 성립하거나 조정절차 중 합의로 조정조서가 작성된 경우 피해자의 명시한 의사에 반하여 공소를 제기할 수 없다. 다만, 피해자가 신체의 상해로 인하여 생명에 대한 위험이 발생하거나 장애 또는 불치나 난치의 질병에 이르게 된 경우에는 그러하지 아니하다.

- 소견 -

(1) 의료분쟁 담당 기관

　일반 사적 분쟁에서 그러하듯이 의료분쟁 또한 소송이 아닌 조정으로 해결함이 나음은 말할 나위가 없다. 지금은 성격이 다른 여러 기관이 아무런 기준없이 의료분쟁 사건을 분담하고 있으나 전문성을 갖추고 공정한 절차가 마련되어 있는 기관이 모든 의료분쟁을 전담하는 것이 바람직하다. 그것이 어렵다면 이들 기관들을 정비하고 일정 기준에 의하여 분쟁사건들을 나누어 담당하는 것이 분쟁해결의 적정성, 효율성을 높이는 데 도움이 될 것이다.

(2) 조정전치주의

　환자와 의사 관계, 의료의 특성, 의료과실 입증의 곤란성 외에도 신속성, 경제성, 공정성, 적정성 등 분쟁해결의 이념을 고려하면 모든 의료분쟁에 대하여 조정전치주의를 채택하는 것이 바람직하다.

(3) 예방을 위한 역할

　의료분쟁 해결기관은 단지 분쟁을 해결하는 데 그칠 것이 아니라 조정절차에서 다룬 실제 사례를 연구 분석하여 의료사고의 원인을 규명하고, 의료과실의 구체적 내용을 탐지하여 그에 대한 재발방지책을 마련하고 이를 조정절차 내 또는 절차 외에서 의료인과 환자, 국민에게 교육 홍보함으로써 유사사고의 재발을 방지하기 위한 역할을 하여야 한다.

당신의 생각은 어떻습니까?

3. 조정절차 자동개시

1 문제의 소재

2012. 의료분쟁조정법 제정 후 한국의료분쟁조정중재원에 조정 신청된 의료분쟁 사건 절반가량이 피신청인이 참여 동의를 하지 않음으로써 절차가 개시조차 되지 못하고 각하되자 2016. 제도의 효율적 운영을 위하여 일부 중대 사건에 대하여 자동개시제도를 도입하였었고, 그럼에도 불구하고 조정중재원의 조정제도가 충분한 역할을 하지 못한다는 지적에 자동개시 대상을 확대하는 입법적 노력을 하였다. 제도의 성공을 위하여 조정 신청된 사건 중 어느 범위에서 피신청인의 의사와 무관하게 조정절차를 자동개시할 것인가, 모든 신청사건에 대하여 자동개시할 것인가의 문제이다.

2 의료분쟁조정법 제27조 조정절차 개시조항

가. 2012. 4. 제정 당시 제27조

제27조(조정의 신청) ⑧ 조정신청서를 송달받은 피신청인이 조정에 응하고자 하는 의사를 조정중재원에 통지함으로써 조정절차를 개시

한다. 피신청인이 조정신청서를 송달받은 날부터 14일 이내에 조정절차에 응하고자 하는 의사를 통지하지 아니한 경우 원장은 조정신청을 각하한다.

나. 제27조 자동개시 조항 신설(2016. 5. 29.)

① 의료분쟁의 당사자 또는 그 대리인은 보건복지부령으로 정하는 바에 따라 조정중재원에 분쟁의 조정을 신청할 수 있다.

②~⑦ 생략

⑧ 조정신청서를 송달받은 피신청인이 조정에 응하고자 하는 의사를 조정중재원에 통지함으로써 조정절차를 개시한다. 피신청인이 조정신청서를 송달받은 날부터 14일 이내에 조정절차에 응하고자 하는 의사를 통지하지 아니한 경우 원장은 조정신청을 각하한다.

⑨ 원장은 제8항에도 불구하고 제1항에 따른 조정신청의 대상인 의료사고가 사망 또는 다음 각 호에 해당하는 경우에는 지체 없이 조정절차를 개시하여야 한다. 이 경우 피신청인이 조정신청서를 송달받은 날을 조정절차 개시일로 본다. (2016. 5. 29. 신설)

1. 1개월 이상의 의식불명

2. 「장애인복지법」 제2조에 따른 장애인 중 장애 정도가 중증에 해당하는 경우로서 대통령령으로 정하는 경우

⑩ 제9항에 따른 조정절차가 개시된 경우 조정신청서를 송달받은 피신청인은 다음 각 호의 어느 하나에 해당하는 경우 조정절차의 개시에 대하여 송달받은 날부터 14일 이내에 위원장에게 이의신청을 할 수 있다. (2016. 5. 29. 신설)

1. 신청인이 조정신청 전에 의료사고를 이유로 「의료법」 제12조 제2항을 위반하는 행위 또는 「형법」 제314조 제1항에 해당하는 행위를 한 경우

2. 거짓된 사실 또는 사실관계로 조정신청을 한 것이 명백한 경우

3. 그 밖에 보건복지부령으로 정하는 사유에 해당되는 경우

⑪ 위원장은 제10항에 따른 이의신청을 받은 때에는 그 이의신청일
부터 7일 이내에 다음 각 호의 구분에 따른 조치를 하여야 한다.
(2016. 5. 29 신설)

1. 이의신청이 이유 없다고 인정하는 경우: 이의신청에 대한 기각결
정을 하고 지체없이 이의신청을 한 피신청인에게 그 결과를 통지
한다.

2. 이유 있다고 인정하는 경우: 그 사실을 원장에게 통지하고 원장은
그 조정신청을 각하한다.

③ 자동개시 입법 계기

(1) 빈크리스틴 사건

2010. 5. 백혈병 치료를 받던 9살 환아가 마지막 유지항암치료 주사
를 맞은 후 극심한 고통을 호소하다가 며칠 만에 사망하였다. 정맥에 투
여되어야 할 빈크리스틴이 척수강으로 투여된 것이 사망의 원인인 것으
로 보였으나 병원은 책임을 인정하지 않아 소송으로 다투어졌고 2년 후
소송과정에서 양측은 합의하여 분쟁이 종결되었다. 2012. 10.경 이와 유
사한 빈크리스틴 의료사고가 발생하여 40대 여성이 갑자기 사망하는 사
고가 발생하였다. 이들 사건은 의료사고에 대한 국민의 인식을 전환하
는 계기가 되었다.

(2) 조정신청 각하 사건

2014. 1. 9살 환아의 몸이 갑자기 축 늘어졌고 급히 병원으로 옮겨져
증상의 원인을 밝히기 위한 척수검사를 하고자 요추천자를 하였으나 거
듭되는 천자 실패로 천자를 시행하는 과정에 환아의 상태가 악화되었으

며 몇 시간 후 심장이 멎었다. 환아의 부모는 조정중재원에 조정신청을 하였으나 피신청인인 병원이 조정에 응하지 않아 조정신청이 각하되었다. 병원의 비협조로 조정중재원에서의 피해구제는 커녕 원인을 규명할 기회를 가질 수 없게 되자 환자단체는 조정 강제개시를 위한 입법을 주장하였고, 국회에서의 조정절차 강제개시법안이 발의되기도 하였으나 '예강이 법'이라 불린 이 법안은 사회적 시선을 끌지 못하였다.

(3) 자동개시 입법

2014. 10. 가수 신해철이 복강경을 이용한 위장관 유착박리술을 받은 후 고열과 복통을 호소하다가 수술 10일 만에 사망한 사건이 발생하였고 정치권은 '예강이 법'을 '신해철 법'이라 이름을 바꾸어 법률 제27조 제9항의 자동개시 조항을 입법하였다. 사실 신해철 사건은 조정중재원에 조정신청을 거치지 않고 바로 소송으로 진행되었으므로 조정절차의 강제개시를 내용으로 하는 법안과는 직접 관련이 없다.

4 그간의 입법적 노력

(1) 2014. 3. 28. 의원제안안(대안반영폐기)

현행 의료사고피해구제법이 2012. 4. 8. 시행된 이래로 2013. 3. 현재 조정신청된 804건 중 40.2%만이 조정절차가 개시되었고, 언론중재위원회, 환경분쟁조정위원회 및 한국소비자원 등의 분쟁조정제도는 한국의료분쟁조정중재원의 경우와 달리 피신청인의 동의 여부에 따라서 조정절차의 개시가 좌우되지 않고, 신청인이 부당한 목적으로 조정신청을 하여도 이를 종료할 수 있는 법적 근거가 없는 등 의료분쟁을 효율적으로 조정하기가 어려운 실정이다. 이에 피신청인의 동의 여부에 상관없이 조정절차의 개시, 피신청인의 조정절차 개시에 대한 이의신청 및 부당한 목적에 의한 조정신청인 경우 조정을 아니하는 결정으로 사건을 종료하는 규정을 두어 조정업무의 효율성을 제고하고자 한다는 내용이며, 이 법안은 대안반영폐기되었다.

(2) 2015. 11. 3. 의원제안안(원안반영폐기)

증가하는 조정신청건 수에도 불구하고 2015. 현재 조정중재 개시율은 평균 43%에 불과하여 조정중재제도의 효율성을 제고하기 위한 방안 마련이 시급한 실정이며, 조정신청의 개시여부가 피신청인의 동의 여하에 달려있어 신청인의 정당한 조정신청에도 불구하고 조정절차를 개시하지 못하는 문제점 등을 해결하기 위한 법개정이 필요하여, 신청인의 조정신청이 있는 경우 지체 없이 조정절차를 개시하도록 하나, 다만 조정신청이 접수되기 전에 해당 분쟁조정사항에 대하여 법원에 소가 제기되었거나 이 법 시행 전에 종료된 의료행위로 인하여 발생한 의료사고에 해당하는 경우 등에 대하여는 신청을 각하하도록 하며, 조정개시에 부당한 사유가 있는 경우 등에 대하여는 피신청인이 이의신청할 수 있도록 한다는 내용이며, 이 안은 원안반영폐기되었다.

(3) 2016. 5. 18. 원안가결 2016. 5. 29. 개정

이전의 제안안들을 반영하여 조정중재제도의 운영 효율성을 제고하기 위하여 조정신청의 대상인 의료사고가 사망 또는 1개월 이상의 의식불명이나 「장애인복지법」에 따른 장애등급 제1급 중 대통령령으로 정하는 경우에 해당하는 경우에는 피신청인이 조정신청에 응하지 아니하더라도 지체없이 개시한다는 내용의 제9항을 신설하였고, 제9항에 따른 조정절차가 개시된 경우 조정신청서를 송달받은 피신청청인은 법규정의 어느 하나에 해당하는 경우 조정절차의 개시에 대하여 송달받은 날부터 14일 이내에 이의신청을 할 수 있도록 하였으며, 규정 중 '「장애인복지법」제2조에 따른 장애등급 제1급 중 대통령령으로 정하는 경우' 부분은 2018. 12. 11. '「장애인복지법」제2조에 따른 장애인 중 장애 정도가 중증에 해당하는 경우로서 대통령령으로 정하는 경우'로 개정되어 현재 시행되고 있다.

(4) 2017. 5. 11. 의원제안안(임기만료폐기)

이 법안은 법률이 1개월 이상의 의식불명 또는 장애등급 1급에 해당하는 경우 조정절차가 자동으로 개시하도록 하였으나, 이에 더하여 1개월 이상의 의식불명이 될 것이 명백한 경우 또는 1년 이상의 긴 시간이 소요되고 까다로운 등급판정 절차를 거치기 전이라도 장애등급 1급이 될 것이 명백한 경우에는 조정절차를 지체없이 개시하도록 한다는 내용으로, 임기만료폐기되었다.

(5) 2017. 10. 11. 의원제안안(임기만료폐기)

이 법안은 의료사고로 사망, 1개월 이상의 의식불명 또는 장애등급 1급 등의 중대한 피해가 발생한 경우에는 피신청인의 동의가 없어도 자동으로 조정절차가 개시될 수 있도록 한 규정은 2016년 5월 신설된 것으로 이 규정 개정전 발생한 의료사고에도 적용되는가에 대하여 논란이 있으므로 법률 시행 후 최초로 종료된 의료행위 등으로 인하여 발생한 의료사고부터 법률을 적용하도록 하는 부칙을 개정하여 개정 법률 시행 전의 의료행위로 인하여 중대한 피해가 발생한 경우에도 피신청인의 동의 없이 조정절차가 개시될 수 있도록 한다는 내용으로, 임기임기만료폐기되었다.

(6) 2018. 4. 4. 의원제안안(대안반영폐기)

이 안은 자동개시에 관한 직접적인 내용은 아니나 신청인의 정당한 조정신청에도 불구하고 피신청인의 부동의로 조정절차가 개시되지 못하는 문제점이 있어 정부가 조정 참여를 제고하기 위한 조치를 강구할 필요가 있다는 이유로 '보건복지부장관은 의료분쟁을 신속·공정하고 효율적으로 해결하기 위하여 조정참여를 활성화할 수 있는 조치를 강구할 수 있다.'는 규정을 신설한다는 내용이며, 대안반영폐기되었다.

(7) 2021. 12. 30. 의원제안안(임기만료폐기)

① 제안이유

2016. 일명 '신해철법'이 통과되어 시행된 지 4년이 지났지만 사망이나 1개월 이상 의식불명 혹은 장애등급 1급 중 일부에 해당하는 중대 의료사고만 조정절차가 자동개시되고 있으며, 중대 의료사고 외의 경우는 피신청인인 의료인이 조정절차에 참여 의사를 14일 동안 밝히지 않아 조정신청이 각하되어 합의나 조정에 이르는 신청 건수는 전체 신청 건수의 절반에도 미치지 못하고, 언론중재위원회, 환경분쟁조정위원회 및 한국소비자원 등의 분쟁조정제도는 피신청인의 동의여부와 관계 없이 조정절차가 자동개시되고 있는 점 등을 미루어 피신청인의 동의 여부에 상관없이 조정절차를 개시하도록 하여 조정의 실효성을 제고함으로써 의료사고피해를 신속·공정하게 구제하고자 한다.

② 주요내용

법률 제27조(조정의 신청 및 개시) 중 피신청인이 조정신청서를 송달받고 조정에 응하고자 하는 의사를 조정중재원에 통지함으로써 조정절차를 개시하고 조정신청서를 송달받은 날부터 14일 이내에 조정절차에 응하고자 하는 의사를 통지하지 아니한 경우 원장은 조정신청을 각하한다는 규정을 개정하여, 원장은 조정신청을 받은 경우 지체 없이 조정절차를 개시하되, 피신청인은 신청인이 조정신청 전에 의료사고를 이유로 「의료법」 제12조(의료기술 등의 보호) 제2항을 위반하는 행위 또는 「형법」 제314조(업무방해) 제1항에 해당하는 행위를 하거나, 거짓된 사실 또는 사실관계로 조정신청을 한 것이 명백한 등의 경우에는 조정절차의 개시 송달을 받은 날부터 14일 이내에 이의신청을 할 수 있게 한다는 내용으로, 임기만료로 폐기되었다.

5 헌법재판소 2021. 5. 27. 선고 2019헌마321 전원재판부 결정

가. 사건개요

(1) 내용

청구인은 정신과 전문의로 청구인 병원에 입원 중이었던 환자가 사망하자 환자 유족이 청구인의 과실로 환자가 사망하였다고 주장하며 2018. 12. 24. 한국의료분쟁조정중재원에 의료분쟁의 조정을 신청하였고, 이에 한국의료분쟁조정중재원의 원장은 같은 날 청구인에게 '의료사고 피해구제 및 의료분쟁 조정 등에 관한 법률' 규정에 따라 청구인이 조정신청서를 송달받은 날부터 지체 없이 조정절차가 개시된다는 이유로 이 사건 조정에 대한 답변서 등을 제출할 것을 요구하였으며, 청구인은 의료분쟁 조정신청의 대상인 의료사고가 사망에 해당하는 경우 지체 없이 조정절차를 개시하도록 규정한 '의료사고 피해구제 및 의료분쟁 조정 등에 관한 법률 제27조 제9항'이 청구인의 일반적 행동의 자유, 평등권, 일반적 인격권, 재판청구권를 침해한다고 주장하며, 2019. 3. 22. 이 사건 헌법소원심판을 청구하였다.

(2) 심판신청 조항

> **법률 제27조(조정의 신청) 제9항** 원장은 제8항에도 불구하고 제1항에 따른 조정신청의 대상인 의료사고가 사망 또는 다음 각 호에 해당하는 경우에는 지체 없이 조정절차를 개시하여야 한다. 이 경우 피신청인이 조정신청서를 송달받은 날을 조정절차 개시일로 본다.
> 1. 1개월 이상의 의식불명
> 2. 장애인복지법 제2조에 따른 장애인 중 장애 정도가 중증에 해당하는 경우로서 대통령령으로 정하는 경우

나. 판단

심판의 대상은 의료사고 피해구제 및 의료분쟁 조정 등에 관한 법률 (2018. 12. 11. 법률 제15896호로 개정된 것) 제27조 제9항 전문 중 '사망'에 관한 부분으로 헌법재판소는 청구인의 심판청구를 기각하였다.

다. 이유

환자의 사망이라는 중한 결과가 발생한 경우 환자 측으로서는 피해를 신속·공정하게 구제하기 위해 조정절차를 적극적으로 활용할 필요가 있고, 보건의료인의 입장에서도 이러한 경우 분쟁으로 비화될 가능성이 높아 원만하게 분쟁을 해결할 수 있는 절차가 마련될 필요가 있으므로, 의료분쟁 조정절차를 자동으로 개시할 필요성이 인정된다. 조정절차가 자동으로 개시되더라도 피신청인은 이의신청을 통해 조정절차에 참여하지 않을 수 있고, 조정의 성립까지 강제되는 것은 아니므로 합의나 조정결정의 수용 여부를 자유롭게 선택할 수 있으며, 채무부존재확인의 소 등을 제기하여 소송절차에 따라 분쟁을 해결할 수도 있다. 따라서 의료사고로 사망의 결과가 발생한 경우 의료분쟁 조정절차를 자동으로 개시하도록 한 심판대상조항이 청구인의 일반적 행동의 자유, 평등권, 일반적 인격권, 재판청구권을 침해한다고 할 수 없다.

6 자동개시제도에 대한 찬성과 반대

2022. 1. 모든 의료분쟁 조정신청 사건에 대하여 피신청인의 참여의사와 무관하게 지체없이 조정절차를 개시한다는 내용의 자동개시 강화 법안이 발의되었으나 임기만료로 폐기되었다. 그러나 여전히 효율적 제도운영을 위한 전면 자동개시 또는 자동개시 범위의 확대문제는 연구과제이며 이에 대한 찬반의 입장이 있다.

(1) 찬성

① 금융분쟁조정위원회, 소비자분쟁조정위원회 등 유사 조정기관에서는 신청인의 조정신청으로 절차가 개시되며 피신청인의 의사를 고려하여 조정절차를 개시한다는 규정이 없다.

② 피신청인의 의사에 따라 조정절차 개시 여부를 결정한다면 조정제도의 개시율을 떨어 뜨리고 나아가 조정제도의 실효성을 떨어뜨려 제도 자체의 존립이 위태로워진다.

③ 자동개시가 되더라도 쌍방이 조정결정에 동의하거나 동의한 것으로 보는 때에만 조정이 성립하므로 피신청인 의사에 반하는 결과가 초래되지 않는다.

④ 의료행위의 윤리성과 구명성, 의사와 환자 간 특수관계로 보아 의료분쟁은 대립하여 다투는 소송으로 해결할 것이 아니라 이해하고 양보하여 화해하는 조정으로 해결하는 것이 적합하고 양측 모두에 유익하다.

⑤ 현재 대부분의 의료분쟁은 의료조정중재원, 한국소비자원, 법원이 담당하고 있으나 한 기구가 동일한 절차에 의하여 통일적으로 해결하는 것이 바람직하므로 이를 위하여서도 조정 신청된 모든 사건에 대한 자동개시가 필요하다.

⑥ 자동개시를 받아들이지 않으면 실질적으로 피신청인의 의사에 의하여 조정절차 개시여부가 결정되므로 분쟁해결의 공평의 원칙에 반한다.

(2) 반대

① 조정절차는 당사자 의사를 존중하는 절차이므로 조정성립뿐 아니라 조정을 개시할 것인가도 당사자 의사에 의하여 결정되어야 한다.

② 피신청인이 반대하는 절차를 강제로 개시할 경우 조정성립에 이르기 어렵고 따라서 조정절차가 무익하고 소모적인 절차가 된다.

③ 피신청인의 반대에도 불구하고 강제로 조정절차를 개시할 경우 신청인측의 조정제도의 감정적 남용, 악용이 초래된다.

④ 중재의 정책화에 성공한 것으로 평가받는 미국의 경우에도 자율성·자발성에 기초한 ADR 정책을 추진하며 많은 주에서 의무적 중재를 인정하지 않는다.

- 소견 -

(1) '자동개시'란 용어

　의료분쟁조정법 제27조 제9항은 조정신청이 있으면 '(자동적으로) 조정절차가 개시된다'고 한 것이 아니라 '원장이 지체없이 조정절차를 개시하여야 한다'고 함으로써 조정절차 개시를 위하여 원장의 별도 개시행위를 필요로 하는 것처럼 되어 있다. 이는 조정개시일을 신청인이 조정신청서를 조정중재원에 제출한 날이 아닌 피신청인이 조정중재원으로부터 조정신청서를 송달받은 날로 규정한 것을 보더라도 그러하다. 이러한 규정만으로만 보면 피신청인의 의사와 무관하게 원장이 조정절차를 강제개시하는 것이므로 '강제개시'의 표현이 맞을 것이다. 그럼에도 굳이 자동개시라는 용어를 사용하는 이유는 조정절차의 자발적 성격, 피신청인의 감정적 측면을 고려한 것이다. '자동개시' 혹은 '강제개시' 용어의 문제는 조정절차의 본질과 관련된 문제이므로 차제에 '자동개시'에 부합하는 내용으로의 법조문 개정이 바람직하다.

(2) 태아사망 사건에 대한 자동개시

　의료분쟁조정법 제27조 제9항은 '원장은… 조정신청의 대상인 의료사고가 사망에 해당하는 경우에는 지체없이 조정절차를 개시하여야 한다'라고 규정하고, 불가항력 의료사고 보상과 관련한 같은 법 제46조 및 동법 시행령 제22조는 '분만과정에서의 태아의 사망'을 의료사고의 한 형태로 보아 불가항력 의료사고 보상의 대상으로 규정하고 있다. 실무상 상당 수의 태아사망 사건이 있고 이와 관련하여 '태아의 사망'이 제27조 제9항의 '사망'에 해당되어 자동개시의 대상이 되는지에 대한 논란이 있으므로 이를 명확히 하기 위한 입법이 필요하다. 이에 대하여는 다음 장에서 별도로 살펴보고자 한다.

(3) 자동개시 확대

현 의료분쟁조정법상 사망 등 중대사건에 한하여 자동개시제도가 도입되어 시행되고 있으나 사건의 경중을 이유로 본질이 같은 사건에 대하여 절차를 달리하는 것은 바람직하지 않다. 무엇보다도 대부분의 조정신청인들은 의료소송의 고비용을 감당할 자력이 없는 자들로 조정절차에 의하지 않고는 피해를 구제받기 어렵다. 국민의 기본권을 보장할 책무가 있는 국가가 이러한 피해구제의 사각지대를 방치하여서는 안될 것이다. 따라서 현실적으로 전면적 자동개시가 어렵다 하더라도 현행 자동개시의 범위를 점차 확대하여 종국에는 모든 조정신청에 대하여 자동개시를 하고 나아가 조정전치주의를 시행하는 것이 바람직하다고 생각된다. 그 전제로서 조정중재원이 분쟁해결의 정확성과 공정성에 대한 의료계와 국민의 신뢰를 얻어야 함은 물론이다.

> **국민의 생각 ?ʔ**
>
> 당신의 생각은 어떻습니까?

4. 태아사망 사건의 자동개시

.
.
.

1 문제의 소재

　의료분쟁조정법 제27조(조정의 신청) 제8항은 조정신청이 있는 경우 피신청인이 조정에 응하고자 하는 의사를 조정중재원에 통지함으로써 조정절차를 개시하고 피신청인이 조정신청서를 송달받은 날부터 14일 이내에 조정절차에 응하고자 하는 의사를 통지하지 아니한 경우에는 조정신청은 각하된다고 하여 피신청인의 참여동의를 조정절차 개시 요건으로 하고 있다. 이로 인하여 절차개시율이 저조하자 효율적인 제도운영을 위하여 2016. 5. 29. 법 제27조 제9항 '원장은… 조정신청의 대상인 의료사고가 사망에 해당하는 경우에는 지체없이 조정절차를 개시하여야 한다'는 규정을 신설하였다. 실무상 상당 수의 태아사망 사건이 조정신청되므로 이 조항 중의 '사망'에 '태아의 사망'이 포함되는지, 예컨대, 임신 19주 산모가 난소종양제거술 후 태아가 사망한 신청 사건, 임신 34주 산모의 유도분만 중 탯줄이 목에 감겨 만출되기 전 태아가 사망한 신청사건 등에 대하여 조정절차를 자동개시하여야 하는지의 문제이다.

2 태아의 생물학적 발달단계

태아란 수태(체내 수정 또는 자궁 착상) 시부터 출생(전부노출) 시까지의 모체에 임신된 생명체를 말하며 산모와 분리된 개체인 배아와 구분된다. 태아의 발달단계는 개별적으로 정도의 차이가 있고 의학기술의 발전에 따라 가변적이겠지만 세계보건기구(WHO)를 비롯한 의학계의 일반적 견해에 의하면, 마지막 생리일부터 임신주수를 계산하여 약 2주 후 수정되고 수정 후 5~7주에 착상하며 수정 후 8주(임신 10주)까지는 외관상 동물과 구분이 안 되며(이를 태芽,embryo라 함), 수정 8주(임신10주)부터 인간의 모습이 뚜렷해지기 시작하며(이후 출생시까지를 태兒, fetus라 함), 임신 14주에는 성감별이 가능해지고, 임신 22주는 출생 시 독자생존이 가능하며, 임신 24주에는 피부에 주름이 생기고 체지방축적이 시작되며, 임신 28주에는 출생 시 90% 생존이 가능하며, 임신 34주에는 출생 시 거의 생존하며, 임신 40주에는 태아의 성장이 완료된다.

3 태아사망에 대한 자동개시의 의미

(1) 피신청인의 의사와 무관하게 의료상 과실이 인정되는 경우는 물론 과실이 인정되지 않는 경우에도 불가항력 의료사고 보상에 의하여 피해자의 피해구제가 가능하다.

(2) 태아사망의 원인을 규명할 기회를 갖게 되고, 그에 관한 정보를 의료인과 환자에게 제공함으로써 유사사고의 재발방지에 기여한다(예컨대, 유도분만 시 사용하는 자궁수축촉진제 옥시토신 투여와 분만사고 간의 관련성을 규명하면 유도분만 시의 태아사망 사고를 예방할 수 있다).

(3) 산모, 신생아사망 사건과 마찬가지로 태아사망 사건에 대하여도 피신청인의 동의 없이 조정절차를 개시함으로써 태아생명을 산모, 신생

아의 생명과 대등하게 보호하고 산모, 신생아에게 인정되는 인간의 존엄성을 태아에게도 인정할 여지가 생긴다.

4 태아보호와 관련한 법률 규정

가. 헌법의 태아보호

(1) 독일기본법(GG. 1948. 서독 제헌의회가 제정, 1949. 발효됨. 1990. 10. 독일 통일 이후 전역에 발효됨)

> **제1조 제1항.** 인간의 존엄성은 훼손될 수 없다. 인간의 존엄성을 존중하고 보호하는 것은 모든 국가권력의 책무이다.

> **제2조 제2항.** 누구든지 생명과 신체에 침해를 당하지 아니하는 권리를 가진다. 인신의 자유는 불가침이다. 이러한 권리는 다만 법률에 의하여서만 침해될 수 있다.

독일연방헌법재판소(Bundesverfassungsgericht)는, '독일기본법상의 생명권에 관한 규정의 참뜻은 분만 후의 생명뿐 아니라 분만 전 모체 내에서 자라고 있는 태아의 생명까지 보호하려는 데 있다, 기본권의 해석에 관하여는 의심스러울 때에는 기본권규범의 효력이 가장 포괄적이고 강력하게 나타날 수 있는 해석을 택하여야 한다'고 판시하여 헌법상 태아의 생명권을 인정하였다.

(2) 우리 헌법 제10조(인간의 존엄성과 기본적 인권의 보장)는 독일기본법을 참고한 것으로 인간존엄성의 당연한 전제로 인간의 생명권을 규정하며, 이에는 독일연방헌법재판소(Bundesverfassungsgericht)가 말하는 태아의 생명권 또한 포함되어 있다 할 것이다. 즉, 우리 헌법은 제10조에

서 태아의 생명권을 보호하고 있다. 태아의 기본권주체성에 관하여 세계적으로 많은 논의가 있으나 태아는 생물학적으로 산모와 명백히 독립된 생명체이고 따라서 그 자체의 독립된 생명권과 기본권주체성이 인정되어야 하며 국가는 태아의 생명권을 확인하고 보장할 헌법적 의무가 있는 것이다. 또한 헌법적 기본권의 개념은 하위 법령의 개념보다는 더 광범위하고 포괄적인 특성을 가지므로 가능한 한 태아발달단계의 시기를 앞당겨 태아 생명권을 보호하려는 노력들, 예컨대 태아의 생명권 보호의 시기를 수태시로 이해하는 것은 헌법이념에 부합하는 태도일 것이다.

나. 법률의 태아보호

국가의 태아보호에 대한 헌법적 의무는 구체적인 입법에 의하여 실천될 것이나 각 법분야에서의 법 목적이 다르고 태아생명에 대한 위험의 내용과 형태가 다르기 때문에 개개 법률에 따라 보호의 방법과 보호의 정도, 범위 등이 다를 수 있다.

(1) 보호방법

태아 권리를 인정, 부여함으로써 보호하는 방법(헌법), 태아의 권리능력을 인정함으로써 보호하는 방법(민법), 태아에 대한 권리침해를 저지함으로써 보호하는 방법(형법), 권리침해로 인한 피해를 구제함으로써 보호하는 방법(민법, 조정중재법) 등이 있을 것이다.

(2) 보호범위

헌법과, 민법, 형법(헌법재판소 2019. 4. 11. 선고 2017헌바127 전원재판부 결정에 의하여 무효가 되기 전의 자기낙태죄와 촉탁 승낙 낙태죄 및 현행 부동의 낙태죄)는 모든 발달단계의 태아를, 모자보건법령은 임신 24주 이후 단계의 태아를 보호한다.

다. 민법의 보호

(1) 입법주의

태아에게 사법상 권리 의무의 주체가 될 수 있는 권리능력을 부여함으로써 태아를 보호하며, 입법주의는 법률관계 전반에 권리능력을 부여하는 일반적 보호주의(로마법, 스위스 민법), 특별한 법률관계에 한하여 권리능력을 부여하는 개별적 보호주의(독일민법, 프랑스민법, 일본민법, 우리 민법)가 있다.

(2) 일반적 권리능력 부인

제3조(권리능력의 존속기간)는 '사람은 생존한 동안 권리와 의무의 주체가 된다'고 규정한다. 사람의 시기에 관한 다수 견해는 태아의 신체가 전부 노출된 때(전부노출설)이므로 이에 의하면 그 이전의 태아에게는 사법상 권리능력이 인정되지 않는다. 이 조항이 태아의 생명권을 보호하는 헌법에 반하는 것이 아닌가에 대하여 헌법재판소 2008. 7. 31. 선고 2004헌바81 결정은 국가의 기본권 보호의무로부터 태아의 출생 전에, 또한 태아가 살아서 출생할 것인가와는 무관하게, 태아를 위하여 민법상 일반적 권리능력까지도 인정하여야 한다는 헌법적 요청은 도출되지 않는다고 하여 위헌이 아니라고 판단하였다.

(3) 개별적 보호규정

① 제762조(손해배상청구권에 있어서의 태아의 지위) 태아는 손해배상청구권에 관하여는 이미 출생한 것으로 본다. '이미 출생한 것으로 본다'는 의미에 관하여 판례가 취하는 정지조건설(인격소급설)과 해제조건설(제한적 인격설)이 있으며 양자의 차이는 태아가 살아서 출생한 경우 태아인 동안에 권리능력이 인정되는가 여부이며, 해제조건설에 의하면 태아인 동안의 권리능력이 인정되므로 태아시에 태아의 법정대리인이 인정되나 정지조건설의 입장에서는 태아의 법정대리인이 인정되지 않는다. 태아 사산시에는 어느 견해에 의하든 태아의 권리능력이 인정되지 않으

므로 차이가 없다. 이 규정이 국가가 태아의 기본권을 보호할 의무를 위반함으로써 태아의 기본권을 침해하고, 태아가 살아서 출생한 경우에만 손해배상청구권을 인정함으로써 사산한 경우의 태아의 헌법상 기본권, 특히 평등권을 침해하는가에 대하여 헌법재판소 2004헌바81 결정은 입법부작위나 불완전한 입법에 의한 기본권의 침해는 입법자의 보호의무에 대한 명백한 위반이 있는 경우에만 인정될 수 있고, 생명침해에 대한 손해배상청구권이 그 자체로서 태아 생명권의 내용이 된다고 보기 어렵다는 이유로 이 규정을 합헌이라 하였다.

② 제1000조(상속의 순위) 제3항의 '태아는 상속순위에 관하여는 이미 출생한 것으로 본다'고 하고 제1064조(유언과 태아)는 이 조항을 수증자에 준용한다 하여 태아의 권리를 보호한다.

(4) 결

민법이 사법관계에서 태아의 일반적 권리능력을 인정하지 않는다 하더라도 그것이 타 법률에 의한 다른 방법으로 태아의 권리를 보호하는 것을 방해하지는 않는다. 즉 민법 제3조, 제762조는 조정중재법이 태아 사망사건을 자동개시의 대상으로 하는 것을 방해하지 않는다.

라. 형법의 보호

(1) 형법은 수태(수정설 또는 착상설) 후 분만개시 또는 진통시작 이전의 생명체를 낙태죄의 객체인 태아로 보고(분만개시설 또는 진통설) 태아를 자연적 분만기 이전에 강제로 모체 외로 배출하는 행위를 낙태죄로 처벌하였고, 분만개시 이후 전부노출시까지의 분만 중 태아를 살해한 행위를 영아살해죄로 처벌함으로써 수태 후 전부노출 전의 태아의 생명을 보호하였으나 이들 규정에 대한 헌법재판소의 헌법불합치 결정과 국회의 법률폐지로 보호정도에 변동이 생겼다.

제269조(낙태)

① 부녀가 약물 기타 방법으로 낙태한 때에는 1년 이하의 징역 또는 200만원 이하의 벌금에 처한다.

② 부녀의 촉탁 또는 승낙을 받아 낙태하게 한 자도 제1항의 형과 같다.

제270조(의사 등의 낙태, 부동의 낙태)

① 의사 한의사 조산사 약제사 또는 약종상이 부녀의 촉탁 또는 승낙을 받아 낙태하게 한 때에는 2년이하의 징역에 처한다.

2024. 2. 9. 폐지되기 전의 제251조(영아살해)

직계존속이 치욕을 은폐하기 위하거나 양육할 수 없음을 예상하거나 특히 참작할 만한 동기로 인하여 분만 중 또는 분만직후의 영아를 살해한 때에는 10년 이하의 징역에 처한다.

(2) 헌법재판소는 형법 제269조 제1항, 제270조 제1항이 헌법에 위반된다는 헌법소원심판 청구에 대하여 2019. 4. 11. 선고 2017헌바 127 전원재판부 결정으로 제269조 제1항, 제270조 제1항 중 '의사'에 관한 부분은 모두 헌법에 합치하지 아니하며, 이 조항들은 2020. 12. 31.을 시한으로 입법자가 개정할 때까지 계속 적용된다고 하여 헌법불합치결정을 하였으나, 이에 따른 후속 입법이 이루어지지 않아 제269조 제1항과 제270조 제1항 중 '의사' 부분은 무효가 되었다. 그리고 제251조(영아살해)는 2023. 8. 8. 국회에서 폐지의결되었고 2004. 2. 9. 시행함으로써 폐지되었다.

(3) 결

헌법재판소의 결정과 국회의 법률폐지에도 불구하고 형법은 여전히 부동의 낙태, 한의사, 조산사, 약제사, 약종상의 동의낙태를 금지함으로써 수태 후 전부노출시까지의 태아 생명을 보호한다. 그러므로 헌법재판소의 결정과 국회의 법률폐지가 수태 시부터 태아가 모체로부터 전부노출될 때까지 사이에 발생한 태아사망 사건에 대하여도 자동개시하는 것을 방해하지 않는다.

마. 모자보건법의 보호

제14조(인공임신중절수술의 허용한계)
① 의사는 다음 각 호의 어느 하나에 해당되는 경우에만 본인과 배우자(사실상의 혼인관계에 있는 사람을 포함하다)의 동의를 받아 인공임신중절수술을 할 수 있다.
1. 본인이나 배우자가 대통령령으로 정하는 우생학적 또는유전학적 정신장애나 신체질환이 있는 경우
2. 본인이나 배우자가 대통령령으로 정하는 전염성 질환이 있는 경우
3. 강간 또는 준강간에 의하여 임신된 경우
4. 법률상 임신할 수 없는 혈족 또는 인척간에 임신된 경우
5. 임신의 지속이 보건의학적 이유로 모체의 건강을 심각하게 해치고 있거나 해칠 우려가 있는 경우.
시행령 제15조(인공임신중절수술의 허용한계) ① 법14조에 다른 인공임신중절수술은 임신 24주 이내인 사람만 할 수 있다. (종전 '임신 28주 이내'였던 것이 2009. 7. 7. '임신 24주'로 개정되어 태아보호의 범위가 확대됨)

모자보건법령의 취지에 의하면 최소한 임신 24주 이상의 태아사망 사건에 대하여는 자동개시가 가능할 것이다.

바. 의료분쟁조정법의 태아보호

(1) 태아가 자동개시 대상인지 여부

법률 제46조(불가항력 의료사고 보상)
① 조정중재원은 불가항력적으로 발생하였다고 의료사고보상심의위
   원회에서 결정한 분만에 따른 의료사고로 인한 피해를 보상하기 위
   한 사업을 실시한다.
⑤ … 보상의 범위, 보상금의 지급기준 및 절차 등에 관하여 필요한 사
   항은 대통령령으로 정한다.

시행령 제22조(보상의 범위)
의료사고보상사업은 … 분만과정 및 분만이후 분만과 관련된 이상 징
후로 인한 산모의 사망, 분만과정에서의 태아의 사망, 분만이후 분만과
관련된 이상 징후로 인한 신생아의 사망사고를 대상으로 실시한다.

이처럼 시행령 제22조가 법 제27조 제9항의 '사망'의 한 유형으로 산
모의 사망, 태아의 사망, 신생아의 사망을 규정하므로 태아의 사망은 의
료사고로 인한 '사망' 즉 법 제 27조 9항의 '사망'에 해당하므로 태아사망
사건은 자동개시 대상이다.

(2) 자동개시 대상 태아의 범위

태아의 사망이 자동개시 대상이 된다 하더라도 모든 발달단계의 태아
를 자동개시의 대상으로 할 것인지, 어느 단계 이후의 태아를 대상으로
할 것인지는 별도의 고찰이 필요하다.

1) 무제한 대상설(가상)

생명은 절대적 가치를 지니므로 발달정도가 다르다 하여 성장과정의
생명을 차별하여서는 안되며 현행법상 일정한 태아발달단계로 제한할

근거도 없으므로 수태 시부터 분만개시 시 또는 전부노출 시까지의 모든 태아사망 사건에 대하여 자동개시하여야 한다는 견해가 있을 수 있다.

2) 제한적 대상설(가상)

자동개시제도의 취지가 중대한 법익을 침해한 의료사고에 한하여 피신청인의 동의와 무관하게 조정절차를 개시하여 피해를 구제하자는 것이므로 침해법익의 중대성을 고려하여 태아의 자동개시 대상범위를 정하여야 한다는 견해가 있을 수 있다. 생명권은 절대적이지만 태아의 생명권은 발달단계에 따라 경중의 차이가 분명히 있으며 동일한 생명이라는 이유만으로 연속적 발전과정에 있는 모든 생명에 대하여 언제나 동일한 법적 효과를 부여하여야 하는 것은 아니며, 법질서가 생명의 발전과정을 일정한 단계들로 구분하고 그 각 단계의 생명에 대하여 상이한 법적 효과를 부여하는 것이 불가능하지도 않다는 것이다. 따라서 태아의 발달정도, 독자적 생존가능성 등 생물학적 특성을 고려하여 다른 자동개시 사유 즉 산모, 신생아와 같은 사람의 사망, 1개월 이상 의식불명 등에 준하는 정도의 중대성이 인정되는 단계의 태아에 제한하여 자동개시 대상으로 함이 타당하다는 것이다.

- 소견 -

(1) 현행법 해석

적어도 현행법상으로는 의료분쟁조정법상 불가항력 보상 규정(법률 제46조, 동법 시행령 제22조)과 자동개시 규정(동법 제27조 제9항)의 통일적 해석을 위하여서라도 '태아사망' 사건을 자동개시 대상이라고 보아야 하며 그 범위 또한 어느 태아발달 단계에 제한한다는 규정이 없으므로 전 태아발달단계, 즉 수태 시부터 전부노출 시까지 태아의 사망사건이 포함된다 할 것이다. 그러나 수정 직후와 같은 초기 태아의 경우를 자동개시 대상으로 하는 것은 중대한 사건을 자동개시 대상으로 하는 제도 취지에 맞지 않고, 자동개시 시 신청인의 실익 또한 크지 않으며, 피신청인에게 지나친 절차적 부담이 될 수 있고, 수태시기에 대한 다툼이 있을 경우 그 확인이 어려운 등의 문제를 고려하여 입법으로 자동개시 대상인 태아의 범위를 적절히 제한하는 것이 바람직하다.

(2) 태아범위의 제한

자동개시가 가능한 태아의 범위를 정하는 것은 태아의 권리를 제한하는 것이므로 법규로 정하여야 하며 입법 시 아래의 기준들을 참고할 수 있겠다.

① 조정중재원의 불가항력 의료사고 보상 운영규정 제37조의2(태아사망에 대한 보상)는 불가항력 의료사고의 보상 대상으로서의 '사망태아'를 임신 34주, 사산체중 2,000g이상의 경우로 제한하고 있으며, 이는 조정중재원이 피신청인 의사와 무관하게 이 단계의 태아를 보호할 필요성을 인정한 것이라 할 것이므로 이를 기준으로 자동개시 대상을 정함으로써 법운영의 통일을 기할 수 있을 것이다. 그러나 법률의 위임도 없이 조정중재원의 운영규정으로 보호 태아의 범위를 제한하는 것이 적법한지에

대한 의문이 있다.

② 모자보건법상 인공임신중절이 가능한 태아의 재태기간은 임신 24주이며 이는 태아생명권에 대한 직접 침해로부터의 보호이고, 자동개시는 태아사망 후 사후 구제에 관한 것으로 법목적이 동일한 태아보호이므로 임신 24주를 일응의 기준으로 고려할 수 있겠다.

③ WHO가 독립하여 생존가능하다고 보는 태아의 재태기간 임신 22주를 기준으로 고려할 수 있겠다.

④ 임상현실에서는 태아사망을 임신 20주를 기준으로 그 이전의 유산과 그 이후의 사산으로 구분하여 임신 20주 이후의 태아사망에 대하여 사산증명서를 발급하므로 이를 기준으로 자동개시 여부를 정할 수 있겠다.

⑤ 태아는 임신 10주부터 인간의 모습이 뚜렷해지기 시작하고, 임신 10주를 기준으로 이전을 태芽(embryo), 이후를 태兒(fetus)라 하며, '태아사망'의 태아는 후자를 의미하므로 이를 기준으로 할 수 있겠다.

국민의 생각 ?'

당신의 생각은 어떻습니까?

---

5. 의료사고배상책임보험 등 의무가입

1 문제의 소재

현행 「의료사고피해구제및의료분쟁조정등에관한법률」(이하 '의료분쟁
조정법')은 보건의료인단체 및 보건의료기관단체가 의료배상공제조합을
설립 운영할 수 있다고 규정하면서 의사에게 가입을 강제하지 않으며(제
45조), 의료법 또한 의사에게 의료사고배상책임보험가입을 의무화하지
않는다. 따라서 의사는 각자의 사정에 따라 의료배상공제조합에 가입하
거나 민간책임보험에 가입하고 있다. 그러한 이유로 가입률이 저조하여
현행의 제도로서는 의료사고로 인한 환자의 피해를 효율적으로 구제하
지 못하고, 의사의 경제적 부담은 물론 법적 불안을 충분히 해소하지 못
하고 있다.

의료사고를 당한 환자로 하여금 의료인의 경제적인 사정과 관계 없
이 보험금 지급을 통하여 의료사고 피해를 구제받을 수 있도록 하고 의
료사고에 연루된 의사로 하여금 경제적 부담을 줄이고 법적 불안을 해
소함으로써 안정적인 진료환경을 유지하도록 하기 위하여 의료인에게
의료배상공제조합 또는 의료사고배상책임보험(이하 '의료사고배상책임보험
등')은 매우 유용한 제도이다. 그 가입을 의무화하여야 할 것인가의 문제
이다.

2 법률 제45조의 입법 과정

(1) 대한의사협회 정관 규정

1981. 1. 당시 32세 여의사가 진료 중인 환자의 사망, 유가족들과의 갈등, 수사당국의 조사를 견디지 못하고 자살한 사건이 발생하였고 이를 계기로 대한의사협회 내에 의료분쟁으로부터 의사를 보호하기 위한 의사공제회가 설립되었으며, 1990.에는 진료에 종사하는 모든 의사가 의무적으로 공제회에 가입하도록 하는 내용으로 대한의사협회 정관을 개정하였으나 미가입 회원에 대한 제재 규정이 없다는 점에서 실질적인 의무화가 이루어졌다고 보기는 어렵다.

(2) 입법 노력

의료계는 1987.경 정부에 의료사고처리특례법 제정을 입법청원하였으며, 정부는, 1994. 공제조합을 법인으로 설립하고, 조합으로 하여금 책임공제와 종합공제 사업을 운영하도록 하며, 의사 등은 공제조합에 의무가입하도록 하고, 의사 본인의 책임 있는 사유로 가입하지 아니한 때에는 1천만 원 이하의 과태료에 처하도록 하는 내용의 의료분쟁조정 법안을 국회에 제출하였으나 입법에 이르지 못하였다.

(3) 의료분쟁조정법의 제정

그 후 장기간의 논의를 거쳐 2011. 의료분쟁조정법이 제정되면서 법 제45조에 의료배상공제조합의 설립·운영에 관한 규정을 두었으며 이에 근거하여 대한의사협회는 독립된 법인 형태의 의료배상공제조합을 설립하여 배상공제, 상호공제 및 화재종합공제를 운영하고 있으며 그 중 의료사고배상 기능을 담당하는 배상공제는 민간보험회사와 제휴하여 운영하고 있다. 입법 당시 의료배상공제의 형태(책임공제 또는 종합공제),

가입의무화 여부가 논의되었으나 배상책임금을 주된 담보로 하며 의무가입이 아닌 임의가입의 형태로 결정되었다.

법률 제45조(의료배상공제조합의 설립·운영)

① 보건의료인단체 및 보건의료기관단체는 의료사고에 대한 배상을 목적으로 하는 의료배상공제조합(이하 '공제조합')을 보건복지부장관의 인가를 받아 설립·운영할 수 있다.

② 공제조합은 법인으로 한다.

③ 공제조합은 의료사고에 대한 배상금을 지급하는 공제사업을 운영하여야 한다.

④ 보건의료기관개설자는 자신이 소속되어 있는 보건의료인단체 및 보건의료기관단체가 운영하는 공제조합의 조합원으로 가입할 수 있고, 공제조합에 가입한 경우 공제조합이 정하는 공제료를 납부하여야 한다.

⑤ 공제조합의 설립 운영 등에 관하여 필요한 사항은 보건복지부령으로 정한다.

⑥ 공제조합에 관하여 이 법에서 규정된 사항 외에는 민법 중 사단법인에 관한 규정을 준용한다.

한편 2016. 6.부터 시행된 '의료 해외진출 및 외국인환자 유치 지원에 관한 법률'은 제6조(외국인 환자 유치에 대한 등록)에 '외국인 환자를 유치하고자 하는 의료기관은 보건복지부령이 정하는 의료사고배상책임보험 또는 「의료사고피해구제및의료분쟁조정등에관한법률」에 따른 의료사고배상공제조합에 가입하여야 한다'는 규정을 두어 의사의 책임보험 및 공제조합에의 가입을 의무화하고 있다.

3 가입의무화 입법 노력

가. 제20대 국회의 노력

(1) 법률안 제안이유

2018. 대학부속병원에서 발생한 신생아 집단 사망사고를 계기로 의료사고와 관련된 의료기관의 손해배상책임에 대한 국민의 관심이 높아졌고 의료사고배상책임보험 등의 가입을 의무화하는 2개의 법안(2018. 3. 2. 의원제안안, 2018. 6. 29. 의원제안안)이 제20대 국회에 제안되었다. 당시 입법 제안이유는, '의료 해외진출 및 외국인환자 유치 지원에 관한 법률'이 외국인 환자를 유치하려는 의료기관의 외국인환자에 대한 의료사고배상책임보험 가입을 의무화하고 있음에 반하여 내국인 환자를 진료하는 일반 의료기관에 대해서는 의료사고책임보험 등의 가입에 대한 별도의 규정이 없어 의료사고에 대한 의료기관의 책임회피를 방치하고 피해자에 대한 합리적인 배상이 저해되고 있으므로, 모든 의료기관이 의료사고로 인한 손해배상을 위한 의료사고배상책임보험이나 의료배상공제조합에 가입하도록 의무화함으로써 의료사고 피해자의 권익을 보호하고자 함이었다.

(2) 법률안 주요내용

2개 법률안의 주요 내용은, 의료기관 개설자는 의료사고로 인하여 환자가 입은 생명·신체 및 재산상의 손해를 배상할 책임을 보장하기 위하여 대통령령으로 정하는 바에 따라 의료사고배상책임보험이나 「의료사고피해구제및의료분쟁조정등에관한법률」 제45조에 따른 의료배상공제조합에 의무적으로 가입하여야 한다는 규정을 신설하는 것이다. 2018. 6. 29. 제안안이 의무보험 가입 기관을 현행과 동일하게 민간보험회사와 대한의사협회에서 운영하는 의료배상공제조합으로 이원화하여 운영하게 하는 내용인 반면 2018. 3. 2. 제안안은 민간보험회사인 손해보험회사에서만 보험을 판매하게 하는 내용으로 두 개의 법률안이 보험가입

방법이나 가입자, 지급요건 등 세부적인 사항에 있어서 일부 차이를 보이나 제안이유, 주요내용은 대동소이하다.

나. 제21대 국회의 노력

2024. 1. 18. 의원제안안은, 현행「의료사고피해구제및의료분쟁조정등에관한법률」제45조가 보건의료인단체 및 보건의료기관단체의 의료배상공제조합의 설립 운영을 의무사항이 아닌 임의사항으로 규정하고 있고, 보건의료기관개설자의 공제조합에의 가입 또한 의무사항이 아닌 임의사항으로 규정하고 있으며, 그로 인하여 의료기관 등의 의료배상공제조합 가입률이 매우 저조하므로, 제도의 활용도를 높이고 의료사고에 대한 민·형사상 소송의 사회적 비용을 경감시키기 위하여 제45조 제4항에 '보건복지부령으로 정하는 의료사고배상책임보험에 가입하지 아니한 보건의료기관개설자는 해당 공제조합의 조합원으로 가입하여야 한다'는 규정을 신설함으로써 보건의료기관 개설자는 의료배상공제조합과 의료사고배상책임보험 중 어느 하나에 의무적으로 가입하도록 한다는 내용이며, 이는 임기만료로 폐기되었다.

4 가입의무화에 대한 찬성과 반대

가. 찬성

① 의료서비스 이용 수가 늘어나고, 의료사고의 발생 수 및 피해액도 증가하고, 피해정도의 예측이 어려우며, 의료인이나 의료기관의 재정적 능력에 한계가 있다. 이러한 상황에서 의료사고를 당한 의사는 보험금으로 배상금지급을 할 수 있어 재정적 부담을 들고 환자는 의사의 재정적 사정과 무관하게 보험금으로 손해를 배상받을 수 있다.

② 의사가 의료사고배상책임보험 등에 가입 시 환자는 의사가 아닌 보험회사 또는 공제조합을 상대로 직접 배상청구권을 행사하여 다투므

로 의사는 분쟁의 일선에서 물러나 환자와의 직접 다툼을 피할 수 있고, 환자와의 갈등을 최소화할 수 있으며, 진료에 전념할 수 있고, 진료환경이 안정된다.

③ 의료사고배상책임보험 등의 의무가입을 형사특례와 연계하여 제도화할 수 있고 그럴 경우 의료사고에 연루된 의사는 형사책임을 감면받고 안정적인 진료를 할 수 있다.

④ 의료사고배상책임보험 등의 제도는 의사의 경제적 손실보전과 형사책임의 완화 외에도 신속하게 분쟁을 처리하며, 진료환경을 안정시키고, 진료위축을 방지하며, 소신진료를 가능하게 함으로써 의료사고의 위험을 관리하고 예방하는 기능을 수행한다.

⑤ 보험회사는 대형병원을 제외한 중소 의료기관에 대하여는 수익성이 낮아 이들의 의료사고배상책임보험 가입을 반기지 않고 따라서 의무가입제도가 아니면 보험가입을 원하는 중소병원 의사들은 보험제도의 혜택을 받기 어렵다.

⑥ 의료사고에 대한 보상체계가 제대로 갖추어지지 못하여 분쟁이 발생, 확대되고 장기화되며 분쟁비용 또한 증가하므로 의료사고배상책임보험 등의 가입의무화는 의료사고로 인한 의료분쟁의 발생, 심화, 장기화, 비용증가를 막는 데 도움이 된다.

⑦ 환자가 소송이나 조정절차에서는 의사의 과실입증이 어려워 피해구제를 받기 쉽지 않으나 의료사고배상책임보험 등에 의한 보상의 경우에는 엄격한 과실입증 없이 보험회사의 조사결과만으로도 구제받을 수 있다.

⑧ 변호사, 세무사, 회계사, 감정평가사, 계리사, 손해사정사, 보험중개업자 등 다른 전문직 종사자들의 경우 업무 관련 사고에 대한 배상책임보험 가입을 법적으로 강제하고 있는데, 업무 위험성과 피해구제의 필요성이 더 큰 의료사고의 경우 의료사고배상책임보험 등의 가입은 더욱 필요하다.

⑨ 의료사고배상책임보험 등의 가입을 의무화하고 책임보험의 대상을 급여진료로 제한하여 운영한다면 비보험, 비급여 진료행위의 오남용을 간접적으로 막는 정책적 효과가 있다.

⑩ 모든 의사가 의료사고배상책임보험에 가입하면 보험료 부담이 증가하는 것이 아니라 각 개인이 부담하는 보험료 부담은 오히려 감소한다.

⑪ 모든 의사로 하여금 의사사고배상책임보험에 가입하게 함으로써 의사신분의 안정, 회원편의 제공은 물론 의사조직의 역량을 강화하고 조직 구성원들의 결속을 도모하는 효과가 있다.

⑫ '의료해외진출 및 외국인환자유치지원에 관한 법률'에 의하여 외국인환자 유치 의료기관에 의료사고배상책임보험 등의 가입을 의무화하는데 내국인 환자에 관하여도 의사의 가입을 의무화하는 것이 형평에 맞다.

⑬ 프랑스, 핀란드, 덴마크, 스웨덴, 체코, 헝가리, 스페인, 일본, 독일, 스웨덴, 영국, 미국(뉴욕, 캘리포니아, 펜실베니아, 인디애나 등) 등 주요 선진국들도 현재 법령으로 또는 실무적으로 의료사고 배상책임보험 가입을 의무화하고 있다.

나. 반대

① 의료사고로 인한 분쟁은 사적 자치의 영역인데 의료사고배상책임 보험 등의 가입을 통한 분쟁해결을 법률로 강제하는 것은 사적 자치에 반한다.

② 의료기관이나 의료인들은 충분한 경제력이 있기 때문에 환자에게 발생한 손해를 배상함에 어려움이 없고 따라서 의료사고배상책임보험 등에의 가입을 의무화할 필요가 없다.

③ 의료사고배상책임보험의 의무가입은 영리를 추구하는 민간보험사 의 공익적 운영을 담보할 수 없고 보험상품별로 지급한도액이 설정되어 있어 환자의 피해가 충분히 보상되지 못하는 한계가 있다.

④ 의료기관의 경제적 부담을 완화하고 환자에 대한 피해보상을 원활 하게 할 목적으로 의료조정중재원에서 손해배상금 대불제도를 시행하 고 있는데 같은 목적의 의료사고배상책임보험 등에의 가입을 강제하는 것은 옥상가옥이다.

⑤ 현재 모든 의료기관에게 손해배상금 대불에 필요한 분담금을 부과 하고 있는 상황에서 의료사고배상책임보험 등의 보험료를 추가 부담시 키는 것은 의사에게 과도한 부담이다.

⑥ 의사의 보험료 증가는 결국 환자의 의료비상승을 초래하고 의료영 역에서의 사회 전체의 비용을 상승시킨다.

⑦ 민간보험회사의 판단에 의하여 의료사고와 관련한 과실유무 판단, 손해액 산정 등이 결정될 우려가 있으며 이는 공정성이나 보상액의 적 정성 등과 관련하여 환자와 보험회사간, 구상권 행사와 관련하여 보험 회사와 의사간의 2차 분쟁을 야기한다.

⑧ 민간보험회사와 의료배상공제조합 등 이해관계기관들 상호간에 과당경쟁 및 그로 인한 분쟁이 생길 수 있다.

다. 절충

① 의료기관의 의료사고배상책임보험 등의 가입을 의무화하기 위하여는 의료사고배상책임보험제도와 실질적으로 중복되는 제도인 손해배상금 대불제도를 폐지하고, 의료기관이 부담하는 책임보험료에 상응하는 위험수가를 의료수가에 반영시켜야 한다.

② 대한의사협회가 의료배상공제사업을 시행하고 있으나 의료기관의 가입률이 저조한 이유는 가입으로 인한 형사책임 감면규정이 없어 책임보험으로서의 실효성이 떨어지기 때문이므로 의료사고배상책임보험 등에 가입한 의사에 대한 형사특례제도를 두어야 한다.

③ 의료기관의 의료배상공제조합 가입률이 저조한 또 하나의 이유는 보험금만으로 고액의 환자 피해 배상금을 효과적으로 해결할 수 없기 때문이므로 가입을 의무화하기 이전에 제도의 실효성 보장하기 위하여 적정한 보험상품을 개발하고, 각 의료 전문과별 특성에 따라 적절한 보험료를 산정하고, 의료사고 위험을 실제 담보할 수 있는 자기부담금과 보상한도액을 설정하는 등 체계적이고 구체적인 연구가 선행되어야 한다.

5 외국입법례

(1) 일본

① 일본의 의사배상책임보험제도는 의사가 의사회에 가입함과 동시에 자동 가입되는 일본의사회(JMA, Japan Medical Association)의 의사배상책임보험과 의사, 의료종사자, 법인 등이 임의로 가입하는 손해배상보험회사의 의사배상책임보험의 두 가지로 구분되며, 주류를 이루는 것은

JMA의 의사배상책임보험이다. JMA는 회원을 피보험자로 하여 다수의 민간보험회사로 구성된 컨소시엄과 단체 보험계약을 맺으며, 이에 가입할 수 없거나 가입에 제외되는 의사는 지방 의사회나 각종 학회가 체결하는 단체보험에 가입하거나 개별적으로 손해보험회사의 의료배상보험에 임의 가입한다.

② JMA는 의사배상책임심사회를 설치하여 의료과실 여부를 객관적이고 공정하게 판정하고 환자와 의사 양 당사자의 피해를 적극적으로 구제함으로써 70%가량의 의료분쟁이 제소 전 단계에서 화해로 종결될 정도로 의사배상책임보험이 활성화되어 있다.

(2) 미국

① 미국에서는 1920년대 들어 의사에 대한 의료사고 손해배상청구소송이 증가하면서 의사배상책임보험제도가 등장하였고 일부 주에서 의사배상책임보험 가입을 법령으로 의무화하고 있다. 의료배상금액이 매우 커서 의료사고 한 번으로 병원이 파산할 위험성이 있기 때문에 보험가입이 법률로 의무화되어 있지 않은 주에서도 많은 병원들이 자발적으로 의료배상책임보험에 가입한다.

② 한편, 미국은 1970년대부터 환자보상기금(PCF, Patient Compensation Fund)을 도입하고 주 정부에 따라 의료종사자에게 강제 또는 임의 가입하도록 하고 있다. PCF는 의료종사자의 손해배상금액이 의료배상책임보험의 보험가입금액 혹은 자가보험금을 초과할 경우 그 초과분을 주 정부가 부담해 주는 제도로, 최후의 보험자 역할을 수행한다.

(3) 영국

① 영국은 보건의료체계를 국가 책임 하에 두는 국가보건서비스(NHS, National Health System) 체계로, NHS가 소속 의료기관 및 의료종사자의 의료사고에 따른 배상책임을 전적으로 책임진다. 대부분의 의사들이

NHS 소속이며, 의료사고가 발생할 경우 NHS 산하의 특별보건당국인 NHSLA(NHS Litigation Authority)가 환자의 피해를 배상하므로 별도로 의료사고배상책임보험에 가입할 필요는 적다. NHS는 소송 전 화해를 통하여 피해를 구제할 목적으로 1995.부터 참여 의료기관의 공제회비로 의료과오 기금을 조성하여 이로써 의료배상 청구건 중 90% 이상을 소송 외에서 해결한다.

② NHS에 속하지 않는 의사들의 사적 의료영역에서의 의료분쟁 해결을 위하여 우리나라 대한의사협회의 의료배상공제조합과 유사한 의사방어조직 MDO(Medical Defence Organization)는 민간보험회사와 협력 혹은 경쟁적으로 책임보험을 판매하고, 소송 이외의 방법으로 의료분쟁을 해결하기 위하여 노력하며 가입의사의 가입비로 재원을 충당한다.

③ 이처럼 영국은 정부(NHS)와 의사방어조직(MDO)이 공, 사 의료영역에 따라 의료분쟁 해결을 위한 역할을 분담하고 있다.

(4) 독일

2013. 환자권리법 개정안 마련 시 독일 연방의사법에 의사의 배상책임보험 가입을 의무화하는 규정을 도입한 독일은 연방법 이외 주별로 의사법이 별도로 제정되어 있는데, 공통적으로 의원급은 의무적으로 의료사고배상책임보험에 가입하도록 하고, 병원은 선택적으로 가입하도록 한다. 이는 병원의 경우 의료사고 발생시 자체적인 배상자력이 있다고 보기 때문인 것으로 보인다.

(5) 스웨덴

① 스웨덴의 경우, 대부분의 병원, 의사는 물론, 의료사고배상보험회사도 주 정부의 소속으로 정부가 의료사고와 관련한 분쟁을 해결하고, 의료사고로 인한 환자의 피해를 구제하기 위하여 그 소유로 상호보험회사 형태인 의료사고배상보험회사를 운영한다. 의료사고배상보험회사는

공공 보건의료서비스 제공자들뿐만 아니라 모든 민간 영역의 의료서비스 제공자들과 보험계약을 체결하고, 의료사고에 대하여 적정한 보험금을 지급한다.

② 의사사고배상책임보험은 의료사고에 있어 의료인의 실수나 부주의에 관계없이 보험금이 지급되는 일종의 무과실(no fault)보험의 형태로 운영되고 있고 의료과오를 범한 의료인에 대한 구상권 행사는 국가기관(Medical Responsibility Board)이 담당한다.

(6) 기타

이외 프랑스, 핀란드, 체코, 헝가리, 스페인 등이 법률에 의하여 의사의 의료사고배상책임보험 가입을 의무화하거나 실무적으로 의무가입제도로 운영하고 있다.

- 소견 -

(1) 의무가입의 제도화 필요

점차 의료사고가 늘 뿐만 아니라 그로 인한 환자의 피해 정도와 그에 대한 의사의 위험부담 또한 크게 증가하고 있으며, 그로 인하여 의사들이 의료사고 위험이 높은 필수의료를 기피하는 현실에서 의료사고배상책임보험제도 등에의 의무가입제도는 환자와 의사 모두에게 유익하고 필요한 제도이다. 의료분쟁조정법의 개정으로 의료계가 의무가입제도화의 전제로 주장해 오던 불가항력 의료사고 보상재원의 전부 국가부담도 2023. 12.부터 시행되고 있으므로, 이제 의료계를 비롯한 반대 측의 우려도 해소할 방법을 찾을 수 있을 것이다. 가입의무를 제도화할 경우 이와 관련된 제도인 의료분쟁조정법상의 대불제도, 형사특례제도를 의료사고배상책임보험 또는 의료배상공제조합 가입과 연계하여 어떻게 구성할 것인지를 연구할 만하다.

(2) 의무가입의 기준

의료사고배상책임보험, 의료배상공제조합에의 가입의무를 어떤 내용으로 구성할 것인지, 지금까지 논의된 아래 방법들이 참고가 될 수 있겠다.

① 의료사고 발생빈도를 기준으로 하여 의무가입 여부를 결정한다. 즉, 사고가 빈번하게 발생하고 발생 위험성이 높은 진료과목 예컨대, 산부인과, 정형외과 등 의료사고 발생이 잦은 진료과목을 의무가입 대상으로 한다.

② 의료사고 피해 및 책임의 정도를 기준으로 하여 의무가입 여부를 결정한다. 즉, 고난이도, 고위험도를 가진 중증질환, 예컨대 산과 분만, 신경외과의 뇌질환, 심장혈관흉부외과 질환 등을 치료하는 병원급 이상

의 의료기관에 대해 의료사고배상책임보험 등의 가입을 의무화한다.

③ 의료기관의 배상자력을 기준으로 하여 의무가입 여부를 결정한다. 즉, 상대적으로 자력이 없는 의원급은 의료사고배상책임보험 등에 의무적으로 가입하게 하고, 자력이 있는 종합병원 이상의 의료기관은 선택적으로 가입하도록 한다.

④ 의료인으로 하여금 의무적으로 의료배상공제조합의 책임보험에 가입하게 하고, 책임보험금을 초과하는 보장에 대하여는 자율적으로 의료배상공제조합의 종합보험에 가입하게 한다.

⑤ 민간보험의 책임보험과 종합보험 중 책임보험은 의무적으로 가입하게 하고, 종합보험은 자율적으로 가입하게 한다.

국민의 생각 ?ˀ

당신의 생각은 어떻습니까?

---

6. 의료사고 불가항력보상제도

1 문제의 소재

2011. 4. 7. 「의료사고피해구제및의료분쟁조정등에관한법률」이 제정 되면서 제46조(불가항력 의료사고 보상)에 산부인과 분만사고에 대한 불가 항력 피해보상제도가 도입되었다. 그 후 이 제도와 관련하여 어떤 문제 가 있었고, 어떤 변화가 있었는지, 현재의 관심사는 무엇인지, 이 제도를 타 필수의료에 확대하여 적용할 것인지 등의 문제들을 살펴본다.

2 산부인과 분만사고 불가항력 피해보상제도

가. 제도의 취지

모성사망 신생아사망 뇌성마비의 발생 등 산과에서의 분만 그 자체 의 위험성이 타 의료행위에 비하여 높고 중하며, 산모의 고령화와 생활 습관의 복잡화 고위험산모의 증가, 산부인과 전문의 감소, 전공의 지원 감소 및 의사의 분만기피현상과 의사의 고령화 등으로 그 위험성은 더 욱 높아지고 있다. 또한 분만과정에 발생한 사고가 보건의료인의 과실 로 인한 것인지 여부를 확인하기 어려워 피해구제가 용이하지 않고, 출산율 저하와 그로 인한 인구감소문제는 개인적 차원을 넘어 국가적 차원의 문제라는 등의 이유로 사고로 인한 손해를 당사자에게만 부담시키지 않고 국가가 분담하는 것이 사회복지국가의 헌법 이념에 부합한다. 즉, 최소한의 피해구제, 진료환경의 안정, 출산율의 제고, 사회복지국가의 이념이 이 제도의 취지이다. 일본과 대만 등이 유사한 산과무과실 보상제도를 두고 있으나 보상대상과 보상금액에 있어 차이를 보인다.

나. 제정 당시 법령의 내용

(1) 법률 제46조

제46조(불가항력 의료사고 보상)

① 조정중재원은 보건의료인이 충분한 주의의무를 다하였음에도 불구하고 불가항력적으로 발생하였다고 의료사고보상심의위원회에서 결정한 분만에 따른 의료사고로 인한 피해를 보상하기 위한 사업(의료사고 보상사업)을 실시한다.

② 보건복지부장관은 제1항에 따른 의료사고 보상사업에 드는 비용의 일부를 예산의 범위에서 지원할 수 있다.

③ 한국의료분쟁조정중재원(조정중재원)은 제1항에 따른 의료사고 보상사업에 드는 비용의 일부를 보건의료기관개설자 등 대통령령으로 정하는 자에게 분담하게 할 수 있다.

④ 제1항에 따른 의료사고보상심의위원회의 구성 및 운영, 제3항에 따른 보건의료기관개설자의 범위, 보상재원의 분담비율, 보상의 범위, 보상금의 지급기준 및 절차 등에 관하여 필요한 사항은 대통령령으로 정한다.

(2) 시행령(2012. 4. 6. 제정)

제21조(보상재원의 분담비율 등) ① 법 제46조 제1항에 따른 의료사고 보상사업에 드는 비용은 다음 각 호의 구분에 따라 부담한다.
1. 국가: 100분의 70
2. 보건의료기관개설자 중 분만 실적이 있는 자: 100분의 30

제22조(보상의 범위) 법 제46조 제1항에 따른 의료사고 보상사업은 다음 각 호의 사고를 대상으로 실시한다.
1. 분만 과정에서 생긴 뇌성마비
2. 분만 과정에서의 산모 또는 신생아의 사망

제23조(보상금의 지급기준) 의료 사고 보상사업에 따른 보상금은 3천 만원의 범위에서 뇌성마비의 정도 등을 고려하여 보상심의위원회에서 정한다.

다. 법령의 개정

(1) 법률 제46조 제4항의 신설(2018. 12. 11.)

보건의료기관 개설자의 보상비용 분담을 보장하여 피해자의 구제를 두텁게 하기 위하여 법률 제46조 제4항 '보건의료기관개설자 등이 비용을 분담하는 경우 그 비용은 국민건강보험법 제47조(요양급여비용의 청구와 지급등) 제3항에도 불구하고 대통령령으로 정하는 바에 따라 국민건강보험공단이 요양기관에 지급하여야 할 요양급여비용의 일부를 조정중재원에 지급하는 방법으로 할 수 있다. 이 경우 국민건강보험공단은 요양기관에 지급하여야 할 요양급여비용의 일부를 지급하지 아니하고 이를 조정중재원에 지급하여야 한다'라는 규정이 신설되었다.

(2) 시행령 제22조 개정(2015. 6. 15., 2023. 12. 5.)

제22조(보상의 범위) 의료사고의 보상사업은 다음 각 호의 사고를 대상으로 실시한다.

1. 분만과정에서 생긴 신생아의 뇌성마비 또는 분만 이후 분만과 관련된 이상 징후로 인한 신생아의 뇌성마비
2. 분만과정에서 생긴 산모의 사망 또는 분만 이후 분만과 관련된 이상 징후로 인한 산모의 사망
3. 분만과정에서의 태아의 사망 또는 분만 이후 분만과 관련된 이상 징후로 인한 신생아의 사망.

3 법률 제46조 등의 위헌논란

가. 헌법재판소 2014. 3. 27. 선고 2012헌마590 결정

(1) 사건개요

산부인과를 진료과목으로 하여 의원 또는 병원을 개설한 청구인들이 법률 제46조 제3항, 제4항 및 같은 법 시행령 제21조가 자신들의 재산권, 평등권 등을 침해하여 위헌이라고 주장하면서 헌법재판소에 이들 조항에 대한 헌법소원 심판청구를 하였다.

(2) 심판대상 조항

법률 제46조(불가항력의료사고 보상) 중,
③ 조정중재원은 제1항에 따른 의료사고 보상사업에 드는 비용의 일부를 보건의료기관개설자 등 대통령령으로 정하는 자에게 분담하게 할 수 있다.

④ … 제3항에 따른 보건의료기관개설자의 범위, 보상재원의 분담비율, 보상의 범위, 보상금의 지급기준 및 절차 등에 관하여 필요한 사항은 대통령령으로 정한다.

시행령 제21조(보상재원의 분담비율 등) ① 법 제46조 제1항에 따른 의료사고 보상사업에 드는 비용은 다음 각 호의 구분에 따라 부담한다.
1. 국가: 100분의 70
2. 보건의료기관개설자 중 분만 실적이 있는 자: 100분의 30

(3) 판단

법률 또는 법률조항 자체가 헌법소원의 대상이 될 수 있으려면 그 법률 또는 법률조항에 의하여 구체적인 집행행위를 기다리지 아니하고 직접, 현재 자기의 기본권을 침해받아야 하는 기본권 침해의 직접성이 있어야 하는데 이 사건의 경우 청구인들이 구체적인 액수의 분담금을 납부할 의무를 지는 것은 조정중재원장의 분담금 부과행위에 의한 것이고, 직접 심판대상 법령조항들에 의하는 것이 아니므로 법령조항에 의한 기본권 침해의 직접성이 없고, 또한 조정중재원장의 분담금 부과행위는 행정처분으로서 구체적인 분담액의 적정성을 항고소송으로 다툴 수 있으므로 부과행위에 대한 구제절차가 없지도 아니하다는 이유로, 헌법재판소는 청구인들의 심판청구를 부적법 각하하였다.

나. 헌법재판소 2018. 4. 26. 선고 2015헌가13 결정

(1) 사건개요

조정중재원장은 불가항력보상사업의 재원을 마련하기 위해 2014. 11. 11. 제청신청인들에게 분담금 부과처분을 하였고, 제청신청인들은 2014. 12. 12. 조정중재원장을 상대로 서울행정법원에 그 처분의 취소를 구하는 소를 제기하고 그 소송 계속 중 법률 제46조 제3항 및 제4항에 대해 서울행정법원에 위헌법률심판 제청신청을 하였으며 서울행정법원은 2015. 3. 24. 헌법재판소에 이 사건 위헌법률심판을 제청하였다.

(2) 심판대상조문

제청법원이 「의료사고피해구제및의료분쟁조정등에관한법률」 제46조 제3항 및 제4항 전체에 대하여 위헌법률심판을 제정하였으나, 헌법재판소는 제46조 제4항 중 당해 사건과 관련된 것은 '제3항에 따른 보건의료기관개설자의 범위, 보상재원의 분담비율' 부분이므로 심판대상을 이 부분으로 한정하였다.

법률 제46조(불가항력의료사고 보상)

④ 제1항에 따른 의료사고보상심의위원회의 구성 및 운영, 제3항에 따른 보건의료기관개설자의 범위, 보상재원의 분담비율, 보상의 범위, 보상금의 지급기준 및 절차 등에 관하여 필요한 사항은 대통령령으로 정한다.

(3) 판단

① 주문

「의료사고피해구제및의료분쟁조정등에관한법률」(2011. 4. 7. 법률 제10566호로 제정된 것) 제46조 제3항 및 제4항 중 '제3항에 따른 보건의료기관개설자의 범위, 보상재원의 분담비율' 부분은 헌법에 위반되지 아니한다.

② 다수의견

보상의 전제가 되는 의료사고에 관한 사항들은 의학의 발전 수준 등에 따라 변할 수 있으므로, 분담금 납부의무자의 범위와 보상재원의 분담비율을 반드시 법률에서 정해야 한다고 보기는 어렵고 따라서 심판대상조항은 법률유보원칙에 위반되지 않는다. 피해 보상사업에 필요한 재원을 누구에게 부담시킬 것인지는 분만 의료의 환경, 의료기술 수준 등에 따라 달라지므로 위임의 필요성이 있고, 이 사건 보상사업에 필요한 재원은 무과실 분만 의료사고의 발생 건수, 보상 청구 현황 등에 따라 달라지므로 보상재원의 분담비율 결정에 대해서도 위임의 필요성이 인정되며, 의료분쟁조정법의 문언과 이 사건 보상사업의 목적을 종합해 보면, 심판대상조항이 대통령령에 위임하고 있는 분담금 납부의무자의 범위에 분만 실적이 있는 보건의료기관개설자가 포함될 것이라는 점을 예측할 수 있고, 분만 실적 있는 보건의료기관개설자는 요양급여비용을 받고 분만에 수반되는 위험을 관리하며 보상금 지급으로 조성되는 안정적인 진료환경을 누리므로 과실 없이 발생한 분만 의료사고와 밀접한 관련성을 가지며, 이 사건 보상사업은 무과실 분만 의료사고 피해를 보상하기 위한 것으로서, 그 성격상 보건의료기관개설자들이 부담하는 분담금이 많을 것으로 보이지 아니하고, 따라서 입법자는 이 사건 보상사업에 드는 비용을 분담시킴에 있어 폭넓은 재량을 가지므로 분담비율을 정하는 기준이나 분담비율의 상한 등을 구체적으로 정하여 위임하지 않았더라도 보상재원의 분담비율에 대한 예측가능성이 없다고 보기 어렵다. 그러므로 심판대상조항은 포괄위임금지원칙에 위반되지 않는다.

③ 법 제46조 제4항 중 '보상재원의 분담비율' 부분에 대한 반대의견

이 사건 보상사업은 분만 의료사고라는 사회적 위험에 대해 사회 전체가 대처할 필요성 때문에 도입된 것이며, 따라서 그 비용 전부를 보건의료기관개설자에게 부담시켜서는 안 되고, 사회적 손실의 공평한 부담이라는 측면에서 국가와 보건의료기관개설자 사이에서 적정한 분담이 이루어져야 한다. 보건의료기관개설자는 과실책임이 없음에도 이 사건 보상사업과 관련성이 있다는 사유만으로 특별한 부담금 납부의무를 부과받고 있으므로 보상재원 분담비율은 그의 재산권 제한에 관하여 매우 중요한 의미를 가지며 그러므로 보상재원 분담비율에 관련한 세부적 사항을 위임하기 위해서는, 법률에서 적어도 분담비율을 정하는 기준이나 분담비율의 상한을 정해 두어야 한다. 그럼에도 의료분쟁조정법 제46조 제4항은 이에 대해서 전혀 규정하지 아니하였고, 의료분쟁조정법의 전

반적인 체계 등을 살펴보더라도 분담비율에 관하여 대통령령에 규정될 내용의 대강을 예측할 수 없으며, 이 사건 보상사업에 따른 보상의 범위, 보상금의 지급 기준 역시 대통령령으로 정해지므로, 법률 규정 내용만으로는 보상금의 액수나 필요한 보상재원 총액을 가늠하기도 어렵다. 따라서 의료분쟁조정법 제46조 제4항 중 '보상재원의 분담비율' 부분은 포괄위임금지원칙에 반하여 헌법에 위반된다.

다. 헌법재판소 2018. 10. 23. 선고 2018헌바396 결정

(1) 사건개요

청구인은 산부인과전문병원을 개설하여 운영하고 있는 의료기관의 대표자로 한국의료분쟁조정중재원은 2014. 11. 14.경 의료분쟁조정법 제46조 제3항에 근거하여 청구인에게 '불가항력의료사고 보상제도'의 재원 마련을 위한 2014년의 분담금 2,411,270원을 납부할 것을 고지하였고, 2016. 10. 27.경에는 2016년의 분담금 3,889,140원을 납부할 것을 고지하였으며 청구인이 위 분담금을 납부하지 아니하자 2017. 8. 2. 서울중앙지방법원에 청구인을 상대로 위 2014년 및 2016년의 분담금의 지급을 구하는 지급명령을 신청하였고, 청구인이 2017. 8. 9. 지급명령을 송달받고 2017. 8. 21. 이의신청서를 법원에 제출하여 위 지급명령 사건은 소송으로 이행되었고, 법원은 2018. 8. 17. 한국의료분쟁조정중재원의 청구를 인용하는 판결을 선고하였고, 위 판결은 2018. 9. 18. 확정되었다.

청구인은 위 재판 계속 중 의료분쟁조정법 제46조 제3항 및 제4항 중 "제3항에 따른 보건의료기관 개설자의 범위, 보상재원의 분담비율" 부분에 대하여 위헌제청신청을 하였으나 2018. 8. 17. 법원이 신청을 기각하자 2018. 10. 4. 헌법재판소에 위 각 조항의 위헌 확인을 구하는 헌법소원심판을 청구하였다.

(2) 판단

헌법재판소법 제68조 제2항의 헌법소원심판청구가 적법하려면 당해 사건에 적용될 법률이 헌법에 위반되는지 여부가 재판의 전제가 되어야 하며, 여기에서 법률의 위헌 여부가 재판의 전제가 된다는 것은 그 법률이 당해 사건에 적용되고, 그 위헌 여부에 따라 재판의 주문이 달라지거나 재판의 내용과 효력에 관한 법률적 의미가 달라지는 것을 말하는데 이 사건의 경우 설령 분담금 부과처분의 근거 법률이 위헌으로 결정된다고 하더라도 특별한 사정이 없는 한 그러한 하자는 행정처분의 취소사유일 뿐 당연 무효 사유는 아니어서 당해 사건 법원은 위 각 분담금 부과처분의 효력 및 그에 따른 한국의료분쟁조정중재원의 청구인에 대한 분담금 지급 청구권을 부인할 수 없다. 따라서 심판대상조항의 위헌 여부에 따라 당해 사건 재판의 주문이 달라지거나 재판의 내용과 효력에 관한 법률적 의미가 달라진다고 볼 수 없으므로, 이 사건 심판청구는 재판의 전제성이 없어 부적법하다.

4 제46조 관련 법령 개정

가. 개정과정

불가항력 분만사고에 대한 보상사업 비용의 일부를 보건의료기관개설자에게 부담할 수 있게 하는 규정이 논란이 되자 국회에서 이의 개정을 위하여 2020. 7. 21. 의원제안안, 2022. 5. 23. 의원제안안이 제출되었으며 이들 제안안이 반영되어 국가가 재원부담을 100% 부담하는 내용의 법률개정안이 가결되어 2023. 6. 13. 법률 개정, 2023. 12. 13.부터 시행되고 있다.

나. 개정이유

개정 전 법령이 불가항력적 의료사고에 대한 보상재원의 30%를 보건의료기관개설자 중 분만 실적이 있는 자에게 분담시킨 것은 민법상 일반법원칙인 과실책임원칙에 반하고, 의료기관의 재산권을 침해하며, 직전 연도에 분만 실적이 있는 의료기관의 개설자에 한하여 비용을 분담하도록 하는 것은 분만 포기 현상과 산부인과 전공 기피 현상을 가중시키고, 당사자를 공평하게 대하여야 한다는 분쟁해결 절차의 공정성을 해치고, 무과실책임을 인정함으로서 결과의 적정성에 반하며, 의료기관의 자발적 협조를 저해하여 제도운영의 장애가 되는 등 법률적, 정책적 문제가 있으므로 개정할 필요가 있다. 이에 보건의료기관개설자 중 분만 실적이 있는 자에게 비용을 분담시키는 규정을 삭제하고 그 비용 전액을 국가가 부담하도록 하고자 함이다.

다. 개정내용

(1) 법률 제46조 부분

① 제2항 '보건복지부장관은 제1항에 따른 의료사고 보상사업에 드는 비용의 일부를 예산의 범위에서 지원할 수 있다'를 '보건복지부장관은 의료사고 보상사업에 드는 비용을 부담하여야 한다'로 개정하여 보건복지부장관을 보상재원의 부담주체로 명시하였다.

② 제3항, 제4항 삭제

의료사고 보상사업에 드는 비용의 일부를 보건의료기관개설자 등에게 분담하는 것을 전제로 한 규정이므로 삭제하였다.

③ 제5항 '제1항에 따른 의료사고보상심의위원회의 구성 및 운영, 제3항에 따른 보건의료기관개설자의 범위, 보상재원의 분담비율, 보상의 범위, 보상금의 지급기준 및 절차 등에 관하여 필요한 사항은 대통령령으로 정한다'를 '제1항에 따른 의료사고보상심의위원회의 구성 및 운영 보상의 범위, 보상금의 지급기준 및 절차 등에 관하여 필요한 사항은 대통

령령으로 정한다'로 고친다.

(2) 법률 제46조의2 부분

법률 제46조의2 중 '…산정, 부과, 징수…'를 '…산정…'으로 개정한다.

(3) 시행령 개정(전면개정 2023. 12. 5.)

종전의 시행령 제21조(보상재원의 분담비율 등)의 조항을 삭제하고, 새로이 제21조(보상재원의 관리 운영) '조정중재원은 법 제 46조 제1항에 따른 의료사고 보상사업에 드는 비용을 일반예산과는 독립된 계정으로 관리 운영해야 한다'는 규정을 두었다.

5 보상절차 등

(1) 보상절차

피해자가 보건의료인의 과실로 분만사고가 발생하였다고 주장하며 조정중재원에 조정신청한 사건에 대하여 조정중재원의 감정부가 보건의료인의 과실이 인정되지 않는다는 취지의 감정서를 제출하고 조정부가 보상심의위원회의 심의 대상이 될 것으로 판단하는 경우에는 피해자는 산부인과 전문의 2명, 소아청소년과 전문의 2명, 조정위원회 조정위원 2명, 감정단의 감정위원 2명, 비영리민간단체에서 추천하는 사람 1명 등 9명으로 구성된 의료사고보상심의위원회에서에 보상을 청구할 수있고, 보상심의위원회는 피해자의 보상청구에 대하여 법정 절차에 따라 보상여부, 보상금액을 결정한다(시행령 제18조, 제23조, 제24조 참조).

(2) 보상범위, 보상기준

의료사고 보상사업에 따른 보상금은 3천만원의 범위에서 뇌성마비의 정도 등을 고려하여 보상심의위원회에서 정한다(시행령 제23조).

6 타 전문과로의 확대

가. 제21대 국회 2023. 7. 27. 의원제안안(임기만료폐기)

(1) 제안이유

의료진들이 소아과 기피 현상으로 인하여 소아과 의료인이 부족하고 대형병원 소아 진료가 중단되며, 소아과 오픈런 현상이 발생하는 등 소아의료 붕괴가 현실화되고 있다. 의료인들이 소아과 전공을 기피하는 이유 중 하나가 의료사고에 대한 부담 때문이며 이에 불가항력 의료사고로 인한 피해 보상의 대상을 소아 진료 중 발생한 중대한 의료사고로까지 확대함으로써, 소아를 진료하는 의료기관의 부담을 줄이고 소아 양육 및 소아의료에 대한 국가 책임을 강화하고자 법률 제46조 제1항의 개정을 제안하였다. 소아 진료에서 발생한 불가항력적인 의료사고로부터 두터운 국가안전망을 구축해 환자·보호자와 의료인이 서로를 신뢰하며 치료를 받을 수 있는 의료환경을 만들어야 하며 점차 불가항력보상제도를 필수의료 분야 전반으로 확대하여 필수의료 붕괴 요인을 해소해 나가고자 함이다.

(2) 개정안 내용

의료사고 피해구제 및 의료분쟁 조정 등에 관한 법률 제46조(불가항력 의료사고 보상) 제1항 중 '분만에 따른 의료사고'를 '분만에 따른 의료사고 및 소아진료 중 발생한 중대한 의료사고'로 개정한다는 내용이다.

나. 그 외 필수진료과로의 확대 문제

(1) 심장혈관 흉부외과

이 분야는 환자의 생명과 직결되는 분야로 의사에게 고도의 전문지식 및 기술을 요하며, 의료사고의 위험성이 크고, 사고 발생 시 피해가 중하여 환자와 의사간 분쟁 발생 위험성과 진료의사의 법적 위험이 큰 분야이다. 그러한 이유로 점차 전공 지원자가 줄고 퇴출자가 증가하며, 환자의 입장에서도 의료사고 발생 시 의료과실을 입증하는 것이 어려워 의사와의 분쟁을 원만하게 해결하기 어렵다. 그러므로 심장혈관 흉부외과에 불가항력 보상제도를 적용하자는 주장이 나올 수 있다.

(2) 두부 신경외과

특히 두부 신경외과는 심장혈관흉부외과 못지않게 환자의 질환이 중대하고, 수술 등 의료행위의 사고 위험성이 높으며, 사고 시 피해 또한 중대하여 의사가 민, 형사상의 책임을 질 우려가 높은 분야이다. 최근 대형 병원의 간호사가 뇌출혈이 발생하였음에도 병원에 의사가 없어 수술을 받지 못하고 사망한 사건은 의사들이 이 분야를 얼마나 기피하는지를 짐작하게 한다. 두부 수술을 받은 환자의 불가항력적 피해를 국가가 보상함으로써 의사의 법적 부담을 완화하여 필수의료 위기를 극복하자는 주장이 가능하겠다.

- 소견 -

(1) 타 전공과로의 확대 문제

소아과로의 확대 주장의 주된 이유는 소아청소년과와 관련된 의료사고와 관련하여 의료과실이 인정될 경우 의사가 고액의 배상액을 부담하여야 하기 때문인데 그러나 이러한 경우는 아예 불가항력 보상제도를 적용할 수 없으며, 소아과진료의 진료가 타 진료과의 진료에 비하여 특별히 위험성이나 난이도가 높은 것도 아니고, 출산율 제고라는 정책적 이유 또한 산과만큼 직접적이지 않는 등 소아과를 타 진료과와 구분하여 불가항력 보상제도를 적용할 근거가 충분하지 않다. 의사의 법적 위험과 경제적 부담의 완화, 필수의료 회복을 위하여 이 제도를 소아과에 확대 적용한다면 보다 위험부담이 큰 심장혈관 흉부외과, 두부 신경외과에도 이 제도를 적용하는 것이 고려되어야 할 것이다.

(2) 보상 범위의 확대

법 제정 당시 시행령 제22조(보상의 범위)는 '분만과정에서 생긴 뇌성마비'를 불가항력 보상의 대상으로 규정하여 산모의 뇌성마비가 보상의 범위에 포함되었으나 2015. 시행령 개정으로 산모의 경우는 보상의 범위를 사망으로 제한하였다. 분만과정에 산모에게 뇌성마비 또는 그 정도로 중한 장해가 발생할 수 있고 제도취지상 이들을 제외할 이유가 없으며 따라서 분만 중 발생한 산모의 뇌성마비를 포함하여 산모의 중장해를 보상의 범위로 하여야 할 것이다.

(3) 보상 한도액의 증액

현재의 3,000만 원인 보상금 한도를 3억 원, 또는 뇌성마비 1억 원, 신생아 사망 5,000만 원, 태아 사망 3,000만 원 등으로 증액하여 현실적 보상을 하여야 한다는 주장이 있다. 일본(3만 엔, 약 2억 7,000만 원~2억

8,000만 원)과 대만(400만 대만 달러, 약 1억 6,000만 원~1억 7,000만 원)의 보상 수준, 국가 경제수준과 국민의 소득수준, 증가하는 법원 판결액, 특히 중증 뇌성마비 경우의 실질 피해를 감안하면 보상금 한도액 3,000만 원은 현실에 맞지 않아 현실에 맞는 수준으로의 증액이 필요하다.

(4) 평등원칙 문제

국가가 사적 영역에서 발생한 환자의 손해를 일반국민의 세금으로 보상하는 것이 일반국민과의 관계에서, 그리고 산부인과 분만 의료사고 그것도 특정 유형의 피해자에게만 보상을 하고 다른 전공과, 다른 유형의 의료사고 피해자에게는 보상을 하지 않는 것이 보상 받지 못하는 피해자와의 관계에서, 각 형평성과 평등원칙에 위배되는 것은 아닌지 검토할 필요가 있다.

(5) 제도의 우려

의료사고에 있어서 의료과실의 유무와 구체적 과실의 내용을 정확하고 명확하게 밝히는 것은 유능한 감정인에게도 어려운 일이다. 그리고 불가항력 보상제도에 의하여 의료과실이 인정되지 않더라도 피해자에게 최소한의 보상이 이루어진다. 그러므로 과실유무 판단이 어려울 경우 불가항력보상제도는 감정의 도피처가 되고 감정인은 사고원인, 의료과실을 규명하기 위한 노력을 소홀히 할 우려가 있다. 즉, 불가항력 보상제도가 의료사고의 원인 및 의료과실의 적극적 규명을 방해하고 피해의 적정구제는 물론 유사사고의 예방에 장애로 기능할 우려가 있는 것이다. 이러한 우려를 염두에 두고 제도를 운영하여야 한다.

7. 의료사고 대불보상제도

---

1 문제의 소재

'의료사고피해구제및의료분쟁조정등에관한법률'상의 손해배상금 대불제도의 연혁, 내용은 어떠한지, 그리고 이 제도에 어떠한 문제가 있으며 어떻게 개선할 것인지, 의료사고책임배상보험 등에의 의무가입제도를 도입하고 대불제도를 폐지할 것인지, 두 제도를 모두 존치시킬 것인지, 존치시킨다면 각각의 역할을 어떻게 분담시킬 것인지 등을 살펴본다.

2 제정 당시 법률

가. 제47조(손해배상금의 대불)의 내용

① 의료사고로 인한 피해자가 다음 각호의 어느 하나에 해당함에도 불구하고 그에 따른 금원을 지급받지 못하였을 경우 미지급금에 대하여 조정중재원에 대불을 청구할 수 있다. 단 제3호의 경우 판결은 확정된 경우에 한정한다.

1. 조정중재원에서 조정성립, 중재판정, 조정조서가 작성된 경우
2. 소비자원에서 조정조서가 작성된 경우

3. 법원이 의료분쟁에 관한 민사절차에서 금원지급을 명하는 집행권원을 작성한 경우

② 보건의료기관 개설자는 제1항에 따른 손해배상금의 대불에 필요한 비용을 부담하여야 하고 그 금액과 납부방법 및 관리에 필요한 사항은 대통령령으로 정한다(이 조항에 대한 헌법재판소 2022. 7. 21. 선고 2018헌바 504결정은, 제47조 2항 후단 중 '그 금액'부분이 헌법에 합치되지 아니하며 2023. 12. 31. 시한으로 개정될 때까지 계속 적용한다고 하였음).

③ 조정중재원은 손해배상금의 대불을 위하여 별도의 계정을 설치하여야 한다.

④ 보건의료기관 개설자가 부담하는 비용은 국민건강보험공단이 요양기관에 지급하여야 할 요양급여비용의 일부를 조정중재원에 지급하는 방법으로 할 수 있다. 이 경우 국민건강보험공단은 요양기관에 지급하여야 할 요영급여비용의 일부를 지급하지 아니하고 이를 조정중재원에 지급하여야 한다.

⑤ 조정중재원은 대불청구가 있는 때에는 보건복지부령으로 정하는 기준에 따라 심사하고 대불하여야 한다.

⑥ 조정중재원은 손해배상금을 대불한 경우 해당 보건의료기관개설자 또는 보건의료인에게 그 대불금을 구상할 수 있다.

⑦ 조정중재원은 대불금을 구상함에 있어서 상환이 불가능한 대불금에 대하여 결손처분을 할 수 있다.

⑧ 제5항에 따른 대불의 대상 범위, 절차 및 방법, 제6항에 따른 구상절차 및 방법, 제7항에 따른 상환이 불가능한 대불금 범위 및 결손처분 절차 등에 관하여 필요한 사항은 대통령령으로 정한다.

나. 입법취지

2011. 의료분쟁조정법 제정 당시 의료사고 배상책임보험 강제가입제도의 대안으로 손해배상금 대불제도가 도입되었다. 대불제도는 의료사고로 인한 손해배상금 지급의무가 있는 자의 사정으로 인해 손해배상금

이 원활히 지급되지 못할 경우 한국의료분쟁조정중재원이 피해자에게 금원을 우선 지급한 후 손해배상 의무자에게 구상권을 행사하여 상환받는 구조로, 의료사고 피해자에 대한 손해배상금 지급의 최후 보장적 기능을 한다.

3 제47조 제1항의 개정

법 제정당시 대불보상청구의 대상을 '법원이 의료분쟁에 관한 민사절차에서 보건의료기관개설자, 보건의료인, 그 밖의 당사자가 될 수 있는 자에 대하여 금원의 지급을 명하는 집행권원을 작성한 경우'로 규정하였으나 재원의 안정적인 운영기반을 확보하기 위하여 손해배상금 대불 청구대상을 '국내 법원의 확정판결로 한정한다'는 내용의 개정안이 2014. 3. 28. 의원제안되었고(대안반영폐기), 2016. 5. 18. 가결되어 2016. 5. 29. 개정되었다.

4 제47조 제2항, 제4항의 위헌논란

그동안 의료인들은 법률 제47조 제2항 및 제4항의 위헌성에 대하여 수 차 헌법재판을 제기하였는데 그 주장의 요지는, ① 보건의료기관 개설자의 대불비용 분담금의 성격은 부담금인데 이의 구체적 금액, 납부방법, 관리 등을 대통령령에 위임한 것은 법률유보원칙 및 포괄위임입법금지원칙에 위배되고, ② 대불재원 형성을 위하여 보건의료기관개설자에게 부담금을 강제 부과함은 재산권을 과도하게 침해하는 것이며, ③ 의료사고와 무관한 모든 보건의료기관개설자에게 부담금을 부과하는 것은 평등원칙에 위배되고 자기책임원칙에도 반한다는 것이다.

가. 헌법재판소 2014. 3. 27. 선고 2012헌마606 결정

(1) 사건개요

청구인들은 보건의료기관개설자들로 「의료사고피해구제및의료분쟁조정등에관한법률」 제47조 제2항과 제4항으로 인하여 청구인들의 재산권, 평등권 등이 침해되었다고 주장하며, 2012. 7. 6. 이 사건 헌법소원심판을 청구하였다.

(2) 판단

심판청구에 대하여 헌법재판소는, 개별 보건의료기관 개설자가 구체적인 대불비용 납부의무를 지는 것은 조정중재원장의 부과·징수행위에 의한 것이고, 그러한 집행행위 이전에 이 사건 심판청구대상인 법률에 의하여 청구인들의 권리관계가 직접 변경되거나 확정된다고 할 수 없으며, 집행행위에 대한 구제절차가 없거나 그 구제절차에서 권리구제의 기대가능성이 없는 경우라고 볼 수도 없으므로 기본권 침해의 직접성이 인정되지 않는다는 이유로 헌법소원 심판청구를 각하하였다.

나. 헌법재판소 2014. 4. 24. 선고 2013헌가4 전원재판부 결정

(1) 사건개요

제청신청인들은 의원 또는 병원을 개설한 의사들로서, 조정중재원장이 2012. 4. 9. '손해배상금대불시행 및 운영방안'을 공고하자, 서울행정법원에 위 공고처분의 취소를 구하는 소를 제기하고, 그 소송 계속 중 의료분쟁조정법 제47조 제2항 중 '그 금액과 납부방법 및 관리 등에 관하여 필요한 사항은 대통령령으로 정한다'는 부분에 대한 위헌법률심판제청을 신청하였고, 서울행정법원은 헌법재판소에 이 사건 위헌법률심판을 제청하였다.

법률 제47조 제2항 등에 대한 서울행정법원의 위헌법률심사제청 이유는, 대불비용 부담 금액은 대불비용 부담의 본질적 요소로서 보건의료기관 개설자의 재산권 제한에 관한 영역으로 그 금액의 결정에 국회의 관여를 배제한 채 이를 대통령령에 위임한 것은 법률유보원칙, 포괄위임입법금지원칙에 위배된다는 것이다.

(2) 판단

이에 대하여 헌법재판소는, 해당 규정이 대불비용 부담금에 관련된 기본권 제한의 본질적인 사항에 관해서는 법률에서 규율하고 구체적인 부담액을 대통령령에 위임하고 있으므로 심판대상 조항이 법률유보원칙에 위배된다고 보기 어렵고, 보건의료기관 개설자들의 부담액이나 납부절차 등은 변화하는 상황에 대응해야 하므로 하위법령에 위임할 필요가 있으며, 수권 법률인 의료분쟁조정법의 관련조항들을 유기적·체계적으로 해석함으로써 하위법령에 규정될 내용의 대강도 예측할 수 있으므로 포괄위임 입법금지원칙에 위배되지 않는다고 판단하였다.

다. 헌법재판소 2022. 7. 1. 선고 2018헌바504 전원재판부 결정

(1) 사건개요

청구인들은 의원급 의료기관 개설자로서 한국의료분쟁조정중재원장이 2018. 1. 23. 의료분쟁조정법 제47조 제2항, 제4항 등에 근거하여 청구인들을 비롯한 의원급 보건의료기관개설자 29,675명에 대하여 각 79,300원을 부과하는 '2018년도 손해배상금대불비용부담액 부과징수 공고'를 하자 서울행정법원에 처분의 취소를 구하는 행정소송을 제기하고 그 소송 계속 중 의료분쟁조정법 제47조 제2항, 제4항에 대하여 위헌법률심판제청신청을 하였으나 기각되자 2018. 12. 13. 헌법재판소에 이 사건 헌법소원심판을 청구하였다.

(2) 청구인들의 주장

① 이 사건 부과조항은, 재정조달목적 부담금의 헌법적 정당화 요건을 갖추지 못하여 보건의료기관개설자의 재산권을 침해하고 평등원칙에 위배된다.

② 이 사건 위임조항은, 대불비용부담금의 본질적인 사항인 대불비용부담금의 전체 규모, 부담금액의 상한, 납부자별 부담금 산정기준, 징수방법, 징수시기 등에 대해서 국회의 관여를 배제한 채 대통령령에 위임하였으므로 법률유보원칙에 위배된다. 또한, 법률이 부담금에 관한 세부적 사항의 결정을 위임하는 경우에는 법률 자체에서 적어도 그 액수를 정하는 대강의 방법과 기준 및 액수의 상한을 알 수 있을 정도로 정해두어야 하는바, 이 사건 위임조항은 대불비용부담금의 산정방법과 상한에 대하여 전혀 규정하지 않은 채 대통령령에 위임하였으므로 포괄위임금지원칙에 위배된다.

③ 이 사건 징수조항은, 한국의료분쟁조정중재원의 대불비용부담금 징수의 편의만을 위한 것으로서 과잉금지원칙 및 법치국가원리에 위배된다.

(3) 결정 주문

1. 제47조 2항 후단 중 '그 금액' 부분은 헌법에 합치되지 않는다.
2. 이 조항은 2023. 12. 31.을 시한으로 개정될 때까지 계속 적용한다.
3. 제47조의2 나머지 부분은 헌법에 위반되지 아니한다.

(4) 이유

① 헌법재판소는 2014. 4. 24. 선고 2013헌가4 결정에서 이 사건 위임조항이 법률유보원칙과 포괄위임금지원칙에 위배되지 않는다고 판단한 바 있으나 위임조항 중 '그 금액' 부분은 대불비용부담금의 금액에 관하여 아무런 기준 없이 대통령령에 위임하였고, 그 결과 보건의료기관개설자가 대불비용부담금을 얼마나 부담할 것인지를 행정권의 전적인 재량에 맡긴 것이나 다름없게 되었다. 나아가 행정부의 자의적인 행정입법권 행사에 의하여 국민의 재산권이 침해될 우려도 제기된다. 그렇다면 이 사건 위임조항 중 '그 금액' 부분은 포괄위임금지원칙에 위배된다.

② 헌법재판소는 2013헌가4 결정에서 위임조항의 금액 외의 나머지 부분, 부과부분, 징수부분은 법률유보원칙과 포괄위임금지원칙에 위배되지 않는다고 판단한 바 있으며 이 사건에서 이를 달리 판단할 근거가 없다. 따라서 위임조항의 금액 외의 나머지 부분, 부과부분, 징수부분은 합헌으로 판단한다.

③ 법률이 헌법에 위반되는 경우 원칙적으로 위헌결정을 하여야 하지만, 위헌결정을 통하여 법률조항을 법질서에서 제거하는 것이 법적 공백이나 혼란을 초래할 우려가 있는 경우에는 위헌조항의 잠정적용을 명하는 헌법불합치결정을 할 수 있다(헌법재판소 2000. 8. 31. 선고 97헌가12 참조). 만약 이 사건 조항을 단순위헌으로 선언한다면 대불비용부담금의 부과·징수의 근거가 없어지게 됨에 따라 혼란이 초래될 우려가 있다. 또한 이 사건 위임조항 중 '그 금액' 부분의 위임 내용을 어떻게 구체화하여 대통령령에 위임할지에 관하여는 입법자가 충분한 논의를 거쳐 결정해야 할 사항에 속한다. 따라서 이 사건 위임조항 중 '그 금액' 부분에 대하여 헌법불합치결정을 선고하되, 입법자의 개선입법이 있을 때까지 잠정적용을 명하기로 하며, 입법자는 늦어도 2023. 12. 31.까지 개선입법을 하여야 하며, 그때까지 개선입법이 이루어지지 않으면 이 사건 위임조항 중 '그 금액' 부분은 2024. 1. 1.부터 그 효력을 상실한다.

5 제47조의 개정

헌법재판소의 2018헌바504 전원재판부 결정에 따라 국회에서 2023. 9. 11. 개정 법률안이 의원제안되어 2023. 12. 19. 수정가결, 12. 29. 공포되었으며 그 주요내용은, 대불비용 부담액을 의료분쟁 발생 현황, 대불제도 이용실적, 예상 대불비용 등을 고려하여 보건복지부장관이 산정 부과 징수하도록 산정기준과 주체를 법률에 명확히 정하는 한편, 조정중재원이 손해배상금 대불청구를 받으면 손해배상 의무자가 대불금을 얼마나 상환할 수 있을지 등을 고려하여 대불하도록 하고 대불금에 상한액을 둘 수 있도록 함으로써 대불비용의 재원을 보다 안정적으로 운영한다는 것이다.

즉, 제47조(손해배상금 대불)에 대한 전반적인 개정이 이루어졌으며, 제2항 '보건의료기관개설자는 제1항에 따른 손해배상금의 대불에 필요한 비용을 부담하여야 하고, 그 금액과 납부방법 및 관리 등에 관하여 필요한 사항은 대통령령으로 정한다'를 '제1항에 따른 손해배상금의 대불에 필요한 비용을 충당하기 위한 재원은 보건의료기관개설자가 부담하여야 한다'로 고쳤고, 동조 제3항 '보건복지부장관은 의료분쟁 발생현황, 대불제도 이용실적, 예상 대불비용 등을 고려하여 보건의료기관개설자별로 부담하여야 하는 대불비용 부담액을 산정·부과·징수하며, 보건의료기관개설자별 대불비용 부담액의 산정과 납부방법 및 관리 등에 관하여 필요한 사항은 대통령령으로 정한다'를 신설하였다.

6 대불보상제도에 대한 찬성과 반대

가. 찬성

(1) 의료사고 배상책임보험 또는 의료배상공제조합(이하 '의료사고 배상책임보험 등')에의 의무가입제도가 도입되지 않은 현 상황에서 피해자의 보호를 위하여 대불제도는 필요하다.

(2) 의료사고 배상책임보험 등 의무가입제도가 도입되더라도 환자의 완전한 손해를 보상할 수 없고 따라서 피해자를 두텁게 보호하기 위하여 이들 제도와 대불제도가 상호 보완 기능을 하도록 하여야 한다.

나. 반대

(1) 의사의 경제적 구제책이 못 된다

의료사고배상 책임보험 등의 경우는 의사가 보험회사로부터 구상의무를 부담하지 않으나, 대불제도의 경우에는 의사가 기왕의 대불재원형성에 기여하면서도 조정중재원에 대한 구상의무를 부담하므로 의사의 경제적 구제책이 되지 못한다.

(2) 자율적 분쟁해결에 장애가 된다

대불제도는 의료사고 배상책임보험 등과 달리 의사와 환자가 자율적으로 합의한 경우에는 적용되지 않으므로 자발적인 분쟁해결의 장애로 작용한다.

(3) 자기책임원칙에 반한다

대불보상 후 결손이 발생하면 의료사고의 책임이 없는 의료기관에게 대불비용 부담을 강제하고 그것도 반복적으로 부담하게 함으로써 책임원칙을 위배하여 의료기관의 재산권을 침해한다.

(4) 의료사고 배상책임보험 등과 중복된다

대불제도와 의료사고 배상책임보험 등의 제도적 기능이 중복되므로 대불제도가 있는 한 의사들은 의료사고배상책임보험 등에 가입할 생각을 하지 않는다.

(5) 행정기관의 권한이 과다하다

행정기관이 대불요건을 심사하여 대불여부를 결정하도록 하는 것은 행정권에 과다한 권한을 부여하는 것이다.

(6) 비효율적 운영

대불제도 운영의 결과 대불보상금 구상률이 10%에 미치지 못할 정도로 저조하여 효율적 운영을 하지 못하고 있다.

(7) 도덕적 해이를 조장한다

의사와 환자간의 담합에 의한 판결취득, 조정성립이 가능하며 이를 악용하여 환자는 대불보상을 받고, 의사는 대불금 구상을 피하기 위해 의도적으로 폐업한 후 다시 개설하는 등 도덕적 해이를 조장한다.

(8) 의료인을 외면하고 환자 이익만 고려한 편향된 제도이다

피해자의 구제에만 치중하여 환자는 대불제도의 이익을 향유함에도 재원조성에 아무런 부담도 하지 않는 반면 의사는 의료사고책임이 없음에도 대불재원을 부담하는 불공정한 제도이다.

- 소견 -

(1) 대불보상 대상의 조정

대불보상 재원의 안정적 운영을 위하여 보상청구의 대상인 법원 판결을 국내 법원의 확정 판결에 한정하는 내용의 법개정이 있었음에도 불구하고 조정중재원 이외에 한국소비자원의 조정조서나 법원의 판결에까지 대불보상하게 하는 것이 적립금의 고갈, 의료인 추가부담의 원인이 되어 의료계의 반발이 크다. 또한 대불보상 대상을 조정중재원의 조정성립에 한정하지 않고 법원의 판결을 포함하는 것은 의료소송에 대한 판결과 그 외의 법원 판결을 차별하는 것으로 그 차별의 합리적 근거가 없다. 대불보상의 대상을 조정중재원의 조정성립의 경우에 한정함으로써 대불보상 재원의 불안을 완화시킴은 물론 현재 여러 기관이 분산하여 담당하는 의료분쟁을 조정중재원의 절차로 집중시키는 효과도 얻을 수 있을 것이다.

(2) 대불보상금의 한도 설정

현재 대불보상금의 상한액을 규정하지 않아 미지급액이 고액인 경우라도 조정중재원은 대불금 지급을 거절할 수 없다. 이는 의료인 부담을 증가시키고 환자와 의사간의 담합에 의한 조정성립 등 도덕적 해이를 부추키는 부작용을 야기하므로 신설된 제47조 제3항을 근거로 대불금의 상한액을 합리적으로 설정하여야 할 것이다.

(3) 대불보상제도와 의료사고 배상책임보험제도 등의 병용

대불제도는 의료사고에 연루된 의사의 책임을 감면하거나 의사의 변제자력을 도와주는 것이 아니라 피해자인 환자의 손해배상액을 확보하기 위한 편면적 제도이며, 운영과정에 도덕적 해이의 부작용, 대불보상 재원의 확보 문제 또한 관찰되었다. 이에 이 제도가 정책 목적에 효율적인가, 의료계의 계속된 반대에도 유지될 수 있을까 하는 의문이 있으며 이를 해소하기 위하여 대불보상제도를 대신하여, 또는 이와 연계하여 의료사고 배상책임보험 또는 의료배상공제조합에의 의무가입제도를 검토할 만하다. 의료사고배상책임보험 의무가입 등의 제도를 도입하더라도 배상책임보험만으로 의료사고의 피해를 충분히 구제할 수는 없기 때문에 대불보상제도를 존속시킬 필요는 있다. 의료사고 피해에 대하여 우선 의료사고배상책임보험 등으로 보상을 하고 보상범위를 초과하는 피해에 대해서는 대불보상을 한다면 대불보상 제도의 부작용을 최소화하면서 양제도의 정책 효율성을 높일 수 있을 것이다.

국민의 생각 ??

당신의 생각은 어떻습니까?

8. 의료사고 형사특례법

1 문제의 소재

　의료의 특성, 특히 윤리성, 공공성과 위험내재성을 고려하면 의료행위를 하는 과정에서 의료행위에 내재된 위험이 현실화된 경우, 즉 의료사고가 발생한 경우 환자의 생명을 구하기 위하여 노력한 의사를 형사처벌까지 하는 것은 타당하지 않고 의사에게 가혹하며 의사나 환자 누구에게도 유익하지 않다. 최근 의사들이 의료사고의 위험성, 그로 인한 법적 책임 특히 형사책임 부담으로 인하여 필수의료를 기피하고 필수의료가 붕괴되는 현상이 나타나고 있어 의료사고를 야기한 의사에 대한 형사책임을 감면하는 독립된 형사특례법을 제정하여야 한다는 주장이 제기되고 있다. 의료의 특성을 고려하고 필수의료 분야의 지원 육성을 위하여 별도의 독립된 형사특례법을 제정하여 의료사고를 야기한 의사의 형사책임을 감면하는 것이 법체계상 문제가 없는지, 문제가 없다면 어떤 내용으로 입법할 것인지의 문제이다.

2 의료분쟁조정법 제51조

1988. 의료계가 의료분쟁조정을 위한 법률제정을 정부에 입법청원한 후 23년 만인 2011. 4. 「의료사고피해구제및의료분쟁조정등에관한법률」이 제정되면서 형사특례 조항인 제51조가 규정되었다.

제51조(조정성립 등에 따른 피해자의 의사)
① 의료사고로 인하여 형법 제268조(업무상과실, 중과실치사상)의 죄 중 업무상과실치상죄를 범한 보건의료인에 대하여는 조정이 성립하거나 조정조서가 작성된 경우 피해자의 명시한 의사에 반하여 공소를 제기할 수 없다. 다만 피해자의 신체의 상해로 인하여 생명에 대한 위험이 발생하거나 장애 또는 불치나 난치의 질병에 이르게 된 경우는 그러하지 아니하다.
② 이는 화해중재판정서가 작성된 경우에도 같다.

3 입법적 노력

의료계는 2021. 1. 청와대 국민청원을 통해 의료분쟁조정법 제51조의 형사특례제도를 확대하여 독립된 형식으로 '의료사고처리특례법'을 제정할 것을 촉구하였고, 정부는 의대정원 증원 정책과 연계하여 의료계와 형사특례법제정을 논의하였으며, 제21대 국회에서 필수의료지원 육성을 위한 방법으로 형사특례조항을 포함한 2건의 필수의료 지원 육성에 관한 법률안이 발의되었으나 임기만료로 폐기되었다.

가. 2023. 6. 14. '필수의료육성 및 지원에 관한 법률' 의원제안안 (임기만료폐기)

(1) 제안이유

① 국민의 생명과 건강에 직결된 분야로서 적시에 적절한 조치를 취

하지 아니하면 생명을 보존할 수 없거나 심신에 중대한 위해가 발생할 가능성이 있는 필수의료 서비스는 모든 국민에게 보편적이고 안정적으로 제공되어야 하는데 필수의료에 종사하는 의사의 심각한 인력부족 현상에 의해 필수의료체계는 붕괴될 위기에 직면하고 있고, 필수의료 분야 인력부족 현상의 원인으로는 미흡한 보상 및 지원체계, 국가 차원의 중장기적인 필수의료 지원 및 대책을 위한 로드맵 부재 등의 요인들이 지목되고 있고, 전문의의 경우, 과중한 업무, 낮은 보상 등으로 인해 필수의료 분야를 이탈하고 있는 바 일례로, 현재 주요 필수의료 과목에 해당하는 외과·소아청소년과·산부인과·흉부외과 전문의 중 38.7%는 본인 전공과목을 진료하고 있지 않는 실정이며, 전공의들의 외과·흉부외과·산부인과·소아청소년과 등은 '필수의료 기피현상'이 심각하여 이들 전공과의 전공의 충원율이 급격히 하락하여 필수의료 전반에 걸친 전공의 부족 현상이 심화되고 있다. 이러한 상황에서 의료사고에 대한 '과도한 형사화 현상'은 필수의료 분야 기피현상을 가속화하는 주요인으로, 의사가 업무상과실치사상죄로 기소된 건수는 연평균 700여 건에 달하는데 이는 전체 전문직 대상 업무상과실치사상죄 혐의 기소 건수 중 약 70%를 점하는 수치이며 영국, 독일, 일본 등 주요 선진국에 비해서도 월등히 높다.

② 이에 입법을 통해 필수의료를 육성하고 지원할 수 있는 정부 차원의 종합대책 수립, 법적·행정적·재정적 지원체계 마련, 전담조직 구성 등 안정적인 필수의료 체계 구축을 위한 법적 근거를 마련하고자 하며, 또한 환자의 생명을 살리기 위한 불가결한 필수의료를 수행하는 과정에서 의료인이 설명의무를 충실히 이행하였고 중대한 과실이 없는 경우에 한하여 의료사고에 따른 형사책임을 감경·면제함으로써 의료사고의 과도한 형사화 현상을 완화하여 필수의료 분야 기피현상을 해소하고자 한다.

(2) 주요내용

① 이 법은 국민의 생명과 건강을 보호, 증진하기 위해 국민에게 기본적으로 제공, 유지되어야 할 필수의료에 대한 육성 및 지원에 필요한 사항을 정하는 것을 목적으로 하며, '필수의료'란 국민의 생명과 건강에 직결된 분야로서 적절한 조치를 취하지 아니하면 생명을 보존할 수 없거나 심신에 중대한 위해(危害)가 발생할 가능성이 있는 의료서비스로 정의하고, 필수의료 종사자는 필수의료 환자(환자가 의사결정능력이 없는 경우 환자의 법정대리인)에게 필수의료에 관하여 설명하고 동의를 받아야 하고, 필수의료로 인해 환자가 사상(死傷)에 이른 경우 그 경위에 대하여 환자 또는 보호자에게 성실히 설명해야 하며, 국가 및 지방자치단체는 필수의료의 육성을 위해 관련 정책수립, 전문가 의견수렴, 예산확보 등에 관한 사업을 추진하고, 이를 위한 필수의료 육성 및 지원을 위한 종합계획 및 시행계획을 수립하도록 하며, 필수의료 육성 및 지원에 관한 주요 시책을 심의하기 위하여 보건복지부장관 소속으로 필수의료정책심의위원회를 두고, 필수의료 항목 추가 지정에 관한 사항 등을 심의하도록 하고, 보건복지부장관이 필수의료 분야 인력에 대한 수련 및 필수의료 수행 의료기관에 대해 행정적·재정적 지원을 하도록 하고, 국민이 필수의료 서비스를 제공받는 경우 의료비 지원 정책을 수립·시행할 수 있도록 하며, 필수의료 전담조직의 설치 근거를 마련하고, 보건복지부장관은 매년 필수의료 육성에 관한 보고서를 소관 상임위원회에 제출하도록 한다.

② 형사처벌의 특례

보건의료인이 충분한 주의의무를 다하였음에도 불구하고 불가항력적으로 발생한 의료사고 형사적 처벌은 감경하거나 면제할 수 있다(그러나 이는 책임주의 원칙에 의하여 불가항력적인 의료사고의 책임을 의료인에게 물을 수 없음은 당연하다는 점에서 무의미한 법안이다).

나. 2023. 10. 4. '필수의료육성 및 지원 등에 관한 법률' 의원제 안안(임기만료폐기)

(1) 제안이유

최근 필수의료 분야의 인프라 부족 문제로 인해 국민의 생명과 건강 보호에 공백이 발생하고 있다는 지적이 있고, 특히, 의료사고의 위험이 높은 일부 필수의료 분야의 경우 과도한 형사처벌이 의료인에게 부담이 되어 필수의료 분야를 기피하는 원인이 되고 있어 필수의료 분야를 육성하고 지원하기 위한 대책이 시급하다. 이에 국가와 지방자치단체가 필수의료의 지원 및 육성을 위한 시책을 마련하여 추진하도록 하고, 필수의료 분야의 경우 엄격한 요건 하에 의료사고로 인한 형사책임을 감면함으로써 필수의료 기피현상을 해소하고 필수의료 시스템의 붕괴를 막아 국민의 건강 보호 및 증진에 이바지하고자 한다.

(2) 주요내용

① 필수의료 육성 및 지원 등에 관한 사항을 규정함으로써 안정적인 필수의료 제공환경을 조성하고 국민의 건강 보호 및 증진에 이바지함을 목적으로 하며, 필수의료란 응급의료, 외상, 암, 심뇌혈관질환, 중환자, 중증감염병, 분만 등 국민의 생명에 직결된 분야로서 적절한 조치를 취하지 아니하면 생명을 보존할 수 없거나 심신에 중대한 위해가 발생할 가능성이 있는 대통령령으로 정하는 의료서비스를 말한다.

② 형사처벌의 특례

제1항. 다음 각 호에 따른 필수의료행위로 인하여 형법 제268조의 죄중 업무상과실치사상죄에 해당하는 의료사고를 발생시킨 필수의료종사자에 대하여는 형을 감경하거나 면제한다.

1. 암, 뇌혈관질환, 심장질환, 중증외상, 중증화상, 희귀질환 등에 대한 진료 처방 투약 또는 외과적 수술을 하는 행위

2. 환자의 생명을 구하기 위하여 적극적 조치가 필요한 위험도 높은 수술을 하는 행위

3. 응급환자에 대한 진료 처방 투약 외과적 수술을 하는 행위

4. 분만과정에서의 산모 및 신생아에 대한 의료행위

5. 그 밖에 위 항에 준하는 보건복지부령으로 정하는 의료행위

제2항. 단 아래의 경우는 형을 감경 면제하지 아니한다.

1. 피해자의 승낙을 받지 않고 의료행위를 한 경우

2. 의학적으로 인정되지 아니하거나 사회상규에 위배되는 필수의료행위

3. 의료사고에 있어 진료기록의 위조 변조 등 필수의료행위와 관련된 중대한 사실을 은닉한 경우

4. 무면허자로 하여금 필수의료행위를 하게 하거나 면허된 것 이외의 필수의료행위를 한 경우

제3항. 위 제1항의 필수의료행위의 구체적인 범위는 보건복지부령으로 정한다.

제4항. 제1항 각호에 따른 필수의료행위로 인한 형법 제268조 죄 중 업무상과실치사상죄는 고소가 있어야 공소를 제기할 수 있다.

4 찬성과 반대

(1) 찬성

① 의사들이 필수의료 확충을 위해 최우선으로 지원되어야 하는 과제 중 하나로 '의료사고로 발생하는 민·형사적 책임부담 완화'를 꼽는 만큼 형사처벌 부담은 의사들의 필수의료 분야 기피 및 가속화의 주요 이유 이다.

② 필수의료를 수행하는 의사에게 형사처벌을 감면해 줌으로써 수술의 난이도 및 위험에 비례한 적절한 보상과 자부심을 느낄 수 있는 의료환경이 조성된다.

③ 필수의료 분야는 일반 의료분야에 비하여 의료사고의 위험성이 높으므로 일반 의료사고에 대한 법적 책임을 달리하는 것이 형평에 맞다.

④ 의료분쟁조정법은 조정이 성립한 경우 피해자의 의사에 반하여 공소를 제기할 수 없다고 하면서 피해자의 생명이 위험하게 되는 등 결과가 중한 경우를 예외로 하고 있는데 이로 인하여 형사특례조항이 무력화되었으므로 별도의 특별법이 필요하다.

⑤ 현행 형벌법은 생명을 구한다는 의료행위의 본질을 충분히 고려하지 않고 있고, 의료인에 대한 형사처벌 요구가 지나치게 빈번하고 과도하게 제기되는 것이 현실이다. 우리나라는 연간 의사에 대한 기소 건수가 일본, 독일, 영국 등의 국가에 비해 수십 배에서 수백 배에 이를 정도로 의료행위에 대한 징벌적 경향이 강하므로 이를 완화할 필요가 있다.

⑥ '필수의료사고 처리 특례법'을 제정함으로써 의료사고 관련 재판으로 과도하게 소모되고 있는 사법자원의 낭비를 줄일 수 있다.

⑦ 의사를 구속하거나 형사처벌을 한다면 그 의사의 진료가 필요한 환자가 선의의 피해를 입고, 의사에 대한 형사처벌이 반복된다면 위축진료 방어진료가 일반화되어 그 피해는 결국 국민들에게 돌아간다.

⑧ 교통사고 운전자에 대하여도 교통사고를 일으킨 운전자에 관한 형사처벌 등의 특례를 정하는 '교통사고 처리특례법'이 있는데 운전자보다 윤리성 공공성으로 인한 보호의 필요성이 더 큰 의사에게 의료사고특례법을 두지 않는 것은 형평에 맞지 않다.

⑨ 현 정부가 보건의료분야의 최대 국정과제 중 하나로 삼고 있는 필수의료의 육성 지원을 하기 위하여 형사특례법이 필요하다.

(2) 반대

① 의사들에 대해서만, 그리고 필수의료라는 이유만으로 범죄가 성립함에도 특별법을 제정하여 형벌을 감면함은 부당한 특혜로 타 의료분야와의 형평에 맞지 않고 일반 형사법체계에도 맞지 않다.

② 필수의료의 정의, 범위가 명확하지 않은데 이에 대한 형벌특례법을 제정하는 것은 법적 안정을 해친다.

③ 정부의 의대정원 증원정책에 대한 의료계의 반발을 무마하기 위하여 형사특례법을 제정하는 것은 피해야 할 정책흥정이다.

④ 형사특례법을 입법할 경우 무모한 진료, 공격적 진료가 남발하고 그로 인해 환자 위험이 증가한다.

⑤ 형사특례법의 제정은 피해자가 피해를 충분히 보상받는 데 장애가 될 수 있으며 환자 안전의 위험, 환자 권리의 침해를 야기한다.

⑥ 헌법재판소가 교통사고처리특례법 제4조 제1항 중 업무상 과실 또는 중대한 과실로 인한 교통사고로 말미암아 피해자로 하여금 상해에 이르게 한 경우 공소를 제기할 수 없도록 한 부분에 대하여 피해자의 재판절차진술권과 평등권을 침해한다는 이유로 일부 위헌 결정(헌법재판소 2009. 2. 26. 선고 2005헌마764, 2008헌마118 병합, 전원재판부 결정)을 한 만큼 의료사고 형사특례법 제정은 위헌의 우려가 있다.

- 소견 -

　윤리성, 구명성, 공공성과 같은 의료의 특성, 의사와 환자와의 특수한 관계, 필수의료의 내재적 위험성 등을 고려하면 필수의료의 육성·지원을 위하여 의료사고 형사처벌을 완화하는 특례법을 두는 것은 필수의료 기피현상, 붕괴위기를 완화함으로써 진료환경을 안정시키고 국민의 생명과 건강을 보호하고 증진시키는 데 도움이 된다. 그러나 모든 의료분야에서의 의료행위가 사람의 생명과 건강에 직접 영향을 미치므로 필수의료 아닌 의료가 없고, 필수의료의 개념과 내용이 모호하여 비필수의료와의 구분이 어려우며, 설령 그 경중을 따지어 필수의료분야를 비필수의료분야에서 분리하는 것이 가능하다 하더라도 생명보호와 건강증진이라는 점에서 본질이 같은 비필수의료와의 법적 취급을 달리할 정도의 차이를 인정하기 어렵다. 그 외 법체계 정합성과 비필수의료와의 형평성, 이로 인한 부작용 등을 고려하면 필수의료에 국한된 별도의 독립된 형사처벌특례법을 제정하는 것은 신중하게 하여야 한다. 현재로선 의료사고배상책임보험 및 공제조합에의 가입 또는 조정중재원에서의 조정성립 등에 의한 피해구제를 요건으로 하여 의료사고를 야기한 의사에 대한 형사책임을 완화하는 내용으로 현행 의료사고피해구제법 제51조를 확대, 운영하는 것을 고려할 만하다.

국민의 생각 ?⁇

당신의 생각은 어떻습니까?

의료사고 예방
(patient safety)

환자의 질병을 치료하고 예방함으로써 사람의 생명과 건강을 보호하고 증진하기 위하여 의료인이 행하는 의료행위 과정에서 오히려 환자의 생명과 건강을 해치는 의료사고가 발생하는 경우가 적지 않다. 히포크라테스가 'do no harm' 이라 한 것은 의사의 의료행위에는 의료사고의 위험이 내재되어 있으므로 이를 경계하라는 것이다. 의료사고가 발생하였을 때 지금까지의 관심은 '누구에게 그 책임을 물을 것인가?'이었다. 그러나 의료사고의 책임자를 찾아 그의 책임을 추궁하고 그를 비난하는 것은 의료행위의 구명성, 윤리성, 그리고 내재적 위험성으로 미루어 보면 옳지 않다. 의료사고에 연루된 대부분의 의사가 유능하고 성실하며 윤리적이고 양심적이며 따라서 그러한 의사 또한 의료사고의 피해자(second victim)일 수 있음을 감안하면 더욱 그렇다. 또한 의사에게 책임을 추궁하는 접근방식은 의사로 하여금 의료사고의 노출에 소극적이게 하고 심지어 의료사고를 숨기게 함으로써 의료사고의 원인을 찾고 재발을 막는 데 장애가 될 뿐 아니라 의사의 진료의지를 위축시키고 진료환경을 불안하게 하여 의사가 환자에 대하여 최선의 진료를 하는 것을 어렵게 한다.

　의료사고의 근본 원인을 분석해 보면 대부분의 의료사고는 의료행위를 직접 행하는 의사의 의료과오뿐 아니라 부적절한 법과 제도, 잘못된 의료시스템, 불안한 진료환경, 심지어 환자 측의 요인이 간여하여 야기됨을 알 수 있다. 그러므로 의료사고는 사고를 범한 의사만의 책임이 아니라 모두의 책임이라 할 수 있고 적어도 의료사고의 예방을 위하여는 이와 같이 '의료사고는 모두의 책임'이라는 자세가 유용하다. 따라서 의사뿐 아니라 국가와 국민 모두가 의료사고 예방을 위하여 노력할 의무를 부담한다. 의료사고는 '완벽히'는 피할 수 없는 의료의 부작용이지만 '절대로' 피할 수 없는 부작용은 결코 아니다. 이제 의료사고에 관한 문제는 '누구의 책임인가?'에서 '어떻게 예방할 것인가?'로 시선을 돌려야 할 때가 되었다. 본편에서는 의료사고 원인과 실용적인 예방방법을 소개하면서 의료사고 예방 목적으로 2015. 제정·시행된 환자안전법의 내용, 특히 reporting system, 의료법상의 수술실 CCTV설치운영제도 등을 살펴보았다.

1. 의료사고 원인과 예방

1 의료사고의 개념

「의료사고피해구제및의료분쟁조정등에관한법률」 제2조는 의료사고 (Bad outcome)를 '보건의료인의 진단, 검사, 치료 의약품의 처방 및 조제 등의 행위(의료행위)로 인하여 사람의 생명, 신체 및 재산에 대하여 피해 가 발생한 경우'라고 정의하고 있다. 이에 의하면 의료사고는 반드시 의 료과실을 요건으로 하지 않는다.

2 의료사고의 현황

미국의 비영리 정부기관인 IOM(the institute of medicine)은 2000. 발 간한 보고서 'To Err is Human; building a safer health system'에서 'hospitalized preventable death event 44000~98000. Health care system in the U.S is not as safe as it should be and can be.'라 하면 서 이 수는 미국 국내선 점보여객기가 매일 한 대씩 야산에 추락할 때 의 사망자 수와 같다고 하였다. 이에 정부가 'Patient Safety and Quality

Improvement Act of 2005'를 제정하는 등 정부, 학계, 의료계는 의료사고 예방을 위한 노력을 기울여 성과를 거두었으나 의료사고 수는 여전히 줄지 않고 있다. 이는 의료사고 원인을 제거하는 것이 쉽지 않으며 오히려 사회의 발전 변화로 그 원인이 강화되거나 새로운 의료사고 원인이 생겨나기 때문일 것이다.

한국의 경우 2010.을 전후하여 당시 입원환자 중 예방가능사망자(preventable mortality) 수를 추정하는 몇 개의 연구결과가 발표된 적이 있고, 2023.의 OECD통계에 의하면 우리나라 회피가능사망자(Avoidable mortality, 이는 preventable mortality과 치료가능사망인 treatable mortality를 합한 것이다) 수는 2021. 기준 인구 10만 명당 142.0명으로 OECD 국가평균인 239.1명보다 적다고 하나, 예방가능한 사망자 수를 비롯한 의료사고 발생 실태에 관한 정확한 연구 조사가 행해지지 않아 지금의 의료사고 실태, 상황은 제대로 파악되지 않고 있다. 다만, 한국의료분쟁조정중재원의 의료분쟁 처리 건수 연 약 1,500여 건, 법원 소송 건수 연 약 1,000여 건, 한국소비자원 분쟁조정위원회와 대한의사협회 의료배상공제조합의 비슷한 정도의 의료분쟁 처리사건, 통계에 잡히지 않는 사적 합의로 해결되는 사건, 노출되지 않고 분쟁으로 잠재된 사건 등을 감안하면 우리나라의 매년 발생하는 의료분쟁 사건 수는 5,000건을 쉽게 넘을 것이고 실제 발생하는 의료사고의 3~5%가 분쟁으로 노출된다는 한 연구 결과를 이에 적용하면 우리나라에서 발생하는 의료사고 건수는 연간 10만 건을 넘으리라 짐작된다. 현재 상황을 모르고서 해결책을 찾을 수는 없으므로 효과적인 의료사고 예방법을 찾기 위하여는 무엇보다 먼저 정확한 실태 파악을 위한 연구 조사를 하여야 한다.

3 의료사고의 영향

① 방어진료

의사는 의료사고로부터 환자의 생명을 보호하기 위한 방어진료가 아니라 의료사고로 인한 법적 책임으로부터 자신을 방어하기 위한 방어진료 즉 위축진료, 과잉진료를 하게 된다.

② 비용증가

의료사고가 발생하면 의사와 환자는 의료사고 후유증과 부작용을 치유하고 교정하기 위한 비용, 의료분쟁해결 비용, 배상보험료, 분쟁예방을 위한 과잉진료비 등의 경제적 부담이 증가한다.

③ 의료공급 불균형

의료사고로 인한 법적 부담이 증가함으로써 의사는 이를 피하기 위하여 사고의 위험이 큰 산부인과, 신경외과, 흉부외과 등 필수의료를 기피하게 되어 의료공급의 불균형이 초래된다.

④ 사회적 갈등

의료사고로 인하여 환자의 생명과 건강을 책임진다는 의사의 사명감이 사라지고 상호 불신이 증가하여 환자와 의사간 갈등이 초래되고 이는 직역 이기주의와 함께 사회적 갈등으로 악화된다.

⑤ 불행한 사회

결국 의사는 환자로부터 신뢰와 존경을 받지 못하고, 환자는 의사로부터 생명과 건강을 보호받지 못하는 불행한 사회가 된다.

4 의료사고의 원인

가. 의료사고 근본원인(root cause)

의료사고를 야기하는 근본적인 원인을 root cause라 한다. 의료사고의 발생원인이 무엇인가에 따라 예방방법이 달라지므로 root cause를 정확하게 파악하는 것이 중요하다. 의료사고의 원인을 피상적으로 파악하는 것은 문제해결에 무익하고 때로는 유해하기까지 하다. 최고의 의사가 최고의 진료환경에서 최선의 진료를 하여도 의료사고는 일어난다.

그러므로 모든 의료사고의 원인이 의사에게만 있다 하기 어렵고 설사 의사에게 원인이 있는 경우라 하더라도 그 원인이 의사의 무능과 부주의 불성실 부도덕이라 단정하여서는 안된다. 의사로 하여금 능력과 도덕성, 성실성을 환자에 대하여 충분히 발휘되지 못하게 하는 근본원인이 있을 수 있기 때문이다. 근본원인을 도외시하고 피상적인 원인을 이유로 의료사고를 야기한 의사에게만 법적 책임을 묻는다면 그 의사는 의료사고의 또 다른 피해자(second victim)가 되며 사고의 원인을 알지 못한 다른 의사에 의하여 유사한 의료사고는 또 일어나게 된다. 예컨대 내과 의사가 과로로 집중력이 흐려져 X-선 영상의 음영을 간과하여 폐암을 진단하지 못하였다면 의사를 처벌하거나 의사에게 영상판독교육을 시킬 것이 아니라 하루 진료 환자 수를 제한하거나 진료시간을 제한하는 정책이 필요하다는 것이다. 오늘 방안의 모기 한 마리를 잡는다 하여도 내일 또 다른 모기가 나의 잠을 방해할 것이므로 매일의 숙면을 위하여는 웅덩이를 찾아 없애야 한다.

나. 의료사고 개별원인

(1) 의료사고에 대한 무관심

예상하지 못한 피해의 발생을 사고라 한다면 사고는 어떤 분야에서든 나게 마련이다. 더구나 신체에 대한 침습을 전제로 하는 의료행위의 사고위험성은 타 분야보다 현저히 높다. 이러한 이유로 의료사고를 당연시하고 그 피해를 감수하며 의료사고에 관심을 갖지 않는다면 의료사고는 예방할 수 없다.

(2) 부적절한 제도, 정책

① 진료능력의 습득

의료사고는 의대교육, 의사 재교육, 첨단기기 및 신기술 사용에 관한 실기교육 등 양질의 진료능력을 습득·유지·발전시키기 위한 교육제도가 부적절하여 의사가 충분한 진료능력을 갖추지 못하면 발생한다.

② 진료능력의 발휘

의료사고는 의사 수와 배치, 의사운용(특히 주말 휴일진료, 응급실운영, 레지던트 교체기의 운용), 의료수가, 진료시간에 관한 정책이 적절하지 않으면 의사의 진료능력이 환자에 대하여 충분히 발휘되지 못하여 발생한다.

③ 의료분쟁 해결제도

의사의 책임을 추궁하는 소송과 같은 의료분쟁 해결제도는 사고원인을 규명하고 구체적인 과실내용을 확인함에 있어 의사의 협조를 얻을 수 없어 유사사고의 예방에 도움이 되지 않는다.

(3) 불안한 진료환경

의사에 대한 불신과 의심의 사회적 분위기, 정부와 의료계의 정책갈등, 의사와 환자 간의 의료분쟁 등으로 인하여 진료환경이 불안해지면 의료사고의 위험은 높아진다.

(4) 경직된 의료계 문화(steep hierarchy로 인한 misscommunication)

의료의 고도전문성에서 초래되는 전통적인 의료계 문화의 경직성(steep hierarchy)은 환자는 물론 팀원들 간의 소통을 어렵게 하여 의료사고 위험을 높인다.

(5) 상업주의 가치관

물질주의 팽배와 상업주의 정책경향은 생명가치와 물질가치를 전도시켜 의료사고에 대한 의사의 경각심을 감소시키며 의사로 하여금 충분한 진료능력 발휘를 어렵게 한다.

(6) 부적절한 주관적 요인

의료기술 미숙, 부주의, 불성실, 사명감 부족, 검증되지 않은 공격적이고 창의적 치료성향 등 의사의 바람직 하지 않은 주관적 요소 또한 의료사고 원인이 된다. 특히 새로운 의료기술과 의료기기가 개발되어 환자에 적용되는 과정에 이러한 요인으로 인한 의료사고 위험이 높아진다.

(7) 인간능력 한계

의사가 인간으로서 가지고 있는 기억력, 분별력, 집중력 및 신체기능의 한계는 과학기계 기술에 의하여 적절히 보완되지 않으면 의료사고를 야기한다.

(8) 의료계 자율규제 부족

의료조직 스스로가 조직구성원인 의사들에 대하여 충분한 자율규제 능력을 갖지 못하면 의료사고를 방임하게 되어 의료사고의 효과적인 예방이 어렵다.

(9) 부적절한 시스템 등

부적절한 시스템, 의료기기 및 약품용기의 잘못된 디자인이 의료사고의 원인이 된다. 항암주사제인 빈크리스틴 약병과 시타라빈 약병의 디자인이 유사하여 주사약을 잘못 투여함으로써 환아가 사망한 의료사고가 그 대표적인 예이다.

5 의료사고의 예방방법

가. 의료사고 예방에 대한 인식 제고

지난 몇십 년 동안 우리의 법령이나 제도는 의료사고의 사후 해결, 즉 누가 의료사고의 책임자인가를 찾아내어 책임을 추궁하는 것에 초점을 맞추어 왔다. 그러나 이제는 의료사고의 원인(root cause)이 무엇인가를 찾아내어 그에 대한 대책을 찾아 재발을 방지하는 의료사고 예방으로 초점을 옮겨가야 한다. 대부분의 의료사고는 유형화되어 있고, 사고가 나는 의료기관에서, 사고를 내는 의료인에 의하여 야기되는 경향이 있으므로 사고가 나는 진료단계와, 진료환경, 사고 의사의 진료습관을 조사 연구하면 사고예방 방법을 찾을 수 있다. 우리 모두가 의료사고에 대한 관심을 가지고, 의료사고 예방의 필요성을 인식하며, 의료사고 예방을 위하여 노력한다면 기대 이상의 성과를 얻을 수 있을 것이다.

나. 노출, 원인 분석, 대책 마련 및 교육, 홍보

(1) 사고보고제도(reporting system)

예방의 필요성을 인식하였다면 우리 사회에서 일어나고 있는 의료사고는 얼마인지, 어떤 유형인지, 어떤 분야에서 일어나는지 등 의료사고 실태를 조사하여 노출시켜야 한다.

미국은 1970, 1980, 2000년대 의료사고 위기(malpractice crisis)를 겪은 후 2005. 의료사고를 예방하기 위한 목적으로 환자 안전 및 의료질 향상법(Patient Safety and Quality Improvement Act)을 제정하였고 그 주된 내용은 의료인으로 하여금 의료사고를 환자안전기구(Patient Safety Organization)에 자발적으로 신고하여 노출시키고 이 기구는 보고된 사례를 수집 분석하며 그 정보는 NPSD(network of patient's databases)를 구축하여 공유하되 이 정보를 법적 책임을 묻는 절차에는 사용하지 못하도록 한다는 것이다. 그럼에도 불구하고 의료인들은 이 정보들이 자신의 법적 책임을 묻는 데 사용될 것을 우려하여 의료사고의 노출에 소극적이었고 따라서 이 법은 충분한 성과를 거두지 못하였다. 우리나라는 이 법과 비슷한 목적과 내용의 환자안전법을 2015. 1. 28. 제정하여 시행하고 있으나 미국의 경우와 마찬가지 이유로 그 효과는 기대에 미치지 못한 것으로 평가받고 있다.

(2) 의료사고의 근본원인 규명, 분석(RCA, root cause analysis), 교육, 홍보

환자안전법에 따라 보고되어 노출된 의료사고를 분석하여 왜 사고가 일어났는지를 규명하고 그에 대한 대책을 마련하여 그 대책을 의사와 환자, 국민에게 교육·홍보하여야 한다. 그리고 조정중재원과 법원, 소비자원에서 종결된 사례들을 조사 연구하여 root cause를 찾는 방법도 매우 유용하다(closed case study). 지금까지 법원과 조정중재원, 의사협회 공제조합, 소비자원 등 의료사고 분쟁해결기관에서 2만 건이 넘는 사례가 집적되어 있으며, 이들은 우리나라에서 행해지는 의료행위와 그로 인한 의료사고 유형의 대부분을 망라하고 있으므로 이들에 대한 RCA는 의료사고 예방을 위하여 매우 효율적이며 효과적일 것이다.

다. 제도의 개선

(1) 교육제도

의대생들이 의과대학에서 양질의 교육과 실습을 통하여 충분한 의료지식과 의료기술을 습득할 수 있어야 하고, 물질주의와 상업화에 물들지 않고 사명감과 자부심을 가지고 의료업에 종사하도록 하기 위하여 의과대학 교육과정에서 올바른 가치관을 함양하는 가치교육을 강화하여야 하며, 의사들이 진료능력을 유지 발전시키기 위하여 적절한 재교육의 기회를 부여받아야 하며, 이와 관련하여 면허갱신제도를 정비하는 한편, 과학기술의 발달로 새로운 의료기기, 기술이 개발되어 임상에 사용되고 있고 그 과정에 기술미숙으로 인한 의료사고가 발생하므로 의사에 대한 신기기, 신기술의 사용에 관한 교육, 훈련을 의무화하는 등 의료인 양성 및 교육제도를 적절히 마련하고 운영하여야 한다.

(2) 의료수가, 의료급여, 근무시간에 관한 제도

이들 제도와 정책이 적절하고 의료인의 기대를 충족시킬 경우 양호한 의료환경이 조성되고 의사의 최선의 진료에 대한 동기가 부여되어 의료사고 위험이 감소한다. 의사가 경제적 만족을 얻기 위하여 3분 진료를 하게 되고, 전공의가 연속 근무로 인하여 과로함으로써 의료사고 위험이 높아지므로 수가를 현실화하고 의사로 하여금 환자에 대하여 충분한 시간을 할애하여 진료할 여건을 제공하여야 한다.

(3) 의료분쟁해결제도 개선

의료사고로 인한 분쟁과 그로 인한 법적 부담은 의사로 하여금 최선의 진료를 할 수 없게 한다. 소송과 같은 다툼의 방법이 아니라 조정과 같은 화해의 방법으로 의료분쟁을 해결하는 제도, 의사의 경제적 부담을 완화시켜 주는 의료사고배상책임보험제도는 의사의 소신진료와 안정적 진료를 가능하게 하므로 의료사고 위험을 줄여준다.

라. 안정적 진료환경

의사와 환자간의 의료분쟁은 물론 의료계와 정부간의 정책갈등 또한 진료환경을 불안정하게 하여 의료사고의 원인을 제공하므로 정책갈등을 예방하고 해소하기 위하여 상호 소통하고 협조하는 노력은 진료환경을 안정시켜 의료사고 위험을 낮춘다.

마. 의료계 문화의 개선

의료의 고도전문성으로 야기되는 의료계의 경직된 문화(stiff hierarchy)와 폐쇄성은 의료인과 환자 간, 의료인 상호 간 소통장애를 야기하고 이는 의료사고의 주원인(root cause) 중 하나이므로 이를 완화하기 위하여 time out(수술 등 진료과정에서 팀원들이 진료에 관하여 협의하는 시간 또는 절차) 등을 통한 의료인 구성원 간의 소통을 강화함은 물론, 환자의 호소를 경청하고, 환자에게 의료행위의 내용과 위험성을 상세히 설명하는 등 환자중심진료를 실천하는 노력은 의료사고의 위험을 크게 줄인다.

바. 인간한계 보완

의사가 인간으로서 가지는 정신과 신체 능력의 한계는 어쩔 수 없는 것이나 발달된 과학기술, IT(information technology)기술을 적극적으로 활용하면 그러한 한계로 인한 의료사고의 위험을 줄일 수 있다. 예를 들면, 환자정보를 입력하여 의사와 환자가 언제 어디서나 접근가능하게 하는 EMR(Electronic Medical or Health Record), 환자정보를 입력하여 어떤 처방을 할 것인가를 결정하는 데 도움을 주는 CPOE(Computerized Provider Order Entry), 결정한 처방이 적절한지, drug-drug 부작용은 무엇인지, evidence based process를 준수하는지 여부를 감시하고 경고하는 CDSS(Computerized Clinical Decision Support System), 정맥주사 시 시간별, 체중별 투여량을 계산하고, 환자상태를 측정하고, 환자 상태가 변화하거나 위험할 경우 경보하는 Smart Intravenous Pump, 간호사 배지, 환자 손목밴드, 약의 바코드로 환자의 동일성 확인을 가능하게 하는 BCMA(Bar Code Medication Administration), 약봉지, 거즈 내에 칩을 내장하여 자동으로 동일성과 개수를 확인하는 RFID(Radio Frequency Identification) 등을 적절히 사용하면 인간한계로 인한 의료사고를 줄일 수 있다.

사. 시스템 및 디자인의 교정

잘못된 진료시스템으로 인하여 환자 동일성 또는 수술부위를 제대로 확인하지 못하거나, 약병과 전기 플러그 등의 유사한 디자인으로 인하여 다른 것과의 구분이 어려운 경우 의료사고 위험이 높아지므로 잘못된 시스템, 잘못된 디자인을 교정하여 사고위험을 줄일 수 있다.

아. 의료기관 등 정보의 데이터베이스 구축

의료사고는 사고가 발생한 의료기관에서, 사고를 야기한 의사가 계속 야기하는 경향이 있다. 따라서 의료기관 등의 사고경력, 징계정보 등에 관한 데이터베이스를 구축하고 이들 정보를 환자들에게 제공하는 것은 의료기관 등으로 하여금 진지한 진료를 촉구하여 의료사고를 방지하는 효과가 있다. 미국 국립의사데이터뱅크(National Practitioner Data Bank) 같은 제도가 참고가 될 것이다.

자. 주관적 요소 개선

의사는 사명감과 자부심을 가지고 검증된 진료방법(EBM, evidence based medicine)으로 자신의 진료능력을 최대한 발휘하여야 하는 한편 자신과 관련된 주관적 의료사고 위험요소를 인식하고 이를 개선하기 위한 노력을 하여야 한다.

6 진료 시 예방노력

의사가 진료 시 다음과 같은 노력을 하는 것은 사고예방을 위하여 도움이 된다.

① 진료기록은 사후 적정한 진료여부를 확인하는 자료이기도 하지만 진료 당시 진료의 적정성을 확인하고 담보함으로써 의료사고를 예방하는 기능도 하므로 진료과정과 내용을 정확히, 명확히, 상세히 기록한다.

② CBC, WBC, CRP, vital sign 등 기본검사 결과와 활력징후를 소홀히 하지 않는다.

③ 복막염, 뇌졸중 등의 증상이 있는 경우 필요한 검사, 처치를 미루어 진단과 치료의 시기를 놓치는 경우가 많으므로 증상을 관찰하는 즉

시 원인을 밝히기 위한 검사를 시행한다.

④ 고위험환자, 노약자, 응급환자에 대하여는 의식적으로 특별한 주의를 기울인다.

⑤ 응급상황이 예상되는 경우, 치료에도 불구하고 효과가 나오지 않는 경우, 달리 치료방법을 찾지 못하는 경우에는 신속히 협진 또는 전원한다.

⑥ 검증된 치료방법이 아닌 창의적이고 공격적인 치료를 하지 않으며, 의료기관의 의료시설, 의료인의 의료지식과 경험 등 진료능력을 넘는 의료행위는 시도하지 않는다.

⑦ 진료의뢰서, 진단서 등에 나타난 타 의사의 소견을 무시하거나 소홀히 하지 않는다.

⑧ 해당 의료행위의 경우 어디서 왜 문제가 발생하는지, 문제 발생 시 어떤 조치가 요구되는지 등에 관한 의료관련법령, 판례 등을 숙지하고 끊임없이 의학지식 습득, 전문성 함양을 위해 노력한다.

⑨ 부작용과 돌발사고를 항상 염두에 두고 진료한다.

⑩ 진료과정을 의사 본인은 물론 팀원, 환자가 쉽게 확인할 수 있도록 투명하게 한다.

⑪ 의사 본인의 사소한 부주의와 습관적 부주의에 의한 사고발생을 늘 염두에 둔다.

⑫ 환자의 호소를 가볍게 듣지 않는다.

⑬ 환자를 대면하고 증상을 직접 확인한다.

⑭ 환자에게 해당 의료행위의 위험성을 설명하고 주의의무를 요구하는
등 진료협조를 얻어야 하며 이는 환자의 지적 수준을 고려하여 행한다.

⑮ 퇴원 후 예약날에 내원하지 않을 경우 반드시 follow up 한다.

- 책임에서 예방으로 -

　우리나라의 경우 2011년 한 연구보고서는 연간 입원 중 사망하는 환자가 약 40,000명이고 그 중 예방가능한 사망자(preventable event) 수는 17,000명이 넘는다고 주장하였고, 2012년 또 다른 연구보고서는 연간 입원 중 예방가능한 사망자 수는 15,000명이 넘는다고 주장하였다. 이들 주장을 뒷받침할 객관적 근거가 부족하고 추가적인 연구 조사가 행해지지 않아 주장의 당부를 알 수는 없으나 이 수는 세월호가 일년 내내 매주 한 척씩 침몰할 때 발생하는 사망자 수와 같다. 그렇다면 우리는 그동안 적어도 이들 주장이 사실인지 여부를 확인하는 노력을 하여야 했고 소중한 생명을 의료사고로부터 보호하는 노력을 하여야 했다. 그러지 못하였다면 지금이라도 그 노력을 하여야 한다.

　의료사고는 의료행위 자체에 내재된 위험으로 말미암아 불가피한 면이 없지 않지만 노력에 의하여 분명히 예방할 수 있다. 그러므로 이러한 인식과 예방의지를 가지고 예방을 위한 노력을 하여야 한다. 의료사고의 책임자를 찾아 그에게 책임을 추궁함으로써 의료사고 문제를 사후적으로 해결하려 한 종전의 관점을 의료사고의 사전 예방으로 옮겨야 한다. 이제 의료사고 문제에 있어서는 '책임에서 예방으로' 시선을 돌려야 할 때가 된 것이다.

┌─ 국민의 생각 ??

당신의 생각은 어떻습니까?

2. 환자안전법

1 문제의 소재

대부분의 의료사고는 유형화할 수 있고 사고가 나는 곳에서 사고를 내는 의사에 의하여 발생하는 경향이 있으므로 사고원인(root cause)을 알면 재발을 예방할 수 있다. 우리나라는 사고예방을 위하여 2015. 환자안전법을 제정, 시행하고 있으며, 그 핵심 내용은 의료사고의 자율보고제도(reporting system)와 학습제도이다. 즉, 의료사고와 그 위험을 접한 의료인으로 하여금 이들을 자율보고하게 하고, 정부는 이들 보고를 수집하고 연구·조사하여 예방대책을 마련하고 의료인에게 학습시켜 의료사고를 예방한다는 것이다. 그러나 그 효과가 기대에 미치지 못한다는 지적이 있으므로 입법과정과 법률의 내용을 살펴보고, 제도의 효율성을 높이기 위한 그간의 입법적 노력, 향후의 제도 개선방법을 살펴본다.

2 환자안전법

가. 입법의 계기

2010. 5. 19. 당시 9세 환아가 대학병원에서 백혈병 치료 12사이클 중

마지막 항암주사 '시타라빈(cytarabine)'과 '빈크리스틴(vincristine)'을 맞으면서 하나는 척수강에, 다른 하나는 정맥에 주사를 맞았고 주사 후 사지마비 증상 등 부작용을 보이다가 7일 만에 사망하였다. 환아 측이 의료과실을 주장하며 소송을 제기한 후 관련 의사의 양심고백이 있었고, 의사들이 성금을 모아 유가족에 전달하였으며, 소송 중 합의가 되어 소는 취하되었다. 이 사건을 계기로 의료인이 임상 현장에서 의료사고 또는 의료사고의 위험을 경험할 경우 이를 담당기관에 보고하게 하는 내용(reporting system)의 환자안전법이 2015. 1. 28. 제정되어 2016. 7. 29. 시행되었다.

나. 2015. 1. 28. 법률제정

(1) 입법취지

그동안 의료행위 과정에 발생하는 환자안전사고(의료사고)에 관하여서는 사고 후 발생하는 분쟁의 해결에 관심을 집중하였고 정작 의료사고 그 자체의 예방에는 소홀하였으며 그런 이유로 의료사고 예방 및 재발방지를 위한 종합적인 관리대책이 마련되어 있지 않고 체계적이고 효과적인 정책을 수립 집행할 수 없었으며 따라서 환자는 물론 의사 또한 의료사고의 위험에 쉽게 노출되었다. 환자안전에 대한 관심을 높이고 환자안전에 관한 총괄적인 관리를 위한 의료사고 보고체계를 마련하여 의료의 질 향상 및 환자안전 증진에 이바지하고자 하는 것이 환자안전법의 입법취지이다. 의료인으로 하여금 의료현장에서 경험하는 의료사고 및 의료사고의 위험을 중앙안전센터에 보고하게 하고, 중앙안전센터는 이를 수집하고 조사 분석하여 예방의 대책을 마련하여 의료인에게 홍보 교육함으로써 유사 의료사고의 재발을 방지하고자 한다.

(2) 제정 환자안전법 내용

① 목적(제1조)

이 법은 환자안전을 위하여 필요한 사항을 규정함으로써 환자의 보호 및 의료 질 향상에 이바지함을 목적으로 한다.

② 정의(제2조)

환자안전사고란 보건의료인이 환자에게 보건의료서비스를 제공하는 과정에서 환자안전에 보건복지부령이 정하는 위해가 발생하였거나 발생할 우려가 있는 사고를 말한다(보건복지부령 환자안전법시행규칙 제2조는 '보건복지부령으로 정하는 위해란 사망 질환 또는 장해 등 환자의 생명 신체 정신에 대한 손상 또는 부작용을 말한다'고 규정한다).

③ 환자의 권리와 책무(제5조)

모든 환자는 안전한 보건의료를 제공받을 권리가 있고, 환자와 환자보호자는 환자안전활동에 참여하여야 한다.

④ 환자안전종합계획의 수립(제7조)

보건복지부장관은 관계중앙행정기관의 장과 협의하여 환자안전종합계획을 5년마다 수립하여 시행하여야 한다.

⑤ 국가환자안전위원회(제8조)

환자안전에 관한 사항을 심의하기 위하여 보건복지부에 국가환자안전위원회를 두고, 위원회는 위원장 1명을 포함한 15명 이내의 위원으로 구성하며, 위원장은 보건복지부차관으로 하고 위원은 보건복지부장관이 의사회, 치과의사회, 한의사회, 조산사회, 간호사회에서 추천하는 사람 중에서 임명 위촉한다(2020. 1. 29. 개정으로 이 조항에 '대한약사회에서 추천하는 사람', 즉 약사가 포함되었다).

⑥ 중앙환자안전센터(제8조의 2)

보건복지부장관은 환자의 보호 및 의료질 향상을 위한 관계 중앙행정기관의 시책을 효과적으로 수행하기 위하여 환자안전활동을 목적으로 하는 대통령령으로 정하는 비영리법인을 중앙환자안전센터로 지정할 수 있으며, 중앙환자안전센터는 환자안전종합계획의 이행과제 추진, 환자안전사고의 접수 검증 분석을 수행한다.

⑦ 환자안전위원회(제11조)

일정규모 이상의 병원급 의료기관은 환자안전 및 의료질 향상을 위하여 환자안전위원회를 설치 운영하여야 한다.

⑧ 전담인력(제12조)

일정규모 이상의 병원급 의료기관은 환자안전 및 의료질 향상에 관한 업무를 전담하여 수행하는 환자안전 전담인력을 두어야 한다(2020. 1. 29. 개정으로 전담인력의 자격으로 '의사·치과의사·한의사·약사 또는 간호사 면허를 취득한 후 보건복지부령으로 정하는 기간 이상 보건의료기관에서 근무한 사람'을 신설하였다).

⑨ 환자안전사고의 자율보고 등(제14조)

환자안전사고를 발생시켰거나 발생한 사실을 알게 된 또는 발생할 것이 예상된다고 판단한 보건의료인이나 환자 등 보건복지부령으로 정하는 사람은 보건복지부장관에게 그 사실을 보고할 수 있으며(2020. 1. 29. 개정 시 '보건복지부령으로 정하는 일정 규모 이상의 병원급 의료기관장은 1.「의료법」제24조의2 제1항에 따라 설명하고 동의를 받은 내용과 다른 내용의 수술, 수혈, 전신마취로 환자가 사망하거나 심각한 신체적·정신적 손상을 입은 환자안전사고가 발생한 경우 2. 진료기록과 다른 의약품이 투여되거나 용량 또는 경로가 진료기록과 다르게 투여되어 환자가 사망하거나 심각한 신체적·정신적 손상을 입은 환자안전사고가 발생한 경우 3. 다른 환자나 부위의 수술로 환자안전사고가 발생한 경우 4. 의료기관 내에서 신체적 폭력으로 인해 환자가 사망하거나 심각한 신체적·정신적 손상을 입은 경우 보건복지부장관에게 그 사실을 지체 없이 보고하여야 한다'는 제2항이 신설되었다), 자율보고를 한 사람이 환자안전사고를 발생시킨 사람인 경우에는 법령에 따른 행정처분을 감경하거나 면제할 수 있다.

⑩ 환자안전사고 보고 학습시스템(제16조)

보건복지부 장관은 자율보고된 환자안전사고에 관한 정보 자료의 조사 연구와 그 공유에 필요한 환자안전사고 보고 학습시스템을 구축 운영하여야 한다.

⑪ 자율보고의 비밀보장 등(제17조)

보건복지부 장관은 자율보고한 자와 안전사고가 발생한 보건의료기관 장의 의사에 반하여 보고자와 의료기관의 정보를 공개할 수 없고, 자율보고된 안전사고에 관한 정보 및 자료는 일정한 검증을 한 후에는 반드시 개인식별이 가능한 부분을 삭제하여야 하며, 환자안전사고의 정보 수집분석 등에 종사하거나 종사하였던 사람은 직무상 알게 된 비밀을 누설하거나 직무 외 목적으로 사용하여서는 아니되고, 보건의료기관의 장은 자율보고자에게 보고를 이유로 해고 전보나 그밖에 신분이나 처우와 관련하여 불리한 조치를 할 수 없다.

다. 제정 후 효율적 운영을 위한 법개정 노력

(1) 제도운영의 미미한 효과

환자안전법은 외국의 환자안전관련법(예컨대 미국의 The patient safety and quality improvement act of 2005)을 참고한 의료사고 예방을 위한 입법으로 외국에서와 마찬가지로 기대만큼의 의료사고 예방의 성과는 나타나지 않고 있다. 그 이유는 의료인들이 법적 부담과 불명예를 우려하여 자신들이 겪은 의료사고나 사고위험을 제대로 보고하지 않기 때문이다. 이에 제도의 효과를 높이기 위한 입법적 노력이 이어졌다.

(2) 임기만료폐기법안 내용

제20대 국회에서 발의된 2018. 3. 20. 의원제안안은 환자안전사고 발생 시 의료기관이 피해자에게 사고의 공개와, 유감, 사과의 표현을 하는 등 소통을 가능하게 하고 소통과정에서의 표현들은 이후의 재판 등에서 사고 책임을 묻기 위한 증거로 할 수 없도록 한다는 내용이며, 2018. 4. 30. 의원제안안은 환자 및 환자의 보호자가 적극적이고 주체적으로 환자안전활동 및 환자안전사고의 자율보고에 참여하지 못하는 실정을 고려하여 국가 및 지방자치단체에게 환자안전활동 및 환자안전사고의 자율보고에 대한 홍보 의무를 부과하여 환자 및 환자의 보호자가 환자안전활동 전반에 참여할 수 있도록 한다는 내용이며, 2019. 9. 23. 의원제안안 및 제21대 국회의 2020. 7. 10. 의원제안안은 보건의료기관의 장과 보건의료인은 환자안전사고가 발생한 경우 그 때부터 7일 이내에 피해를 입은 환자 또는 환자의 보호자에게 사고의 내용 및 사고경위 등을 충분히 설명하도록 한다는 내용이고, 2021. 4. 19. 의원제안안은 보건복지부장관으로 하여금 보건의료인이나 환자 등에게 자율보고를 활성화시키기 위한 교육 및 홍보를 하게 한다는 내용이고, 2021. 5. 17. 의원제안안은 환자안전에 대한 대국민 인식 제고 및 환자안전문화 확산을 위하여 '세계 환자안전의 날'인 9월 17일을 '환자안전의 날'로 지정하고 이 날이 포함된 주를 '환자안전주간'으로 정하여 국가와 지방자치단체가 이를 위한 행사와 교육·홍보사업을 실시한다는 내용이고, 2022. 9. 6. 의원제안안은 환자안전 전담인력이 환자안전업무 외의 타 업무를 겸하여 담당함으로써 제도의 실효성이 떨어지므로 의료기관의 장은 전담인력에게 환자안전업무만을 전담하도록 하게 하고, 자체적인 예방대책 수립과 관리가 어려운 의료기관에 대하여 국가가 현장지원을 할 수 있게 하는 법적 근거를 마련한다는 내용으로 이들 제안안들은 모두 입법에 이르지 못하고 임기만료로 폐기되었다.

(3) 대안반영폐기법안 내용

한편, 제20대 국회에서 발의된 2017. 11. 21. 의원제안안은 당시 법률에 환자안전 실무업무를 수행할 집행기관에 대한 근거가 없고 '국가환자안전위원회'의 구성에 의약품 전문가인 약사가 제외되어 있는 등 환자안전활동의 효과적인 수행과 지원이 어려워 이를 보완하기 위한 내용이고, 2017. 11. 30. 의원제안안은 의료기관평가인증원의 보고학습시스템에 자율보고되지 않고 누락되는 환자안전사고를 파악하기 위하여 보건복지부장관은 환자안전사고 자료를 보유한 유관기관인 한국의료분쟁조정중재원, 한국소비자원 등에 환자안전사고 관련 자료의 제공을 요청할 수 있도록 한다는 내용이고, 2018. 2. 27. 의원제안안은 일정 규모 이상의 병원급 의료기관에서 중대한 환자안전사고가 발생한 경우 해당 의료기관의 장이 지체 없이 보건복지부장관에게 신고하도록 한다는 내용이며, 2018. 5. 23. 의원제안안은 환자안전 전담인력의 자격조건을 법률에 명문화하고, 국가환자안전위원회의 위원 및 환자안전 전담인력에 약사가 포함될 수 있도록 함으로써 의약품 처방·투약 오류가 원인인 환자안전사고의 예방 및 재발방지를 더욱 용이하게 한다는 내용이며, 2018. 5. 28. 의원제안안은 환자안전사고의 실태를 보다 정확히 파악하기 위하여 환자안전사고가 사망, 1개월 이상의 의식불명, 「장애인복지법」에 따른 장애등급 제1급 중 대통령령으로 정하는 경우 등에 해당할 경우 의료기관의 장에게 보고 의무를 부여한다는 내용으로, 이들 제안안은 모두 대안반영 폐기되고 이들 안이 반영된 법안이 2019. 11. 28. 제안, 가결되어 2020. 1. 29. 법률이 개정되었다.

라. 2020. 1. 29. 개정내용

그동안의 제안안들을 고려한 개정내용은, 일정 규모 이상의 병원급 의료기관의 장에게 법정된 중대한 환자안전사고 발생의 신고의무를 규정하고, '국가환자안전위원회'의 위원 구성 및 환자안전 전담인력의 자격 요건에 약사를 포함하며, 환자안전 관련 업무를 전담하기 위한 중앙 환자안전센터 및 지역 중소병원의 환자안전활동을 지원하기 위한 지역 환자안전센터의 지정 근거를 마련하며, 환자안전사고 관련 정보를 관련 기관이 공유하기 위한 규정을 마련하는 등 환자안전활동의 효과적인 수행과 지원을 위한 내용들이다.

- 소견 -

(1) 환자안전법의 의의

환자안전법의 핵심은 실제 임상현장에서 발생하는 의료사고와 의료사고 위험을 수집하여 연구 분석함으로써 의료사고 예방책을 마련한다는 것인데 이러한 취지의 미국의 입법(The patient safety and quality improve-ment act of 2005)이 성공하지 못한 것으로 평가되는 것은 의료현장에서 실제 발생하는 의료사고와 의료사고 위험이 제대로 수집되지 않았기 때문이다. 의사는 의료사고 보고 시 부담해야 할 법적 책임 외에도 명예의 손상을 우려하고 거기다 의료계의 폐쇄적 문화까지 영향을 미쳐 스스로의 잘못을 노출시키기를 꺼리는 것이다. 이러한 사정은 우리나라의 경우에도 크게 다르지 않으므로 환자안전법이 제기능을 하기 위하여는 이러한 의료인의 속성과 의료계의 특성을 감안하여 법적 책임은 물론 불명예의 우려를 해소시킴으로써 의료인들 스스로 의료사고를 탐지하여 보고하도록 하는 지혜를 찾아야 한다. 현장에서의 의료사고가 보고되지 않아 실태를 정확히 파악하지 못하면 환자안전법은 제기능을 할 수 없다.

(2) 개선의견

① 보고의무자의 확대

법률 제14조 제2항은 2020. 신설한 규정으로 병원급 의료기관에 대하여 의료사고의 보고를 의무적으로 하도록 하였으나 그럼에도 보고가 제대로 이루어지지 않아 개정의 실효성이 적다. 보고의무자를 병원급 의료기관으로 제한할 이유가 없으므로 보고의무를 전 의료기관과 의사에게 부과하는 내용으로의 법개정이 필요하다.

② 보고대상의 확대

법률 제14조 제2항은 의무보고 대상 의료사고를 제한하고 있으나 이 또한 제한할 이유가 없다. 의료현장에서 발생하는 모든 의료사고, 의료사고 위험(neer miss)을 보고대상으로 하는 내용으로의 법개정이 필요하다.

③ 보고부담의 실질적 제거

의료인들이 의료사고 예방을 위하여 의료사고 보고를 하고자 하나 보고 시 초래될 법적 책임을 비롯한 불이익을 우려하므로 이러한 부담을 실질적으로 제거하는 것이 필요하다.

④ 인센티브 제공

보고자에 대하여 법적 책임을 감면해 주는 것만으로는 동기부여가 되지 않으므로 적극적으로 인센티브를 제공하는 방법을 개발하여야 한다.

⑤ 인식제고와 문화의 개방

국민에 대한 교육, 홍보를 통하여 의료사고 예방의 필요성과 가능성에 대한 국민의 인식이 높아지고, 의료계의 문화가 보다 개방적으로 변함으로써 의료사고의 보고가 활성화될 수 있다.

⑥ 적절한 담당기관

현재 의료분쟁 해결업무를 직접 수행하고 있고 실제 많은 의료사고 사례를 보유하고 있는 기관이 의료사고 예방업무를 담당하게 된다면 보다 효과적이고 효율적으로 제도를 운영할 수 있을 것이다.

─── 국민의 생각 ?? ───

당신의 생각은 어떻습니까?

3. 수술실 CCTV설치 운영

.
.
.

1 문제의 소재

2021. 9. 24. 신설되고 2년의 유예기간을 거쳐 2023. 9. 25. 시행된 의료법상 수술실 CCTV 설치 촬영제도는 수술실에서의 의료인의 불법행위를 감시하기 위한 것으로 입법이유만을 본다면 의료인으로서는 불명예스러운 제도이다. 그러나 제도의 부정적 측면을 최소화하면서 의료사고의 예방 및 의료분쟁의 해결과 같은 긍정적 기능을 최대화하는 방법으로 운영할 수 있을 것이다.

2 의료법 제38조의2

(1) 11개 조항의 내용

제38조의2(수술실 내 폐쇄회로 텔레비전의 설치 운영)

① 전신마취 등 환자의 의식이 없는 상태에서 수술을 시행하는 의료기관의 개설자는 수술실 내부에 「개인정보 보호법」 및 관련 법령에 따른 폐쇄회로 텔레비전을 설치하여야 한다. 이 경우 국가 및 지방자

치단체는 폐쇄회로 텔레비전의 설치 등에 필요한 비용을 지원할 수 있다.

② 환자 또는 환자의 보호자가 요청하는 경우(의료기관의 장이나 의료인이 요청하여 환자 또는 환자의 보호자가 동의하는 경우를 포함한다) 의료기관의 장이나 의료인은 전신마취 등 환자의 의식이 없는 상태에서 수술을 하는 장면을 제1항에 따라 설치한 폐쇄회로 텔레비전으로 촬영하여야 한다. 이 경우 의료기관의 장이나 의료인은 다음 각 호의 어느 하나에 해당하는 정당한 사유가 없으면 이를 거부할 수 없다.

1. 수술이 지체되면 환자의 생명이 위험하여지거나 심신상의 중대한 장애를 가져오는 응급 수술을 시행하는 경우

2. 환자의 생명을 구하기 위하여 적극적 조치가 필요한 위험도 높은 수술을 시행하는 경우

3. 「전공의의 수련환경 개선 및 지위 향상을 위한 법률」 제2조 제2호에 따른 수련병원등의 전공의 수련 등 그 목적 달성을 현저히 저해할 우려가 있는 경우

4. 그 밖에 제1호부터 제3호까지의 규정에 준하는 경우로서 보건복지부령으로 정하는 사유가 있는 경우

③ 의료기관의 장이나 의료인이 제2항에 따라 수술을 하는 장면을 촬영하는 경우 녹음 기능은 사용할 수 없다. 다만, 환자 및 해당 수술에 참여한 의료인 등 정보주체 모두의 동의를 받은 경우에는 그러하지 아니하다.

④ 제1항에 따라 폐쇄회로 텔레비전이 설치된 의료기관의 장은 제2항에 따라 촬영한 영상정보가 분실·도난·유출·변조 또는 훼손되지 아니하도록 보건복지부령으로 정하는 바에 따라 내부 관리계획의 수립, 저장장치와 네트워크의 분리, 접속기록 보관 및 관련 시설의 출

입자 관리 방안 마련 등 안전성 확보에 필요한 기술적·관리적 및 물리적 조치를 하여야 한다.

⑤ 의료기관의 장은 다음 각 호의 어느 하나에 해당하는 경우를 제외하고는 제2항에 따라 촬영한 영상정보를 열람(의료기관의 장 스스로 열람하는 경우를 포함한다. 이하 이 조에서 같다)하게 하거나 제공(사본의 발급을 포함한다. 이하 이 조에서 같다)하여서는 아니 된다.

1. 범죄의 수사와 공소의 제기 및 유지, 법원의 재판업무 수행을 위하여 관계 기관이 요청하는 경우

2. 「의료사고 피해구제 및 의료분쟁 조정 등에 관한 법률」 제6조에 따른 한국의료분쟁조정중재원이 의료분쟁의 조정 또는 중재 절차 개시 이후 환자 또는 환자 보호자의 동의를 받아 해당 업무의 수행을 위하여 요청하는 경우

3. 환자 및 해당 수술에 참여한 의료인 등 정보주체 모두의 동의를 받은 경우

⑥ 누구든지 이 법의 규정에 따르지 아니하고 제2항에 따라 촬영한 영상정보를 탐지하거나 누출·변조 또는 훼손하여서는 아니 된다.

⑦ 누구든지 제2항에 따라 촬영한 영상정보를 이 법에서 정하는 목적 외의 용도로 사용하여서는 아니 된다.

⑧ 의료기관의 개설자는 보건복지부장관이 정하는 범위에서 제2항에 따라 촬영한 영상정보의 열람 등에 소요되는 비용을 열람 등을 요청한 자에게 청구할 수 있다.

⑨ 의료기관의 장은 제2항에 따라 촬영한 영상정보를 30일 이상 보관하여야 한다.

⑩ 제1항에 따른 폐쇄회로 텔레비전의 설치 기준, 제2항에 따른 촬영의 범위 및 촬영 요청의 절차, 제2항 제1호부터 제3호까지의 규정에 따른 사유의 구체적인 기준, 제5항에 따른 열람·제공의 절차, 제9항에 따른 보관기준 및 보관기간의 연장 사유 등에 필요한 사항은

보건복지부령으로 정한다.

⑪ 이 법에서 정한 것 외에 폐쇄회로 텔레비전의 설치·운영 등에 관한 사항은 「개인정보 보호법」에 따른다.

(2) 입법목적

① 범죄예방 및 범죄은폐의 예방

무면허 대리수술과 유령수술, 수술실 내에서의 성범죄를 비롯한 각종 불법행위 및 그 은폐를 예방하는 것이 주된 입법목적이다.

② 정보비대칭 교정, 환자의 알권리 충족

의료의 고도 전문성과 밀실성, 특히 환자가 전신마취 등으로 의식이 없는 상태에서 행해지는 수술의 경우 수술현장과 수술과정이 촬영된 영상을 환자에게 제공함으로써 의사와 환자 사이의 정보의 편중성을 교정하고 정보의 불균형을 해소하며 환자의 알권리를 충족시킨다.

③ 의료사고 예방

수술과정의 촬영은 의사로 하여금 신중한 진료를 하게 하고 최선의 진료를 담보함으로써 부주의에 의한 의료사고를 예방하게 한다.

④ 의료분쟁 예방, 해결

촬영된 영상은 의료사고와 관련된 불신과 오해를 차단, 해소하여 의료분쟁을 예방하는 한편, 의료분쟁이 발생하였을 때 의료과오 여부, 의료과오의 내용을 판단할 유용한 자료로 사용되어 의료분쟁의 공정하고 신속한 해결에 도움이 된다.

(3) 입법계기

아래와 같은 수술실 내 사건 사고들로 인하여 의료인에 대한 국민적 불신과 질책이 극에 달하였고 의료인의 수술실 범죄행위로부터 환자를 보호하여야 한다는 여론이 비등하여 제19대 국회에서 관련법안이 처음

발의되었고 그 후 6년 만에 제21대 국회에서 의료법에 이 조항이 신설되었다.

① 2014. 12. 의료진이 수술대 위 마취상태의 환자 옆에서 생일파티를 하고, 수술 보형물로 장난치는 장면이 소셜네트워크서비스(SNS)에 올라온 사건

② 2016. 8. 제왕절개로 태어난 신생아가 낙상한 후 사망하는 사고를 의료진이 조직적으로 은폐한 사건(2020. 11. 대법원에서 해당 의료인 유죄 확정)

③ 2016. 9. 성형외과 수술실에서 취업준비생인 환자의 안면윤곽수술 중 집도의가 자리를 뜬 후 환자가 과다출혈로 사망한 사건(2023. 1. 대법원에서 해당 의료인 유죄 확정).

④ 2019. 4. 대학병원 산부인과 인턴이 수술실에서 여성환자를 유사강간하고, 수술실 내 간호사를 성희롱한 사건

⑤ 2021. 5. 척추 전문병원 수술실에서 의사가 아닌 행정직원이 수술을 집도하는 등 대리수술을 비롯한 다수의 무면허의료행위 사건들

3 입법과정

가. 제19대 국회 2015. 1. 7. 의료법개정 의원제안안(임기만료 폐기)

(1) 제안이유

의료분쟁과 관련된 재판에서 수술과 같은 의료행위로 인한 의료사고가 전체 의료사고의 27.8%에 이르고 있으며 의사면허가 없는 자가 불법수술 등 의료행위를 하다가 적발되는 경우도 빈번하게 발생하고 있다.

그러나 이러한 불법 수술 등으로 인한 의료사고가 발생하여도 환자나 보호자들이 불법수술 등을 밝히기 어렵다. 따라서 의료인이나 환자 등의 동의를 얻어 해당 의료행위를 영상정보처리기기로 촬영함으로써 의료사고 발생 시 촬영 자료를 이용하여 의료분쟁을 신속, 공정하게 해결하려는 것이다.

(2) 주요내용

다음과 같은 내용의 의료법 조항을 신설한다는 내용이다.

① 의료기관의 장이나 의료인은 의료사고가 발생할 위험이 높은 수술 등 보건복지부령으로 정하는 의료행위를 할 경우, 환자 또는 환자보호자의 동의를 얻어 해당 의료행위를 하는 장면을 「개인정보 보호법」에 따른 영상정보처리기기로 촬영하여야 한다.

② 환자 또는 환자보호자의 요청이 있는 경우, 의료기관의 장이나 의료인은 해당 의료행위를 하는 장면을 「개인정보 보호법」에 따른 영상정보처리기기로 촬영하여야 한다. 이 경우 의료기관의 장이나 의료인은 정당한 사유 없이 이를 거부하지 못한다.

③ 제1항 및 제2항에 따라 촬영한 자료는 의료분쟁 조정 등 보건복지부령으로 정하는 목적 외에는 사용하여서는 아니 된다.

나. 제20대 국회 2020. 2. 6. 의료법개정 의원제안안(임기만료 폐기)

(1) 제안이유

의료기관 내 CCTV는 적정한 의료행위와 환자의 안전을 담보하고, 의료분쟁을 예방하는 기능이 있고 특히 신생아실에서는 의료인의 잘못된 행위를 감시할 수 있는 마땅한 대안이 없으므로 그 필요성이 더욱 크고 지역 의료기관의 신생아실 CCTV 설치현황 조사결과 의료기관 29곳 중

CCTV 설치기관은 9곳에 불과하여 이에 신생아실이 있는 의료기관에는 신생아실에 영상정보처리기기를 설치하도록 하고, 신생아의 보호자 및 의료인 등 정보주체에게 알린 후 촬영·녹음할 수 있도록 함으로써, 적정 의료행위를 담보하고 신생아의 안전을 확보하고자 한다.

(2) 주요내용

신생아실이 있는 의료기관의 개설자나 관리자는 신생아실에 「개인정보 보호법」에 따른 영상정보처리기기를 설치·운영하여야 하고, 신생아의 보호자, 의료인, 의료기관 종사자 등 정보주체에게 영상정보처리기기 설치 목적, 위치, 촬영·녹음의 범위를 알리고 보건복지부령으로 정하는 범위에서 촬영·녹음을 하여야 하며, 영상정보처리기기로 촬영·녹음한 자료는 의료분쟁 조정 등 보건복지부령으로 정하는 용도 외에 다른 용도로 활용하여서는 아니 된다는 내용의 의료법 조항(신생아실 내 영상정보처리기기의 설치·운영)을 신설하는 것이다.

다. 제21대 국회

(1) 의료법개정을 위한 2020. 7. 24. 의원제안안, 2020. 7. 31. 의원제안안 2020. 12. 15. 의원제안안 등은 유사한 제안이유와 내용으로 대안 반영폐기되었고, 이들 안이 반영된 법률안이 2021. 8. 31. 수정가결 되어 2021. 9. 24 개정법률이 공포·시행되었다.

(2) 2021. 2. 5. 의원제안안은, 수술실 CCTV설치와 관련하여 더 나아가 보건의료기관개설자 및 보건의료인이 의료행위시 주의를 게을리하지 아니하고, 보건의료기관의 시설·장비 및 인력의 무과실을 증명한 때 등의 경우 외에는 보건의료기관개설자는 당해 보건의료기관의 보건의료인이 의료사고로 인하여 환자가 입은 생명·신체 및 재산상 피해를 배상할 책임을 진다는 내용으로 의료사고의 입증책임을 의사 측에 전환시키는 내용이었으며 임기만료로 폐기되었다.

4 CCTV 설치에 대한 찬성과 반대

가. 찬성

① 의사면허가 없는 자의 대리수술, 성범죄 등 수술실에서의 범죄를 감시하고 방지하는 효과가 있다.

② 수술과정에서의 적정 의료행위를 담보하여 의료과오를 예방할 수 있다.

③ 의료사고로 인한 분쟁이 발생한 겨우 수술상 의료과오 여부를 규명하여 의료분쟁을 신속, 공정하게 해결할 수 있다.

④ 수술실에서의 환자와 의사간의 정보의 불균형, 정보의 비대칭을 교정하고, 수술과정에 관한 환자의 알권리를 충족시켜준다.

나. 반대

(1) 소극적 방어적 진료 초래

의사는 법적 위험을 피하기 위하여 소극적·방어적으로 수술에 임하고, 환자에게 필요한 침습적 수술을 비침습적 치료방식으로 전환하게 되며, 수술을 주로 하는 필수의료를 기피하게 한다.

(2) 의료사고 위험증가

수술 시 의사는 수술에 대한 집중력과 능동성·적극성이 떨어져 진료능력을 최대한 발휘하지 못하여 오히려 수술성과가 떨어지며 심지어 의료과실을 야기한다.

(3) 헌법상 기본권의 침해

의사의 수술과정을 촬영하는 것은 노동을 감시하는 것으로 의사의 직무수행의 자유, 자기정보결정권, 초상권 등 의사의 헌법상 일반적 인격권을 직접 침해한다.

(4) 촬영의 기술적 한계

수술과정을 촬영하는 방법으로 수술과정의 미세한 의료과오를 밝히기에는 기술적인 한계가 있어 정책 효용성이 크지 않다.

(5) 영상의 유출위험

환자의 건강, 신체와 밀접하게 관련된 민감정보가 영상으로 수집, 유출되어 상업적으로 활용될 위험성이 크다.

(6) 의료인의 사기저하

무면허의료행위, 대리수술 등의 범죄행위는 극소수 의료인의 일탈에 지나지 않고 팀 단위의 수술의 경우에는 개인적인 범죄가 불가능함에도 전의료인을 잠재적 범죄인시하여 의료인 전체의 사기를 떨어뜨린다.

(7) 불신의 구조화

환자와 의사관계를 신뢰와 협조관계가 아니라 불신과 대립관계로 변질시켜 오해와 의심, 그로 인한 분쟁이 증가한다. 이는 개별 의사와 환자 간 차원을 넘어 의료계와 일반 국민간 사회적 차원의 불신과 갈등으로 확대되고 구조화된다.

(8) 외국 입법례

수술실 CCTV 의무 설치에 관한 외국 입법례가 없고 따라서 제도의 효용성, 부작용에 대한 검증자료도 없다. 미국 위스콘신주에서 2018. 1.

관련 법안이 발의되었으나 상원 결의를 통과하지 못하였고 메사추세츠 주에서도 유사한 법안이 제출되었으나 입법되지 않았다.

(9) 국민의 피해 초래

의료환경 및 의료체계의 안정성이 저해되고 의료인과 국민 간의 불신, 갈등이 조장되어 의료인들은 자신들이 보유하고 있는 높은 수준의 진료능력을 발휘하기 어렵고 국민들은 그 혜택을 받지 못하여 모두가 피해자가 된다.

- 소견 -

(1) 의료계의 신뢰회복 노력

이 문제의 본질은 일부 의료인의 탈선과 이를 자체 정화하지 못한 전체 의료인에 대한 국민적 불신이다. 그동안 의료계 스스로가 의료인의 탈선을 억제하거나 탈선 의료인을 교정 또는 퇴출시키는 노력을 소홀히 하였기에 외부로부터 억제와 교정을 강제당하는 상황이 초래된 것이다. 의료계는 자정 노력을 함으로써 잃어가는 국민의 신뢰를 회복하여야 할 것이다.

(2) 정부의 부작용 최소화 노력

정부는 예상되는 부작용을 최소화하고, 긍정적 기능을 최대화하는 방법으로 제도를 운영하여야 한다. 이 규정은 CCTV 설치 기준, CCTV 촬영 범위와 촬영 요청 절차, CCTV 촬영을 거부할 수 있는 사유의 구체적인 기준, 영상 열람·제공의 절차, 촬영 정보 보관기준 등 중요한 세부사항의 규정을 보건복지부령에 위임하고 있는데 이들 내용은 의사의 노동감시, 사생활자유 비밀 침해, 직업수행자유 및 개인정보 자기결정권 침해, 초상권 침해와 같은 의료인의 기본권 제한과 직간접적으로 관련된 내용이다. 그러므로 수임법령의 입법 및 운영시 다음을 고려하여야 한다.

① 수임법령은 의료인의 기본권을 제한할 필요가 있는 경우라 하더라도 기본권의 본질적 내용을 침해하여서는 안 되며, 비례원칙, 최소침해 원칙, 과잉금지 원칙을 지켜야 하고, 법률의 위임범위를 벗어나서는 안 된다.

② 촬영된 정보의 오남용을 통제하기 위하여, 수술실 등에 설치된

CCTV의 운영실태, 수집된 정보의 관리 등을 종합적으로 감시·관리하는 독립된 전문기구를 설치하고, 환자에게 영상정보를 삭제할 권리를 보장하고, 촬영여부에 의사의 의견을 참작하여야 한다.

③ 그 외 진료장애, 촬영된 영상 정보의 악용, 의사 환자간 관계 악화, 정책적 효과의 불확실성, 의료인의 사기저하, 환자의 인권침해와 같은 우려들이 현실화되지 않도록 하위법령을 규정하고, 운영하여야 한다.

(3) 바람직한 운영

의사에 대한 불신이라는 바람직하지 않은 이유에 의하여 입법한 제도이므로 운영과정에 다양한 부작용이 있을 수 있겠으나 운영하기에 따라 제도의 순기능을 기대할 수 있다. 즉, 영상 촬영으로 의사의 최선의 진료를 담보함으로써 의료사고를 사전 예방할 수 있으며, 의료사고 발생 시 촬영영상은 의료분쟁 해결을 위한 자료로 사용할 수 있을 뿐 아니라 영상을 분석 연구하고 사고 원인을 규명하여 유사 사고 재발 방지를 위한 교육자료로 활용할 수도 있는 것이다. 수술실 CCTV설치 운영 문제는 왜 제도화되었느냐가 아닌 어떻게 활용할 것인가를 고민하여야 할 문제이다.

─── 국민의 생각 ??

당신의 생각은 어떻습니까?

저자약력

임주현

〈학력사항〉
- 1979. 3.~1983. 2. 서울대학교 외교학과 국제정치학 정치학사
- 1984. 3.~1986. 2. 서울대학교 법과대학원 헌법학 법학석사
- 2001. 8.~2003. 8. 경북대학교 의학대학원 법의학 의학석사
- 2004. 3.~2007. 2. 경북대학교 의학대학원 법의학 의학박사

〈경력사항〉
- 1997. 2.~2012. 8. 변호사 업무 종사
- 2012. 9.~2014. 2. 하버드 HSPH(Harvard School of Public Health) 방문학자로 의료사고예방 연구함.
- 2014. 8.~2023. 8. 한국의료분쟁조정중재원에 재직하면서 9년간 총 1,700여건 의료분쟁 조정함.
- 2023. 8.~현재 부산법원에서 일반 민사분쟁 조정을 하고 있음.
- 1994. 9.~현재 검도 수련함. 대한검도회 공인 5단

30년 가까이 검도 수련을 해 오면서 삶의 지혜를 배운다. 몸으로 익혀라, 그리고 마음으로 베라! 혼자 열심히 하지 말라, 상대를 보고 하라! 10년 넘게 의료분쟁과 민사분쟁을 조정하면서 그 의미를 되새긴다. 대립과 갈등이 첨예한 의료정책에 이들 상생의 지혜가 도움이 될 수 있겠다.

대한민국 의료정책, 국민에게 길을 묻다

초판발행	2024년 10월 31일
지은이	임주현
펴낸이	안종만·안상준
편 집	이수연
기획/마케팅	박부하
표지디자인	Ben Story
제 작	고철민·김원표
펴낸곳	(주) **박영사**
	서울특별시 금천구 가산디지털2로 53, 210호(가산동, 한라시그마밸리)
	등록 1959.3.11. 제300-1959-1호(倫)
전 화	02)733-6771
f a x	02)736-4818
e-mail	pys@pybook.co.kr
homepage	www.pybook.co.kr
ISBN	979-11-303-4816-2 93360

정 가   18,000원